改善我国证券分析师监管研究

上海市学术著作出版基金

王宇熹　著

改善我国证券分析师监管研究

上海人民出版社

序

王宇熹博士称得上是国内证券分析师研究领域的先行者之一，自博士学习阶段即开始了相关研究。近十余年来，他一直专注于证券分析师这个领域，取得了较为丰硕的学术成果。迄今为止，已在《系统工程理论与实践》、《管理工程学报》、《证券市场导报》、《数理统计与管理》等知名学术期刊发表相关论文四十余篇，主持完成国家社科基金项目、教育部人文社科青年基金项目、上海市政府决策咨询项目等多项国家及省部级课题。

本书是王宇熹博士的国家社科基金课题结项重要成果之一，研究内容围绕"如何改善证券分析师的监管效率"这个重要课题展开。本书旨在构建一套高效率、低成本、主动性比较强的证券分析师误导识别监管理论与方法框架，为改善我国证券分析师监管实践的技术手段，有效降低证券分析师监管成本提供解决方案。因此，本书的成果将有助于推动我国证券监管由被动监管向主动监管转变，即借助先进技术手段从海量分析师研究报告中，以较低成本、较高效率筛选出有严重误导投资者行为的分析师，提交给监管部门进行人工调查，从而为改善我国证券分析师监管提供政策建议与经验证据。

具体而言，本书的研究价值在于：基于中国分析师制度背景与资本市场监管环境，研究分析师盈余预测与荐股评级信息转换机理及影响因子，研究分析师业绩可持续性的评价方法，提升监管部门甄别"战略扭曲"盈余预测或荐股评级的误导型分析师的监管能力。从更广阔的角度深化对分析师的信息形成、信息转化黑箱以及信息发布对市场影响的认识，为研究资本市场对分析师信息的反应规律提供理论指导与实证证据；为证券监管部门高效率识别分析师误导投资者行为提供了智能化和数量化决策工具，为深化分析师监管基础理论研究，创新分析师监管线索的低成本发现机制，完善我国分析师监管相关法律法规及分析师声誉机制提供证据与政策建议。值得一提的是，不同于其他国内学者的研究，本书的主要亮点在于基于高频数据构建实证模型，研究个人投资者和机构投资者对证券分析师研究报告信息反应规律、证券分析师盈余预测与荐股评级的联系机理，并获得了较为新颖的研究成果。本书除了具备较高的学术价值外，其研究结论对于投资者、分析师群体以及证券监管部门都具有较高的实际价值。

有关证券分析师的研究一直是金融学术界和实务界的热点课题，历久不衰。然而，针对分析师监管的系统性研究结果却并不多见。我相信，本书的出版能够提供有价值的边际贡献，可望推动这一领域的学术研究再上一个新的台阶。

肖　峻

江西财经大学教授、博士生导师

2017 年 5 月 8 日

目　录

第一章
分析师监管研究理论与实务述评

目前我国证券监管领域迫切要求加强对“黑嘴”分析师的监管，以提高资本市场资源配置效率。一方面，2011 年 1 月《发布证券研究报告暂行规定》法规的颁布实施为事前监管证券分析师发布证券信息行为提供了初步法律框架。但为了避免得罪上市公司，证券分析师“唱赞歌的多，唱衰的少”的现象仍不时出现；为了迎合基金公司等机构投资者，证券分析师与机构投资者“配合的多，唱反调的少”，严重误导投资者的纠纷也频频发生，证券分析师“有法不依”的问题还很严峻。另一方面，截至 2014 年 3 月，我国总共有 93 家证券公司拥有 2661 位证券分析师，8 家证券投资咨询机构拥有 246 位证券分析师，形成了一支近 3000 人的证券分析师研究队伍，每年公开发布证券研究信息近 20 万条，但中国证监会历史上给予行政处罚的分析师仅 10 余人，证券分析师监管“有法难依”仍然是一个急需解决的问题。

证券分析师通常可以分为两种类型，即买方分析师和卖方分析师。一般来说，卖方分析师写研究报告的频率要比买方分析师高得多，而且卖方分析师的研究报告篇幅总是较长。买方分析师隶属于证券投资基金公司、保险公司或者其他证券投资机构。买方分析师通常不会公布研究成果，他们的服务对象为投资机构内部的基金经理或者投资决策层，买方分析师仅仅将关键结论告知他们最直接接触的同事和投资组合经理。与之相反的是，卖方分析师通常会公开发表其研究成果，他们的任务就是尽自己最大努力向最广泛的受众发布对某只股票的盈余预测和股票评级推荐信息。卖方分析师群体经常在广播、报纸、财经杂志、电视媒体、门户网站等渠道公开发布特定股票的盈利预测、荐股评级和股票目标价格信息。卖方分析师的研究成果往往通过研究报告、股评的形式发布，研究报告中包含的主要信息有荐股评级信息、评级变动信息、盈余预测信息，盈余预测调整信息以及股票目标价格等。卖方分析师在国外往往受雇于大型投资银行或者证券经纪商，在我国，卖方分析师往往受雇于证券公司的研究部门或者证券投资咨询机构。

无论是上市公司首次公开发行股票时分析师在资本市场上扮演的证券领域分析专家的角色，还是投资者作出股票买卖投资决策时分析师发布的盈余预测和荐股评级信息，证券分析师在以上两种情况中都非常重要。对于基金公司、保险公司、财务投资公司、券商等机构投资者而言，证券分析师不辞辛苦频繁地奔赴全国各地上市公司进行现场调研和信息搜集后，对未来上市公司的盈余预测值和股票估值提出的新理由是其作出投资决策的重要参考。投资者买进或卖出股票的行为往往依赖于分析师盈余预测信息的变动和分析师荐股评级信息的变动。除了分析师盈余预测，对于大部分个人投资者而言，股票荐股评级信息更加是其作出交易决策所依赖的重要信息，重要性仅次于上市公司公布的年报信息。

由于国外分析师监管理论和实务研究起步较早，而国内起步较晚，因此本书的研究对国外分析师监管理论和实务进行了梳理。梳理逻辑如下：要研究证券分析师发布信息的特征，必须从如何影响不同类型投资者交易决策的角度，研究分析师发布信息和上市公司发布信息之间的区别和联系，这实际上是研究证券分析师在股票市场上所扮演的角色。因此，首先研究分析师发布信息对资本市场的影响；其次，研究机构和个人投资者对分析师信息的反应和投资绩效；再次，研究分析师在证券发行中的角色和利益冲突。为了进一步深入研究利益冲突的来源，我们对国外学者对分析师研究成果中的战略扭曲按照盈余预测和荐股评级两类信息进行了梳理。对美国分析师监管最重要的法律 FD 公平披露法案（萨班斯—奥克斯利法案）进行了述评，总结了美国全球分析师和解协议的实施经验。最后，对美国内幕交易和分析师监管边界中出现的新问题进行了分析。国内的分析师监管研究首先对国内学者成果按两种范式，在管理学尤其是金融学和会计学的逻辑框架范式和法学范式进行了述评，其次梳理了我国证券分析师监管实务的发展，最后分析了我国最新提出的分析师监管执法的行政和解新模式。

第一节 国外分析师监管理论与实务的综述

分析师发布的盈余预测信息和荐股评级信息及其对机构投资者、中小投资者尤其是不知情中小投资者的影响，分析师产生的信息对于上市公司股票价格的影响，以及如何对分析师信息的内容、发布形式、分析师背后可能存在的利益冲突进行监管是证券监管者重点研究的内容。理想情况下，上市公司公布的盈余信息应该是真实和完整的，分析师作出的盈余预测对于机构投资者、中小投资者和证券监管者都应是客观和透明的。然而在现实中，上市公司管理层的盈余操纵现象和证券分析师乐观有偏的盈余预测和误导投资者的荐股评级层出不穷，引发了资本市场投资者的普遍质疑和法律诉讼，这也引起了金融和法律学者的关注和研究。

一、分析师发布信息对资本市场的影响

近几年金融和会计理论界 Lys 和 Sohn(1990)；Abarbanell(1991)；Womack(1996)；Francis 和 Soffer(1997)；Brav 和 Lehavy(2003)；Asquith、Mikhail 和 Au(2005)；Mikhail、Walther 和 Willis(2007)等学者对分析师的研究成果显示，分析师发布的信息具备影响资本市场股票价格的能力。Barber et al.(2001)，Jegadeesh et al.(2004)，Loh and Stulz(2010)等学者则认为通过不断产生有关跟踪股票的信息，分析师可能会对上市公司也起到了一定的监管作用。分析师发布的荐股评级信息和盈余预测信息的传播，都会产生和分析师盈余预测修订、荐股评级修订及分析师目标修订方向和修订幅度相一致的股票短期超常收益率。分析师的荐股评级或盈余预测信息发布前后，股票价格的表现尤其值得研究。谁从这些分析师信息发布中受益，谁又从这些分析师信息中遭受损失也非常值得研究。事实上，关

于股票的任何信息，无论是分析师的荐股评级还是盈余预测信息、著名投资人的公开言论、杂志报道甚至是关于股票的市场传言，在一定程度上都具备影响股票价格的能力，市场反应的大小取决于信息传播者的影响广度。美国学者对分析师发布信息的市场影响起步较早，研究也最详细和充分，20世纪70年代末，学者从美国著名财经报纸杂志的分析师荐股专栏的市场影响和超额收益率分析入手，开始了这方面的研究。

Lloyd-Davies和Canes(1978)检验了证券分析师的股票评级建议在《华尔街日报》"华尔街传闻"栏目公布后对股票价格的影响，通过研究发表在《华尔街日报》"华尔街传闻"栏目上的分析师"买入"评级建议和"卖出"评级建议样本，发现股票价格通常在"买入"建议发布前的两天内开始逐步上涨，但在评级发布日，价格立即开始持续下降一个星期左右。分析师股票推荐评级向市场提供了上市公司内部信息，而不仅仅是分析师自我实现的预测。Liu、Smith和Syed(1990)也研究了《华尔街日报》"华尔街传闻"栏目的市场反应。与其他研究成果一致，他们也发现在分析师荐股"买入"评级公布之前，股票价格已经出现了连续上涨，但股票评级公布后价格持续下跌。他们认为分析师推荐评级公告日前几日超额交易量的增长来自上市公司内部人的提前交易。Beneish(1991)检验了资本市场对《华尔街日报》"华尔街传闻"栏目中分析师股票评级的反应，并得到了与Lloyd Davies和Canes(1978)类似的研究结果。但Beneish(1991)却认为华尔街内部信息的二次传播，无法解释资本市场对读者群体庞大的《华尔街日报》"华尔街传闻"栏目上发布的分析师推荐评级信息作出的强烈反应。Bauman, Datta和Iskandar-Datta(1995)发现分析师股票推荐评级在《华尔街日报》"华尔街传闻"栏目研究上发表前后的短期市场价格行为与前期学者研究结论一致。即使在1987年的美国资本市场剧烈波动中，依然存在股票价格在分析师荐股评级信息发布之前上涨，随后一周内下降的规律。这些研究结论学者们虽然作出了不同的解释，但结果在不同时间段表现出了相同模式，即分析师的"买入"评级在股票价格上涨之前发布会起到价格"助跑"作用；但在分析师评级信息发布后，股票价格往往会出现下降和漂移。

如果资本市场对《华尔街日报》中“华尔街传闻”栏目信息发布存在明显的反应规律，学者们继续把目光转向了《华尔街日报》的其他栏目或其他印刷媒体，研究其他信息发布是否也具有这种影响股票价格的能力？首先，有部分学者研究了《华尔街日报》的“Dartboard”栏目。Barber 和 Loeffler(1993)分析了分析师荐股评级出现在《华尔街日报》“Dartboard”栏目前后的市场收益。分析师所选定的 95 只股票在发布日和随后一天的两天窗口期内平均获得了 4.06%的超常收益率，从第 2 日到第 25 日窗口期则获得了－2.08%的回报。基于分析师选取的 216 只股票，Liang(1999)发现了《华尔街日报》“Dartboard”的股价反转规律：分析师荐股评级在发布日和随后一天的两天窗口期超常收益率为 3.52%，从第 3 天股价开始反转持续到第 15 天。依据分析师荐股评级建议进行投资的投资者，经过风险调整后损失了 3.8%。Greene 和 Smart(1999)研究了100 位分析师在《华尔街日报》“Dartboard”栏目推荐股票的市场价格变动和超常收益。与 Barber 和 Loeffler(1993)类似，他们发现在分析师信息公布日前的股票价格上涨和随后的价格下跌现象。该栏目诱导大量读者产生了非知情交易，大部分超常收益在分析师信息公布后的几周内消失。他们还提出分析师的个人声誉是产生超常交易量和超常收益的基础，在分析师面向公众发布荐股信息时，分析师个人声誉加剧了股票价格波动。

也有学者对美国《商业周刊》的“内部华尔街”栏目对资本市场的影响展开了研究。与《华尔街日报》“华尔街传闻”栏目明确标明的分析师“买入”评级或“卖出”评级不同，《商业周刊》“内部华尔街”栏目只有分析师含糊的含蓄建议。Mathur 和 Waheed(1995)研究结果显示在《商业周刊》“内部华尔街”栏目分析师发布的推荐积极评级前，多家被推荐公司获得了显著的超常正收益；与《华尔街日报》“华尔街传闻”栏目股票所记载的价格变动模式相似，《商业周刊》“内部华尔街”栏目相关股票价格在分析师信息发布日之前上涨，并在分析师信息发布后的时间区间内下降。比《华尔街日报》“华尔街传闻”栏目股票变动规律更显著的是，在《商业周刊》“内部华尔街”栏目分析师荐股信息公布日期前的两个月超常正收益率就已经开始累积，也就是说分析师承担的是价格助跑的角色。Sant 和

Zaman(1996)验证了从《商业周刊》"内部华尔街"栏目中被推荐股票存在类似的价格规律。与 Mathur 和 Waheed(1995)的研究一致,半年后被分析师推荐股票的负收益合计达 6.80%。基于分析师潜在能够驱动股票价格荐股信息的公开效应,可以推断出股票价格走势与出版物栏目信息之间的联系。

已有文献采用平均股票价格反应测度研究分析师荐股评级变动对股价的影响,Roger K.Loh, Ren'e M.Stulz(2011)通过改良该方法后研究了分析师荐股评级变动对市场的影响,他们发现仅有 12%的股票评级变动对市场具备真正影响力,如果分析师属于领头羊分析师,明星分析师、前期影响力大的分析师、偏离群体平均值的分析师或者被推荐公司是小盘股、成长股、高机构持仓股或者高预测偏差公司,那么荐股评级变动对股票价格的影响力会较大。

20 世纪 90 年代以来,美国之外的发达国家资本市场越来越多的研究人员也开始对财经媒体公开发布的分析师荐股信息和盈余预测信息的资本市场反应规律展开研究。Wijimenga(1990)基于荷兰分析师周度股票推荐数据,发现在股票评级发布当周,荷兰股市表现出强烈而显著的反应,但没有显著的长期超常收益。他还注意到,在股票建议的第 2 周至第 26 周有一个小幅逆转。这一价格行为类似于《华尔街日报》"华尔街传闻"栏目中的股票推荐,即在分析师股票推荐评级发布前表现出快速而急剧的价格上升,信息发布后则慢慢下降。Kiymaz(1999)研究了土耳其伊斯坦布尔证券市场周刊《经济趋势》上刊登的分析师对股票市场趋势预测文章的市场影响。他发现在该期刊公开出版的前期,股票超常收益率在统计意义上显著存在,并认为这是内幕信息交易存在的一个信号。Menendez(2005)分析了证券分析师发表在西班牙影响力最大的商业报纸上的"买入"和"卖出"评级建议,发现在"买入"建议发布前,被推荐股票存在显著的风险调整后正超额收益率,然而在公告当日或以后则没有统计上的显著反应。Schuster(2003)研究了 20 世纪 70 年代至 90 年代德国、荷兰、英国和美国主要的商业媒体、印刷版或电子版的证券分析师荐股评级建议。他研究后发现,无论分析师是否明确给出股票的推荐评级,被推荐股票价格均表现出统计上显著的超额收益率。商业媒体的公开效应在促进股票交易量和股票价格的快速增长方面也起到了积极作用。此后不久，被分析师推荐的股票均出现了价格反转，一部分被推荐股票在一个星期内完全损失了前面获得的超额收益率，其他很多股票陷入了持久的价格下跌通道，投资者的收益率显著为负值。如果投资者在分析师公开发布荐股信息后开始购买该股票，不但短期内（一周）普遍不能获利，从长远来看他们将损失更多。择时能力也许能够解释这种差异，在分析师股票建议发布之前，最初的价格上升对不知情中小投资者而言增加收益率的作用不大，因为他们与知情投资者相比并不享有平等的投资机会。然而，这些按照公开的分析师股票投资荐股评级进行投资操作的不知情投资者参与了知情投资者抛售股票所引起的价格下跌交易，并承担了损失。Schuster（2003）总结了卖方分析师"买入"建议所引起的价格上涨和随后的价格反转组成一个长期稳定模式，该模式或规律普遍存在于发达国家资本市场中。

与发达国家普遍存在的分析师信息对市场影响规律相比，新兴资本市场对证券分析师所发布的正面荐股和盈余预测信息是否表现出类似的反应问题同样引起了大量学者的关注。Yazici 和 Muradoglu（2002）通过检验发布在土耳其受到普遍欢迎的经济周刊《Moneymatik》"投资者栏目"的分析师股票推荐评级，研究了分析师荐股评级是否有利于中小投资者获得超额收益。结果表明，土耳其股票价格较大程度受到分析师股票荐股评级的影响，不知情中小投资者通常产生了亏损，被推荐股票的中长期表现则更加糟糕。然而，知情投资者在投资建议发布前一周时间内获得的超常累计回报率超过了5.39%。知情投资者在证券分析师推荐评级公布日之前已接到信息并购买了被推荐股票。在分析师推荐评级信息公告日，这些投资者以高价抛售已经持有的股票并得到超额收益，而不知情中小投资者则根本没有机会盈利。

与机构投资者占据交易主流的美国股市不同，我国台湾地区个人投资者占据了市场交易总额的79%（Shen 和 Chih，2009）。Lin 和 Kuo（2007）发现在台湾地区商业报纸中，分析师荐股评级发布日前和发布当日存在统计上显著的市场反应。然而在荐股评级公告日后，被推荐股票收益表现显著为负值。Shen和Chih(2009)发现台湾地区分析师在2000年1月至2003年12月间发布的股票"买入"荐股评级具有类似的股价反应规律。

我国股票市场中个人投资者在交易中一直占据主要地位。根据中国证券监督管理委员会的统计,2000年A股市场中个人投资者开户量占99.5%,截至2013年2月,流通市值在10万元以下的个人投资者账户比例高达84.7%,50万元以下个人投资者账户比例更是超过了97.4%。Lee和Liu(2008)以《上海证券报》刊登的"本周分析师推荐股票"专栏的股票推荐评级样本为基础,研究了分析师荐股评级公布前一天和当天的超常收益。在公告日触及价格最高点后,股票价格出现大幅下跌,第二天及以后再无反弹,流动性较差的股票价格波动受分析师荐股评级的影响更大。Lee和Liu(2008)怀疑市场操纵者可能参与了证券分析师的荐股评级信息发布并掀起了市场泡沫。

总之,无论是发达国家资本市场,还是新兴国家资本市场的相关研究表明,在过去四十多年中,几乎在金融报纸、商业杂志上发布的分析师荐股信息,重复证明了围绕分析师"买入"评级推荐信息公布后资本市场存在较普遍的价格反应规律,在分析师"买入"建议公布之前出现显著的价格上涨,并在分析师荐股评级公布后价格持续下跌。这也证明了证券分析师通过媒体发布的信息对资本市场价格的确产生了影响,证券分析师具备影响市场价格的能力。但在这种现象的背后并不是所有的市场参与者都能够从分析师发布的信息中获利,只有内幕交易者和在分析师荐股信息公开发布之前获得荐股信息的知情交易者才能够从中获利。

有趣的是,学者发现即使通过在大量发行的商业报纸上转发刊登分析师二手荐股信息也将会引起资本市场的剧烈价格反应,有可能资本市场对荐股信息的反应不仅仅因为存在时效,宣传媒体对分析师荐股信息的市场反应也能够起到推波助澜的作用。Stice(1991)发现披露信息的方法和获取盈余信息的成本存在显著差异。他的研究结果表明虽然美国证监会的备案信息比《华尔街日报》还早公布8天,但资本市场对《华尔街日报》的盈余公告作出了显著反应,但资本市场对美国证监会的盈余备案信息没有作出任何反应。Han 和 Suk(1996)发现由一个较高可信度的出版商的宣传效果将会放大分析师荐股信息的价格影响力。他们发现可信度较高的《巴伦周刊》股票专栏发布的分析师荐股二手信息显著影响了股票价格,甚至比同一分析师 15 天前发布的信息影响力还要大,主要原因是《巴伦周刊》具备庞大读者群体、在广大投资者眼中《巴伦周刊》发布的信息具有较高的可信任度并且投资者很容易买到该周刊。

媒体的宣传放大效果可通过媒体转载发布的二手信息事件与同一分析师原始的发布信息事件进行比较后证实。基于在瑞士主要金融报纸发表的分析师股票评级建议样本,Schlumpf, Schmid 和 Zimmermann (2008)研究了分析师发布荐股信息的宣传效应,并同早前分析师对公司客户和资产管理部门发布相同信息事件作了比较。该项研究独特之处在于其研究比较了分析师发布的一手信息和通过媒体发布的二手信息分别对信息公告的效应大小和超常收益持续性之间的关系。这些研究结果表明可信度较高的公开媒体宣传增强了分析师发布信息影响股票价格波动的潜力,重复的新闻报道增强了对明星分析师的宣传效果。

在分析师通过公共媒体发布荐股信息时,非知情投资者往往会被分析师的荐股评级信息误导或者遭受投资损失。如果某些分析师打算诱使散户投资者购买关联机构投资者发行的股票,散户投资者将会承担遵循这些分析师股票建议后购买并持有该股票的损失,当股票价格进一步下降时,该损失还会不断扩大。美国网络股泡沫破灭后,2003 年公布的全球研究分析师和解协议中被起诉的券商和证券分析师案例证明了这一点。Shen 和 Chih(2009)、Lin 和 Kuo(2007)从台湾地区证券交易所发现的证据显示,30 家投资银行和 8 家券商的自营交易部门对他们的分析师通过报纸杂志推荐给投资大众的股票进行了反复买卖。在这项研究中,分析师荐股评级发布前价格上涨并在公布后逐步消退的价格规律被再一次发现。实际上不知情的公众投资者从“买入”甚至是“强力买入”的分析师荐股建议中很难获利,由于交易时间点决定了投资者收益之间的重大差异。分析师在信息公开发布前生成股票推荐评级,在股票评级建议中具有信息垄断的优势。只有在分析师盈余信息发布之前交易的投资者才能够获得超常收益。

综上所述，分析师买入评级推荐包括了影响价格上涨或下跌的潜力，也决定了大批不知情中小投资者的交易方向（买家发起或卖家发起）。当证券分析师的股票评级建议公开发表在诸如财经类报纸，门户网站等可信度较高、读者广泛的媒体上时，将会以一种强劲的方式影响资本市场上股票的价格波动。影响价格潜力和可信度较高媒体的宣传共同构建了分析师的信息垄断能力，这也决定了卖方分析师发布的盈余预测和推荐评级信息在公司内部人和股票发行人心中的核心价值。然而，分析师的这种独特价值实质上是以损害不知情投资者利益为代价的。证券分析师不能公平地对待公众利益而常常误导公众投资者的原因是什么？当超额利润来源于利益冲突时，卖方分析师能够为股票发行者提供巨大的市场营销力量并且为市场操纵者交易策略提供特殊价值。这也许是监管者频繁对分析师展开调查，不断出台新的监管措施，以及分析师误导投资者的行为依旧层出不穷的原因。

分析师的薪酬激励机制同时加剧了分析师误导投资者的不当行为，有学者展开了这方面的研究。基于Unger(2001)的研究，卖方分析师是由投资银行或经纪公司分配研究任务以吸引和留住客户，为公司创造尽可能大的股票交易量，分析师甚至拥有他们所跟踪股票的部分股权。Michaely 和 Womack(2005)总结了对分析师总薪酬贡献最大的三个因素。一是分析师是否被选入年度《机构投资者》评选的全美研究团队；二是证券分析师带来的投资银行业务承销费；三是分析师覆盖股票产生的交易佣金。此外，Michaely 和 Womack(2005)还做了一些其他估计，认为美国投资银行部门承担了超过一半的研究部门成本。Fisch 和 Sale (2007)认为，分析师的薪酬反映了基金经理所认同的“明星质量”，这更与他们处理公共关系技能有关，而不是客观的研究能力。可以看出，卖方分析师的薪酬来源并不独立。相反，它们是以利润为导向的商业战略的一部分，如吸引承销交易量、与投资机构保持良好的长久合作关系以及为所在券商持有的股票发布提升其股价的推荐评级，以吸引大量中小投资者购买来掩护机构出货。在这个过程中，只要他们的收入来源不是主要依赖散户，而是通过投资银行的服务费、经纪公司佣金、发行人、投资银行、机构客户和经纪公司产生交易利润提成，证券分析师就难以向公众提供公平公正的咨询和研究服务。Groysberg，Healy 和 Maber(2008)曾对一家大型投资银行的资深卖方分析师薪酬数据展开过研究。他们发现券商和投资银行按照分析师可以为公司创造多少价值，设计了分析师的薪酬待遇。对于投资银行而言，分析师的价值主要体现在为企业提供融资服务时收取的投行承销费用，如果分析师能够为投行招徕投行业务，薪酬就会较高。对于券商而言，分析师价值在于交易佣金，分析师的推荐评级如果能够让券商的客户产生大量的交易，分析师的薪酬也就会越高。Groysberg，Healy 和 Maber(2008)还发现分析师的薪酬与明星分析师排名正相关，该排名通过基金经理等机构投资者投票决定。出人意料的是，没有任何证据表明分析师的薪酬与分析师对上市公司盈利预测精度和股票评级建议绩效有着直接的联系。事实上，分析师产生的信息尤其常常会损害众多散户投资者的经济利益。总之，卖方分析师必须考虑其薪资利益，导致他们很难充分重视大部分公众投资者的利益。这与大众投资者所预期的分析师应作为所谓的"公共监督员"角色完全相反(Hutton，2002)。Fisch 和 Sale(2003)发现似乎不会出现分析师的研究高于"公共利益"的情况。这也不符合 Brooks 和 Wang(2004)提出的分析师独立担任财务信息中介的学术假设。

二、机构和个人投资者对分析师信息的反应和投资绩效

如果资本市场的确对分析师发布的信息作出了反应，那么机构和个人投资者对分析师信息的反应存在差异么？他们的投资业绩存在何种差异？研究人员提供统计证据表明不同类型投资者对分析师信息的反应和投资绩效存在显著差异。Odean(1999)从经纪公司随机选择 10000 个活跃交易账户的所有交易记录作为样本，在扣除了诸如流动性需求、税损卖盘、投资组合再平衡或转移到低风险证券等因素后，发现投资者过度交易导致其净资产一直在遭受损失。Barber 和 Odean(2000)检验了券商超过 6 万个人账户后，认为他们的交易对其财富积累是危险的，活跃交易的个人投资者获得的回报率将显著跑输股票市场。投资者的交易越频繁，

其绩效相对 S&P500 指数的绩效反而越低。Grinblatt 和 Keloharju (2000)研究了在芬兰赫尔辛基证券交易所各行业的所有交易，发现个人投资者的投资绩效在统计上明显要低于成熟的境外机构投资者。Barber 等人(2009)研究了我国台湾地区个人投资者与机构投资者做交易时，个人投资者相对机构投资者交易的年度业绩为−3.8%。Fong，Gallagher 和 Lee(2009)通过研究澳大利亚证券交易所的交易记录后发现，与盘中交易的情况一致，个人投资者群体一直在承担交易损失。

从学者实证研究成果得到的一般经验是，个人投资者在股票交易中将会产生系统性损失，并且他们交易越多，损失就越多。利用先前积累的证据，在分析师和其他知情人士联合操纵市场的情况下，不知情投资者几乎没有机会从股市中获利。Reingold(2006)认为个人投资者没有机会在机构投资者，股票发行人和分析师之间内幕信息不公平博弈中胜出。根据 Yan 等人(2010)的研究，其认为股票二级市场上存在明显的基于交易的操纵行为。从上市公司到投资者信息回路的每个阶段，都存在某种形式的操纵行为。股票发行人存在盈余操纵，卖方分析师存在推荐评级操纵，以及其他类型以信息为基础的操纵。如果个人投资者高度信任的信息来源全都可能涉及操纵甚至欺诈，他们几乎肯定在买卖股票过程中产生系统性损失。一些研究，特别是在行为金融学领域将这样一个令人沮丧的现实归因于众多个人投资者的天真或轻信卖方分析师产生的信息和其他信息来源。与聚焦卖方分析师对机构投资者行为的影响不同，Michael Rebello 和 Kelsey D. Wei(2014)研究了一家大型基金公司内部的买方分析师研究成果的价值。发现在一年期限内，买方分析师的研究具备投资价值，并且分析师的不同选股能力差异具备可持续性。当买方分析师传递的是基金经理还未掌握的信息时，或者买方分析师具备良好的研究经验时，或者被跟踪股票很少有卖方分析师跟踪时，买方分析师的研究成果将会对基金交易产生强烈影响。

分析师又是如何形成信息使知情交易者受益？卖方分析师采取了一些特殊手段为他们的雇主、发行人客户和机构投资者利益服务，但往往不会考虑为中小投资者利益服务。

手段一：分析师荐股评级与盈利预测不一致。Bradshaw（2004）研究了为何分析师的投资建议与盈余预测结果之间存在不一致。前期研究认为该问题的解释是分析师存在讨好上市公司管理层的激励（Francise 和 Philbrick，1993），或为了加强与投资银行的业务关系（Lin 和 McNichols，1998），或与其他分析师一起"随大流"（Graham，1999）。Malmendier 和 Shanthikumar（2007）则怀疑分析师是否真的看好他们所跟踪的股票，发布乐观荐股评级仅仅是为诱导散户投资者购买其所跟踪的股票。他们发现分析师可以采取以下策略：用两种方式传递信息，针对更老练的投资者（往往是机构投资者）提供上市公司盈利预测作为参考，针对普通投资者（往往是个人投资者）则以股票评级建议提供参考。原因是不太成熟的投资者仅跟随分析师的股票建议进行投资，而较为成熟的投资者则会考虑分析师的研究偏差，在盈余预测或在股票评级建议上打折。他们的结论是分析师可能会扭曲股票推荐评级至乐观的倾向，使得小投资者跟着买进股票。Mikhail，Walther 和 Willis（2007）基于高频数据研究了机构和散户荐股评级变动的成交量差异。通过对交易层面高频数据的挖掘，他们发现小交易者往往对分析师荐股评级的发布反应更大，当对分析师的荐股评级作出反应时，并没有正确地考虑分析师的激励机制。Mikhail，Walther 和 Willis（2007）提供了更多的证据表明，小投资者以一种更天真的方式对分析师荐股评级作出了反应。

手段二：分析师们在盈余预测和荐股评级中一直存在过度乐观偏差。Bradshaw，Richardson 和 Sloan（2006）在研究分析师公司外部融资营销作用时，发现了分析师过度乐观的证据。Goedhart，Raj 和 Saxena（2010）发现在过去的 25 年分析师一直过度乐观，盈利增长预测值每年大约为 10%—12%，而实际盈利增长只能达到 6 个百分点。2003 年全球分析师和解法案实施后，从 2003 年至 2006 开始的第一个三年发现分析师盈余估计值比较符合上市公司实际盈利值。但在随后三年（2007—2009 年）分析师盈余估计值又开始大幅超越实际收益值。为什么在大多数情况下分析师乐观主义肯定会出现？主要原因可能是分析师的"买入"评级和"卖出"评级建议所产生的交易量是不对称的。正面的首次评级或者评级修订为增加交易量开辟了更多机会,尤其是吸引更多的新买家。与此相反,负面报道会对已经拥有股票的投资者产生负面效果,最终减少交易量(Cowen, Gyogoky 和 Healy, 2006)。利用券商的大样本数据和分析师的盈余预测,Hong 和 Kubik(2003)发现,这些券商显然鼓励那些能推动股价的分析师。考虑到 20 世纪 90 年代末美国股市的狂热,Hong 和 Kubik(2003)认为,那些承销新发行股票的投资银行家想要利用分析师的乐观盈余预测来提高股价,股票经纪人想要乐观的预测以获得新的买家,从而赚取交易佣金,因为没有多少机构或个人愿意做空。

根据美国证券交易委员会提供的证据,Laura Unger(2001)发现分析师要对他们所跟踪的股票保持乐观但还面对着来自外部的压力。压力之一来自机构投资者,如基金公司,保险公司,他们是分析师所属券商的大客户,他们可能持有分析师所跟踪的股票大量仓位头寸。分析师可能被禁止发布与基金公司重仓股票相关的调低评级,因为这将对机构客户的投资组合业绩表现造成不利影响。除此之外,分析师职业生涯中最重要的考虑是根据基金经理的投票对明星分析师进行评选,基金经理的投票权也对分析师发布评级报告产生了压力,分析师往往不会去得罪基金经理。另一个压力来自上市公司,分析师所跟踪公司的管理层可能迫使他发出乐观的报告和建议。否则,如果分析师发布对公司产生负面影响的报道,上市公司管理层可能会威胁切断分析师访问管理层的信息渠道。如果丧失从上市公司管理层得到盈利预期的信息渠道,分析师的预测准确度则失去了基础,而一连串地丧失精准度预测则会断送分析师的职业生涯,同时也会使分析师声誉扫地。在分析师所属公司内部,投资银行部门可能迫使分析师为他们的客户作出乐观的预测或者荐股评级。分析师的薪酬基本上是依赖于为投行部门获得和保留的承销交易量,分析师可能不得不出于商业利益的考虑对其研究内容的客观性作出妥协。在一家券商经纪公司,分析师的薪酬与他的研究报告和股票推荐所生成的交易量息息相关,经纪公司还希望与机构投资者客户保持良好关系,这也会迫使证券分析师发布过度乐观的股票报告。有时分析师也持有他所跟踪的股票,为了自身利益,分析师必须对那些股票保持乐观态度。

三、分析师在证券发行中的角色和利益冲突

由于分析师掌握着潜在驱动股价的信息和深受大众信任的影响力，对证券发行人而言，证券分析师的工作具备多方面的重要意义。首先，分析师们基于对驱动股价强有力的营销手段，可以在通过指导证券发行人首次公开募股（IPOs）或增发股票发行（SEOs）时使用。其次，他们可以在证券发行人以创造盈余惊喜为目的博弈中扮演年度盈余预测“不断下滑”的信息来源重要角色。对证券发行人来说，这种多方面价值可以在选择承销商时，通过其对分析师的声誉和拥有众多明星分析师的数量而进行评估（Krigman，Shaw 和 Womack，2001 年）。据“选择偏差”理论的解释，上市公司很可能会选择旗下对前景更为乐观的分析师的承销商（McNichols 和 O'Brien，1997）。Chen 和 Ritter（2000）推断，投资银行家出售的不仅仅是承销服务本身，还有其上市公司中意的分析师跟踪股票的覆盖规模。分析师的雇主期望分析师的行为更像促销人员或市场营销人员，而不是公正和冷静的证券估值分析人员。大量研究发现，分析师给他们的客户发行人提供了营销服务。Yan 等人（2010）发现在过去 50 年欧美发达国家以及其他发展中国家经济体中，上市公司管理层的盈余操纵现象是普遍存在和持久的。为了演示卖方分析师如何可能有助于发行人进行盈余操纵，以股票增发为例，已有大量研究人员（Teoh，Welch 和 Wong，1998；Rangan，1998；Gunny，2005；Zang，2007；Cohen，Dey and Lys，2008）发现上市公司管理人员如何通过应计费用或实际经济活动来操纵公司盈余，期望以较高的价格卖出更多增发的股票。上市公司管理层站在自己的角度上成功公开发行股票，两个因素必须处在上市公司管理层的控制之下。一个因素是阻止潜在的“公众监督员”——审计师及卖方分析师的反对。另一个因素是使这些监督员成为发行人的营销合作伙伴。由于审计师受雇于证券发行人，即使当他们知道盈余操纵企图的时候，大部分情况下他们选择保持沉默。审计师的签名提高了发行人向投资大众公开的公司盈余及其他财务信息的可信度。卖方分析师不直接受雇于证券发行人，但他们获利丰厚的加薪极大地依赖于他们为其雇主——股票承销商可以吸引来的承销业务量。证券发行人可以通过撤销

承销业务来威胁承销商，这便将压力从承销商传递到证券分析师。证券发行人也可以通过不优先为分析师提供盈余信息渠道，来直接向分析师施压（Francis，Hanna and Philbrick，1997）。

在经济和资本市场繁荣时期，对证券发行人而言，明星卖方分析师确实具备了巨大的营销潜力。然而，在整个市场恐慌性阶段，例如2000年美国网络泡沫破灭时，股票价格严重下跌，证券分析师过于乐观的荐股评级建议和盈余预测成为一系列指控其操纵股票价格、损害不知情的公众投资者利益的有利证据（De Franco，Lu 和 Vasvari，2007）。换句话说，对股票发行人而言，分析师的营销力量取决于价格驱动潜力、分析师职业声誉、信息传播者的可信度以及对证券发行人吹捧观点的公开宣传。如果没有公开宣传，市场营销力量是不存在的。买方分析师提供了实例，买方分析师往往存在于基金公司和投资机构，但与卖方分析师不同，其研究成果并不公开宣传，仅供所供职的投资机构内部使用，因此买方分析师往往不具备市场影响力。

卖方分析师可以采取以下几种方式为证券发行人提供营销服务。首先，他们用讨人喜欢的推荐评级投资建议和目标价格上涨来包装证券发行人的股票，这些包装可以诱使资本市场投资者庞大的购买量，以支撑证券发行人的股票价格。其次，由于发行人盈利信息和卖方分析师评级是散户投资者作出交易决策的最重要信息，分析师可以通过发布偏乐观的短期和长期每股收益（EPS）增长预测，以此来向证券发行人提供持续的利益输送。在对发行人的盈余操纵和卖方分析师的兜售建议并不知情的情况下，散户投资者有可能被说服购买发行人的股票，推高股价，证券发行人则在高价位成功地售出增发股票。有些经理及其他公司内部人士也同时可以高价出售他们的部分股票或期权（Yan 等，2010d）。与此同时，涉及的分析师也可能从内幕交易中获利。显然，证券发行人是最大赢家，承销商还受益于承销费用。卖方分析师因为他们的营销贡献而得到加薪或红利；有时他们还产生内幕交易利润。2003年美国颁布全球分析师和解法案对华尔街顶级投资银行和证券研究人员之间涉嫌的利益冲突展开了调查。Fisch 和 Sale（2003）通过调查发现股票市场普遍存在通过卖方分析师实施的SEO营销策略。Colombo(2007)发现分析师为股票发行人的增发和首次公开发行提供营销服务的证据。Lin和McNichols(1998)通过美国国内股票发行人数据,仔细研究了美国市场上市公司增发股票行为,与SEO伴随的还有主承销商雇佣分析师所作出的股票盈利预测和荐股评级建议。他们发现,牵头承销商和联合承销商雇佣分析师作出的每股盈余EPS增长预测和荐股评级建议比由无雇佣关系分析师作出的每股盈余EPS增长预测和荐股评级建议更加有利和乐观。但在增发股票前后,有雇佣关系的分析师所发布当年和以后各年盈利预测比无雇佣关系分析师发出的每股盈余EPS增长预测和荐股评级建议也乐观不了多少。Michaely和Womack(1999)发现在首次公开发行后,与承销商有利益冲突的分析师的"买入"荐股推荐评级,无论是在推荐事件期还是在随后的几个月里,都比非承销商下属分析师的荐股评级建议表现糟糕。由于证券发行人通过承销业务向承销商施加压力,承销商雇佣分析师的推荐评级被故意向上作出了调整。Dechow, Hutton和Sloan(2000)将分析师们对股票发行进行盈余预测时的过度乐观主义直接与发行后期股价表现不佳联系起来。该项研究发现股票发行过程中卖方分析师过度乐观的长期盈余增长预测已形成体系,他们还证实前期发行表现不佳最为明显的是那些由利益冲突分析师作出最高增长预测的企业。

Ritter(2003)声称,需要更多的研究来探究证券分析师在企业融资中提供给发行人的营销协助。为了全面调查卖方分析师是否参与了企业融资的营销活动,Bradshaw, Richardson和Sloan(2006)使用了包括财务报表、收益数据的大样本数据集,他们还将分析师数据用在预测变量中,包括每股盈余预测,长期每股盈利增长预测和股票推荐评级,以及股票目标价。较稳健的结果显示,净外部融资和乐观分析师预测之间存在很强的正相关关系。这种相关关系对短期每股盈利预测、长期每股盈利增长预测、股票推荐评级和目标价格也适用。这一证据强烈地表明分析师在证券发行的过高定价中起到了类似营销专业人士的作用。上市发行人的所谓成功发行和其相关分析师的营销胜利对所有投资者而言也许不是好消息。分析师间接参与的IPO营销行为导致了股票在发行后期的表现不佳。在上市公司的IPO发行或SEO发行和“静默”期后，分析师开始跟踪覆盖研究新发行的股票或增发的股票。Loughran和Ritter(1995)通过实战交易检验研究后发现，对社会公众投资者而言，股票绩效和分析师荐股评级建议之间的联系并不公平。因为价格驱动潜力和公众可信度嵌入到了分析师生成的信息和前期研究经验中。Spiess和Affleck-Graves(1995)、Ritter和Welch(2002)等人通过对首次公开发行和股票增发后价格的表现不佳现象展开了研究。上市公司在上市后的股价长期业绩表现不佳类似于证券交易中市场操纵行为三阶段“吸筹—拉升股价—出货”中的出货后期阶段。由于没有大笔买入交易量支持股票发行后的价格上涨，股价将持续数年下跌。

某些股票发行人为实施IPO和SEO而开展的市场营销活动如路演、通过相关分析师过度乐观的目标价和荐股评级建议，都堪比三阶段市场操纵的虚假交易，这两种行为的目的相同：拉升股价并准备出货，将股票以高价卖给投资者(Yan等人，2010d)。然而，这些人为的努力，其中一些甚至是欺诈性的行为，目标只是临时拉升价格，因此股票发行人可以在较高的价格卖出股票。一旦计划发行股份都以高价出售给了市场投资者，很难保证股票发行人投入实质性和真诚努力以保持发行股价的稳定。承销商分析师的营销力量也难以长久，即使他们的正面报道和价格预测仍然存在。由于没有新的大额买入交易进入市场，股价自然就会下降，甚至会持续很长一段时间。简言之，有雇佣关系冲突分析师的营销服务似乎有助于抬高发行者的股价，但事实上随后带来的是股价的下跌，甚至是长期的发行后表现不佳。许多不知情的散户，部分基金经理，或某些机构投资者可能被困在这种发行后股价下跌的陷阱中(Gasparino, 2005)。最新研究还发现分析师的其他多重角色，Gus De Franco, Florin P.Vasvari, Dushyantkumar Vyas(2014)研究了上市过程中债务分析师关于债权股权冲突信息的讨论，和股票分析师的信息价值差异及其对资本市场股票价格的影响。但也有学者(Alexander Dyck, Adair Morse, and Luigi Zingales, 2010)指出分析师有时也会扮演上市公司的“民间监管者”的角色，对上市公司的IPO欺诈行为存在一定的抑制作用。Jie He

和 Xuan Tian(2013)研究了分析师覆盖对实体经济企业创新的影响,发现分析师覆盖与公司创新之间存在负相关,这意味着分析师研究对上市公司的创新存在一定的抑制效果。

四、分析师研究成果中的战略扭曲

无论是情愿还是不情愿,一些分析师以扭曲他们的实际研究成果导致过度乐观评级或盈余预测这种方式进行了妥协。我们将分析师的战略扭曲分为两种:一是分析师在盈余预测中的战略扭曲,表现为过度乐观的盈余预测偏差。二是分析师在荐股评级中的战略扭曲,表现为分析师宁愿发布过度乐观的荐股评级而不愿意发布负面评级。

(一)分析师在盈余预测中的战略扭曲

Hutton(2002)发现大多数跟踪安然公司的分析师在 1998 年第 1 季度直到其 2001 年 12 月破产倒闭期间,提供了 16 个季度的颇具质疑的乐观盈余预测。思科和朗讯两家公司在互联网泡沫过程中,也拥有分析师为其勾画的连续 14 个季度预测盈余持续增长的漂亮蓝图。没有内幕信息,分析师往往不能在每个季度准确地进行预测。上市公司管理层在盈余公告日前往往会与领头羊分析师保持沟通,以指导分析师的盈余估计。这种指导使得一些分析师的预测似乎比其他分析师的盈余预测更频繁准确,这也有利于分析师个人职业生涯的发展并提高他们的职业声誉。最终,他们的潜在驱动股价信息和职业声誉公信度伴随其市场营销力量都增加了。维持分析师和股票发行人之间的良好关系对双方来说是互惠互利的。证券分析师往往会在股票盈利全年循环预测周期中实施一种战略扭曲行为,证券分析师在第一季度开始往往会作出过度乐观的盈余估计,"盈余预测不断调低"策略将维持到本财年的最后一个季度,以便上市公司管理层可以不断满足或超越所有分析师的 EPS 预期共识,以人为制造"盈余惊喜"推动股价上涨(Richardson, Teoh 和 Wysocki, 2004; Jensen, 2005)。"不断调低"的分析师全年周期盈余预测依赖于卖方分析师和他们的上市公司管理层之间通过合谋和勾结,由证券发行人发起、多名分析师参与的"盈利预测指导博弈",主要目的就是为了描述一幅关于上市公司未来绩效的美丽蓝图,因此其股票可以继续留住持有股票的投资者和吸引新的买家。在这个过程中，不明就里的投资者被误导并产生投资损失(Cotter，Tuna 和 Wysocki，2006)。Gilles Hilary，Rui Shen (2013)虽然提供了大量证据显示分析师会产生有偏差的公司盈余预测，研究人员也开发出很多技术来确定分析师预测误差的可预测部分，目的是希望更好地理解信息如何在股价中体现。Eric C.So(2013)通过证明股票价格并没有完全反映分析师预测误差的可预测部分，得出了投资者过高估计了分析师的预测误差结论。Marcus Kirk(2011)发现在美国有超过 500 家上市公司为分析师覆盖本公司而付费。通过手工收集这类付费的分析师成果样本，并计算事件期 2 日超额收益率进行研究后发现，尽管存在公开和明显的利益冲突，这些上市公司付费的分析师研究成果中包含的信息，对投资者而言仍然具备投资和参考价值。Foong Soon Cheong and Jacob Thomas(2011)发现了一个特殊的规律，分析师盈余预测偏差(分析师个体预测对比群体预测)，盈余预测误差(群体预测对比实际预测)并不随着规模的变动而改变，他们试图解释这种扭曲不随公司规模的变动，他们认为可能是源自上市公司管理层尝试平滑 EPS 来减少不同公司之间 EPS 波动率的变动。Michael B.Clement，Jeffrey Hales，Yan feng Xue(2011)研究了分析师在上市公司盈余公告后如何利用股票收益率和其他分析师的盈余预测对自己的盈余预测进行修订。发现分析师对那些有关未来盈余变动的信息信号反应更加剧烈。尽管分析师对这些信号平均意义上反应不足，他们还是发现那些对信号信息含量最敏感的分析师相对他们的同行获得了更好的预测精度并且对资本市场产生了更大的影响。Xuguang Sheng，Maya Thevenot(2012)认为过去对分析师盈余预测的测度方法存在缺陷，特别是对分析师私人信息的忽略，直接导致对盈余预测中的战略扭曲难以进行测度。他们基于将分析师之间的预测偏差与 GARCH 模型估计得到的平均预测误差相加，提出了一种新的分析师盈余预测误差不确定的测度方法。该方法同时基于分析师发布上市公司 EPS 预测时拥有的普通信息和私有信息。他们发现了新测度更好业绩的直接证据，这为以后研究分析师盈余预测扭曲的产生来源奠定了理论基础。Jeffrey T.Doyle，Jared N.Jennings，Mark T.Soliman

(2013)发现了上市公司经理层定义非GAAP盈余来达到或者超过分析师的盈余期望以制造盈余惊喜,但资本市场部分理解了上市公司经理层的这种机会主义行为,并对正面盈余惊喜打了折扣。Hilary, Rui Shen(2013)发现当上市公司管理层发布盈余预测时,那些历史上对该公司作出盈余预测数量较多的分析师,预测精度会变得更准确,对行业内其他未发布管理层预测的公司盈余预测也会更及时。他们还发现在上市公司管理层预测之后,市场投资者对那些经验相对丰富的分析师作出的无管理层盈余预测公司的盈余预测修订作出了更强烈的反应。

(二) 分析师在荐股评级中的战略扭曲

最新的国外研究已经开始对分析师在荐股评级中的战略扭曲进行了分析。Simona Mola, Massimo Guidolin(2009)发现分析师的利益冲突部分来源于基金公司,当与其有利益冲突关联的基金公司投资了某只股票时,分析师通常会更频繁地发布该股票的有利评级。他们还发现基金越是重仓的股票越容易受到分析师乐观评级的青睐,虽然随着美国证监会对分析师监管力度的加强导致其对于基金重仓股票乐观主义的逐步下降,但分析师"调高至买入"评级变动仍然显著和基金重仓股相关。Michael firth, Chen Lin, Ping Liu和Yuhai Xuan(2013)对共同基金公司和分析师所属券商之间的商业关系是否影响分析师的荐股行为进行了研究,使用特殊的券商从基金公司获得佣金的披露数据库,如果分析师所属券商的基金公司客户重仓持有该股票,分析师对该股票的荐股评级将出现明显的向上战略扭曲,并且这种扭曲程度与基金重仓股在投资组合中的比例和佣金收入成正比。他们还发现如果基金公司重仓持有的公司出现了负面新闻,分析师也不愿意对其给出负面评级。Ohad Kadan, Leonardo Madureira, Rong Wangc, Tzachi Zach(2012)研究了分析师的行业经验对评级扭曲的影响,通过使用战略分析师的行业荐股数据,他们发现分析师对那些过去投资水平较高、过去盈利能力较强和过去股票收益率较高的行业显示出了更高的乐观主义,如果投资者既考虑分析师的行业专业经验又考虑了公司经验,那么分析师荐股评级的投资价值将会大大提高。Boochun Jung, Philip B.Shane, Yanhua Sunny Yang(2012)

研究了分析师的长期增长预测是否是分析师荐股评级战略扭曲的原因，他们发现资本市场对那些与荐股评级同步发布长期增长预测的分析师反应更为剧烈，而且这些分析师跳槽的意愿相对并不强烈。

De Franco，Lu 和 Vasvari(2007)提供了分析师误导投资者行为的直接证据，作为被法案处理公司交易策略的一部分样本让机构投资者获利但损害了中小投资者的利益。这些顶级华尔街投资银行分析师涉嫌扭曲他们对企业私人观点和公开发布不诚实、富有误导性的研究报告。De Franco，Lu 和 Vasvari(2007)发现在此期间，这些分析师误导样本公司的机构持股比例显著下降。机构投资者在分析师发布“买入”评级建议的同时，出售大量持有的公司股份，大量个人投资者被分析师的诱导性投资建议吸引并购买，随即个人投资者立即被套牢在下跌的股票中。Shen 和 Chih(2009)利用来自我国台湾地区自营交易数据样本，发现在分析师为市场投资者提供“买入”建议的同时，分析师所在的自营业务部门却在卖出分析师推荐的个股。以许多个人投资者的利益受损为代价，这些类型利益冲突为投资银行带来了丰厚利润。这种利益冲突是投资银行实施操纵性交易策略的一部分，其自营交易部门交易在整个市场的价格下跌过程中对分析师推荐股票实行反向交易。Lin and Kuo(2007)通过研究我国台湾地区分析师数据，也发现存在类似的利益冲突。Proimos(2005)对澳大利亚样本研究显示，在网络股泡沫崩溃的早期阶段，附属分析师对一家互联网公司给出“买入”评级投资建议时，投资银行同时卖出了约合1750 万澳元的巨额股票。

除了在券商的操控性交易策略中扮演合谋角色，分析师的工作在为其所属券商创造交易量从而增加交易佣金收入方面也同时具备价值，这也促使分析师进一步扭曲其荐股评级。通过研究加拿大多伦多证券交易所交易数据，Irvine(2001)发现分析师对特定股票覆盖导致了该股票统计上显著更高的券商交易量。平均而言，相对没有下属分析师覆盖的股票，券商增加了下属分析师覆盖股票的市场份额约 3.8%。交易激励机制也很重要，因为每一个分析师盈余预测或荐股建议，有可能为分析师雇主产生潜在的交易佣金。Francois Derrien，Ambrus Kecskes(2013)发现分析师跟踪人数对上市公司的投融资行为会产生影响，上市公司每流失一名分析师覆盖该公司，公司的投资和融资额将下降总资产的1.9%—2%使用Irvine(2001)相同的数据集，Irvine(2004)进一步研究发现，分析师的“买入”和“强力买入”荐股评级建议使得他们所属券商公司比“持有”、“卖出”或“强烈卖出”的荐股评级建议能够获得显著更高的市场份额的交易量。基于该发现的重要含义是，只要股票研究与交易佣金支付相关联，用于向上偏差荐股评级建议可能仍然存在。Jackson, Andrew R.(2005)使用澳大利亚市场上1992年1月至2002年12月的所有股票，对23家证券经纪公司所产生的交易详细数据研究后发现，乐观的分析师荐股评级为自己所属经纪公司带来了更多的交易量。同样使用澳大利亚的证券交易数据，Aitken, Muthuswamy和Wong(2001)发现，投资银行分析师给予的“买入”评级建议，导致了公告事件窗口期较高的市场份额，“卖出”评级建议则没有产生类似后果。这一发现有助于解释为什么券商分析师的建议一般是偏乐观的。Cowen, Groysberg和Healy(2006)基于美国市场交易数据研究后发现，相对其他类型分析师，券商分析师作出的EPS预测，公司长期增长预测和股票推荐评级更加乐观。乐观主义即存在于繁荣时期也存在于衰退时期，解释为被交易佣金利益捆绑。

五、分析师研究成果的选择性披露与股价操纵

证券分析师的研究成果包含了驱动股票价格的潜力、分析师个人职业信誉和公开影响力，一旦分析师研究成果被公开，将在短期内创造盈利机会。谁在分析师信息公布之前获得垄断性的信息将会得到几乎确定的交易回报。基于股市中的这一规则，一些分析师在将他们的最新研究信息发布给公众客户之前，更愿意先提供有关信息给机构投资者。由于券商非常重视与机构客户的关系，分析师首选客户为机构投资者，导致了出现信息提前泄露给机构投资者的现象。这些关系使得公司产生较高的佣金收入，同时提高了证券分析师的薪酬。根据券商分析师发布的“买入”和“强力买入”荐股评级，Irvine等人(2007)研究了美国股市中机构投资者在这些积极荐股评级公开发布前的交易行为。他们发现在公开发布前五天的机构交易量及净买入量开始在统计上显著增加。他们的研究结果

证明了分析师将最新研究报告提前泄漏给了机构投资者客户。通过专注于在一段相当短的时间内被反转的券商分析师推荐评级修订样本，Berglund 等(2007)通过对芬兰赫尔辛基证券交易所交易的数据进行排序后发现:94.5%的机构客户对券商分析师提出的荐股建议进行了反向交易。换句话说，一些分析师发出的评级调整可能为了所属经纪公司的机构客户方便买卖。Choi，Lee 和 Jung(2009)试图通过区分客户和非客户的交易行为，以确定信息泄露和机构交易之间的直接联系。通过使用包含券商分析师向上修正的数据和在韩国交易所的数据集，他们发现了券商分析师在研究成果公开发布之前往往会提前通知其机构投资者客户的证据。Choi，Lee 和 Jung(2009)还发现了有关分析师研究信息提前泄露的媒体传闻证据。使用基于纳斯达克上市公司分析师推荐评级数据，Li 和 Heidle(2004)发现如果经纪公司分析师在同一家公司推荐评级发布之前，直接或间接泄露信息给了做市商，在分析师推荐评级修订之前，做市商的报价行为发生了显著变化。除了研究信息泄漏给机构客户，Li 和 Heidle 指出，一家经纪公司的分析师可能在发布之前泄露自己的研究资料给公司的自营交易团队和作为公司内部人的做市商。一旦自营交易团队从他们的分析师同事那里获得暗示，前者可以通过分析师发布的信息开展交易，在不知情的投资者交易前进行交易。对不知情的投资者而言，最坏的情况是当分析师发布“买入”评级之后，股票价格经历持续下跌，而分析师所属自营交易员在同一时间大量出售推荐股票，这就是网络泡沫破灭的一个典型的场景(De Franco，Lu 和 Vasvari，2007)。

Lin 和 Kuo(2007)研究了 2000 年 6 月 1 日至 2003 年 1 月 31 日期间 8 个经纪公司分析师发布的合计 1072 条“买入”建议。通过对被推荐公司卖出交易量变化的研究发现，Lin 和 Kuo 发现，分析师强烈推荐的大部分科技股市场表现越来越差。与此同时，券商下属的自营机构加大了被推荐科技股的卖出量。Unger(2001)从证券监管行动中发现，分析师将其推荐评级修订信息提前告知了投资银行。2004 年美国证券交易委员会对美国银行罚款 1 亿美元，原因就是一名银行高级行政人员基于未公开的分析师研究报告进行了股票买卖。与公司内部人类似，当公司自营股票价格出现大幅下降时，券商经纪公司内部激励是止损的。然而，不知情的投资者被误导进入投资陷阱，承受了日益严重的经济损失。总之，最近的研究越来越多地揭示卖方分析师在公司自营交易和其他券商的功能中发挥的实际上是“合谋帮凶”的作用。在任何情况下，分析师拥有垄断信息优势，可以通过发布大众可信的潜在驱动股票价格的研究成果，来帮助基于信息操纵的操纵者或者为他人提供内幕交易信息来执行操纵交易策略。

六、美国分析师监管法律研究与行政和解实务

全球股市在过去的40年重复的大规模证据表明，卖方分析师具备影响股票价格信息垄断的潜力。该信息垄断可以变为发行人巨大的营销潜力；为投资银行吸引承销业务；为经纪公司产生大量的交易量及佣金收入，在自营交易部门实施的基于信息操纵策略中拉升价格。然而，不知情投资者并不是分析师的信息垄断的主要预期受益者之一。相反，分析师产生的信息误导了他们，并可能导致其系统性的投资损失。为了提高对投资者的保护，特别是对不知情投资者的保护，必须提出针对证券分析师行为监管的有效措施，对现行法规进行完善。这些建议的实质是有效防止知情投资者在证券研究部公开发布分析师信息前后利用信息垄断的优势，实施他们的不公平交易策略。这些针对证券分析师监管的措施预计将大幅减少潜在价格波动的幅度，防止因这种基于信息垄断操纵导致的股市危机。最后的建议是由监管机构加强聘用公众分析师(或有合约)的“看门狗”的性质。

(一) 美国公平披露法案(FD)与分析师监管

在20世纪90年代互联网普及之前，证券信息的传播速度较慢，大多数美国个人投资者通过接收来自他们股票经纪人的电话，读取上市公司定期邮寄给他们的公司年度报告或者季度报告，阅读新闻报纸的财经栏目或金融类杂志，或者亲自打电话给股票经纪公司提出针对他们所持有的股票的疑问并获取最新的相关信息。大多数美国投资者主要依赖能够全面提供股票经纪服务和投资咨询服务的股票经纪公司，例如提供股票买卖推荐建议的美林证券。

20世纪90年代中后期，互联网开始在美国被广泛运用，网上折扣经纪商如嘉信理财，电子交易和亚美立控股公司允许个人投资者按下鼠标

进行股票在线交易。与此同时，一些投资者开始利用互联网信息传播速度快的优势来研究股市，作出更明智和更迅速的交易决定。互联网上出现了投资者随手可获得的丰富研究资料，投资者能够比以往任何时候都更容易作出投资决策。随着这些老练的投资者了解到通过实时股票行情和实地实时访问上市公司并获取最新新闻稿的信息优势带来的超额收益机会，他们开始频繁拜访调研上市公司以期望获得最新有价值的公司信息。到1999年，美国个人投资者越来越意识到季度分析师电话会议的重要性。在电话会议里，上市公司管理层会向机构投资者雇佣的证券分析师披露季度业绩，并回答专业分析师有关该公司的历史业绩和未来发展前景的提问。但在当时，大多数公司并没有让中小投资者参加他们的电话会议。一个名叫马克·科克尔小投资者，创办了一家名为Bestcalls的互联网公司，将上市公司电话会议的目录开放给所有投资者，以帮助说服上市公司开放所有的电话会议内容。科克尔在公开媒体上发布信息提醒个人投资者，指出聆听电话会议作为一项投资者基本研究工具的好处。在他的努力下，Bestcalls公司与美国证券交易委员会开展了建设性合作，科克尔让美国证券交易委员会的监管官员和大众投资者相信，上市公司在电话会议中普遍存在选择性披露问题。与此同时，诸如Onstream Media，Broadcast. com，Vcall. com，Shareholder. com，Thomson Reuters等公司也开始提供电话会议互联网直播技术与服务，并使得它更实用，使用价格更低，这使得上市公司允许所有投资者同时倾听分析师电话会议。1999年12月，美国证券交易委员会公开《公平披露法案》草案交给美国民众讨论。成千上万的个人投资者写信给美国证券交易委员会，表达了他们对信息披露监管的支持。但习惯于从重大信息选择性披露中受益的大型机构投资者强烈反对公平披露法案。他们认为，公平披露法案会导致上市公司无法采取向特定分析师的信息披露策略，降低了信息流向资本市场的数量和质量，导致更少的信息披露。2000年10月23日，美国证券交易委员会批准《公平披露法案》。《公平披露法案》也通常被称为Reg FD或Regulation FD，该规则要求所有上市公司必须在同一时间向所有投资者披露重大非公开信息。该法规旨在杜绝上市公司向特定个人如证券分析师或者机构的选择性披露。《公平披露法案》颁布前，一些投资者(通常是大型机构投资者)在其他市场参与者(通常是个人投资者)之前就能收到影响市场价格的重要信息。《公平披露法案》旨在以更加透明、更加频繁、更加及时和更加公平的信息披露为核心，来改善对上市企业和分析师的监管。对于信息披露媒介的选择，美国证券交易委员会显示出了较强的与时俱进的特征。2013 年 4 月 2 日，美国证券交易委员会称，如果符合一定的要求，上市公司甚至可以利用社交媒体来发布和共享信息。正如上市公司网站公布那样，投资者进入选择社交媒体的平台不能受到限制，投资者必须被通知哪些社交媒体将被用来传播信息。

投资者通常依赖于分析师的盈余预测。为作出准确的盈余预测，分析师会尽可能地收集上市公司的相关信息，分析师关于公司的主要信息来源是通过资本市场必要的信息披露(例如定期信息披露)和上市公司自愿的(例如上市公司管理层预测)披露，其中包括私下披露和公开披露。2000 年 10 月《公平披露法案》明显改变了公开披露的作用和分析师的信息环境，因为它禁止上市公司披露非公开的信息材料给分析师的同时，不披露给公众。

已经有相当数量学者的研究，主要集中在公平披露法规对分析师的预测和公开披露的影响(例如 Heflin 等，2003；Bailey 等，2003；Irani 和 Karamanou，2003；Agrawal 等，2006；Mohanram 和 Sunder，2006)。目前争论点是《公平披露法案》是否会恶化分析师的信息环境。Heflin 等人(2003)发现没有可靠证据表明《公平披露法案》实施后，分析师盈余预测的一致性或预测精度发生变化；Bailey 等人(2003)发现，《公平披露法案》实施后，分析师的预测分散度明显增加，表明《公平披露法案》可能损害市场盈余预期趋于一致的能力。Gintschel 和 Markov(2004)，Agrawal 等(2006)总结发现在《公平披露法案》实施后，流向分析师的私人信息在减少。尽管如此，大多数的研究发现《公平披露法案》实施后，自愿公开披露(如上市公司管理层预测，电话会议)的总体数量和质量在增加。

与分析师的预测影响不同，也有学者探讨《公平披露法案》怎样影响上市公司管理层预测的数量和质量。Heflin 等(2003)、Bailey 等(2003)发现上市公司管理层预测的披露数量在公平披露法案实施后增加了,法案也提高了管理层预测的质量,因为在法案实施后期比前期上市公司管理层预测偏差降低,也更精确。Yan 等人(2010)对过去 50 年美国资本市场上有关盈余操纵的法律诉讼案例进行了分析并提出了监管措施和政策建议。William J.Kross, Inho Suk(2012)检验了《公平披露法案》是否改变了分析师对公司公开信息披露的依赖。他们发现《公平披露法案》导致分析师对上市公司盈余公告信息更快、更频繁的反应,并伴随着更大的预测修订。《公平披露法案》实施后,在上市公司盈余公告发布后,分析师预测误差和预测偏差都出现了加速下降趋势。《公平披露法案》使得分析师和个人投资者之间的博弈变得更加公平。

Francois Brochet, Gregory S.Miller, Suraj Srinivasan(2014)检验了分析师和上市公司管理层之间建立起来的这种专业关系的重要性。利用分析师覆盖的选择数据和上市公司 CEO 和 CFO 的离职数据,他们发现高级经理层的跳槽也引发了 10%的分析师样本对高级经理跳槽后公司的首次评级。特别是当公司经理层在行业内跳槽时,分析师和经理的“联合移民”现象更加显著。而且联合移民的分析师对原有公司的研究频率和研究准确度都大大增强了,管理层离开后,分析师的信息优势丧失。由于他们的结论在《公平披露法案》后也依然成立,这意味着这层专业关系可能与《公平披露法案》无关。Edward Lee, Norman Strong and Zhenmei Zhu(2014)研究了美国针对分析师监管的一系列法律法规是否降低了错误的定价并提高了美国资本市场的效率。发现法规颁布后,分析师盈余修订和上市公司盈余公告后短期股票价格延续性出现了显著降低。对于高信息不确定公司,它们对分析师监管法规更加敏感,因此下降效果更明显。分析师对这些公司的盈余预测精度提高了,这也意味着监管法规实施后,公司的信息环境得到了改善。

(二)美国萨班斯—奥克斯利法案(Sarbanes-Oxley Act)与分析师监管

萨班斯—奥克斯利法案(Sarbanes-Oxley Act)是美国立法机构根据安然有限公司(Enron)、世界通讯公司(Worldcom)等财务欺诈事件破产暴露出来的公司和证券监管问题所立的监管法规，简称《SOX 法案》或《索克思法案》或《塞班斯法案》。美国证券交易委员会 SEC 和美国证券交易所加强了对证券分析师涉及的利益冲突监管，该法案第 5 章专门针对证券分析师的监管进行了详细规定。该法案针对分析师的证券分析行为，监管法规从制度设计上要求建立证券分析师保护制度。美国证监会要求交易协会和美国各证券交易所制定旨在说明证券分析师利益冲突的信息披露规则。为了保持分析师的客观性和独立性，培育美国民众对于证券研究的信心，对涉及被研究公司投资银行业务的经纪人、交易商雇佣人员提供的研究报告公开发布前清算和赞同进行严格限制。非直接从事投资研究的人员提供的研究报告也被禁止公开发布。萨班斯—奥克斯利法案的目标是针对参与从发行人那里获得和保留投资银行业务的证券分析师利益冲突。它需要分析师在讨论股票的同时，在他们的研究报告中或在媒体宣传中披露其存在的利益冲突，这是一个很有效的措施。这表明卖方分析师监管已经成为美国股票市场发展的重要组成部分。

（三）美国全球分析师和解协议（Global Analyst Research Settlement）与分析师监管

全球分析师和解协议是由美国证券交易委员会（SEC），美国证券交易协商会（NASD），纽约证券交易（NYSE）三者针对美国最大的十个投资银行存在的利益冲突问题在 2003 年 4 月 28 日达成一致的和解处罚协议。核心问题是前期已经被法庭裁决的存在于美国最大十家投资银行投行业务部门和研究部门之间的利益冲突。被调查的投资公司全部涉及通过其投资银行雇佣证券分析师实施不当影响来获得大笔利润。典型案例来自瑞士信贷第一波士顿（CSFB）和所罗门美邦，他们涉嫌从事发布不适当扭曲的 IPO 和欺诈性质研究报告，违反了美国 1934 年证券交易行为法。同样地，瑞银华宝（UBS Warburg）和派杰证券（Piper Jaffray）被指控在没有披露其证券研究报告受到了其他资金资助潜在存在的利益冲突，该行为违反了美国 1933 年证券交易行为法案。法案判决于 2002 年 12 月 20 日公布，为了防止投资银行出于获得更高承销费用目的对其分析师施加压力导致其滥用“有利”荐股评级。这些公司不得不从物理位置和信息两方面隔离投资银行业务和证券分析师研究部门。此外，研究部门预算也与投资银行部门预算相互独立。在首次公开发行股票 IPOs 宣传、路演和推广期间，研究分析师禁止和投资银行之间交流信息。全球分析师和解协议也为首次公开发行股票 IPOs 增加了 25—40 天的静默期，规定证券分析师曾经发布过的荐股评级必须对公众公开，公众容易获得这些历史荐股评级信息。十家大型投资银行总共支付了 8.75 亿美元的罚金和追缴，包括 3.875 亿美元的追缴和 4.875 亿美元的罚款（含美林证券之前在解决分析师利益冲突中与美国政府达成的和解罚金 1 亿美元）。在协议中，美国证券交易委员会（SEC），美国证券交易商协会（NASD），纽约证券交易所（NYSE）决定罚金中一半将由除美林以外的其他投行支付，并用于补偿公司客户的经济损失，剩余的资金将上缴给美国政府国库。此外，这些投行还将支付总计 4.5 亿美元用于资助第三方独立研究，支付的 8500 万美元的七家投行将建立基金，用于投资者证券知识教育，所有支付的罚金总额大约是 14.35 亿美元。

法案中所涉及的公司支付了总共 14.35 亿美元的罚款，用于赔偿受损失的投资者，补充投资者教育基金，为独立第三方市场研究提供资金。如表 1.1 所示。

表 1.1 全球分析师和解协议涉及公司、罚款金额与用途

单位：百万美元

公司名称	罚款	获利赔偿	第三方独立研究	投资者教育	总计
贝尔斯登	25	25	25	5	80
瑞士信贷第一波士顿	75	75	50	0	200
德意志银行	25	25	50	10	110
高盛	25	25	25	5	80
JP 摩根	25	25	25	5	80
雷曼兄弟	100	0	75	25	200
美林证券	25	25	75	0	125
摩根士丹利	12.5	12.5	7.5	0	32.5
所罗门美邦	150	150	75	25	400
瑞银华宝	25	25	25	5	80
合计	487.5	387.5	432.5	80	1387.5

除了货币支付，公司需要实施重大结构改革，包括分离研究和投资银行部门公司，如何研究和监督，并为投资者提供独立的研究。具体改革措施如下：第一，确保分析师股票荐股评级不受投资银行承销费用竞争的影响，证券分析师将隔离于来自投资银行方面的压力。公司需要切断研究分析师和投资银行部门之间的联系，包括禁止分析师从投资银行活动中获得报酬，禁止分析师参与投资银行的“推销”和“路演”活动。第二，将分析师研究部门和投资银行业务部门进行实质分离，同时建立信息隔离墙制度，防止两部门之间的信息流动。第三，公司高级管理层将独立决定分析师研究部门的财务预算，不考虑从投资银行部门拨款和获得特定收入。第四，证券分析师的收入不可以直接或间接与投资银行业务部门收入存在关联，投资银行部门人员不可以参与证券分析师工作绩效评估。第五，研究部门主管可以独立决定作出与公司特征相关的所有决策以决定证券分析师是否终止跟踪覆盖公司，投资银行部门主管在分析师是否开展对特定公司的跟踪和评级没有话语权。第六，证券分析师被禁止参与努力招揽投资银行业务，包括推销和路演。在提供投资银行业务期间，证券分析师不能参与路演或其他市场交易。第七，确保个人投资者获得客观公正的投资建议，投资银行将有义务提供独立的分析师研究。在五年时间内，每家投行将被要求与不少于三个独立研究公司签订合同以提供独立研究成果给自己的客户。每个公司的独立研究人员对研究成果的独立性有最终决定权。

为了使投资者能够评估和比较分析师的能力，分析师的历史荐股评级也将被公开。每家投资银行必须将其分析师的历史推荐评级、盈余预测数据和目标股价预测对全社会公开。此外，七个公司支付 8000 万美元用于投资者教育。美国证券交易委员会，纽交所和全美证券交易商协会已授权 5250 万美元用于建立一个投资者教育基金，向投资者提供必要的知识和技能培训，以便使他们作出明智的投资决策。剩下的 2750 万美元将支付给国家证券监管机构，目的也是用于投资者教育。SEC 主席唐纳森(2002)指出：“美国证券监管业务和金融体系的特点是，当不当行为发生时，法治必须获胜，它必须面对和惩罚。全球分析师和解协议反映出美国商业历史上的悲章，同时也代表一个重要新篇章，美国证券交易委员会继续努力恢复投资者信心，建立美国证券市场的公平性和完整性。”纽约州首席检察官 Eliot Spitzer（2002）认为，全球分析师和解协议是由证券监管机构制定，承诺帮助恢复市场公平和投资者信心的有效手段。投资银行研究业务的结构性改革，将使投资者使用分析师证券研究结果进行投资决策的行为变得更规范，更有意义。

（四）美国内幕交易与分析师监管中出现的新问题

美国证券交易委员会和美国最高法院之间关于分析师监管的法律冲突成为了美国有关内幕交易与分析师监管中出现的新问题。2013 年 7 月，美国联邦政府对史蒂文科恩（Cohen）的对冲基金 SAC 资本顾问公司提起诉讼，并且逮捕了超过 80 人。检察官巴拉拉指控 SAC 公司利用证券分析师在 2008 年 7 月从一位负责药品研究的医生那里获取了关于大量的非公开信息，并利用该信息赚取了接近 2.8 亿美元的超额利润。该案例也引发了美国财经实务界和司法界对证券分析师监管边缘和内幕交易界定的大讨论。由于美国食药局规定药品必须经过多次临床试验的研究，经过检验对公众健康无害、有效安全时，才可以批准上市。对某种新药感兴趣的医药行业分析师往往会通过医药人才协会或者专家机构获得接触参与新药临床试验的大部分医生和研究人员，并向其支付一定的费用。根据美国联邦政府的判决，分析师虽然支付费用并获取了药物研发的非公开信息，但分析师获取的信息并不被认为是实质非公开信息，因为分析师接触到的药品试验采用保密性较强的“双盲”模式开展，无论是患者还是医生都不知道谁是服药者，服药的目的是什么。医生只是药品研究中的一个环节，其掌握的信息并不完整，分析师通过与医生的沟通得到的信息往往是碎片化的，投资者也无法根据这些信息立刻作出投资决策。这也是美国证券监管部门许可的“分析师拼图理论”的基础，如果证券分析师能够根据不同的信息来源获取大量的非实质信息，像做拼图游戏那样拼凑出实质性信息，那么他的行为被认为是合法的。因为美国最高法院认为分析师搜索和研究大量市场信息的行为实质上促进了市场的效率，能够更好地促进投资者对市场价格的一致意见的形成。也就是说要避免对分析师监管过严而影响市场定价效率，必须对分析师网开一面，给予其激励去主动收集和获取信息。这就造成了美国证券交易委员会和美国最高法院之间关于分析师监管的法律冲突。美国证券交易委员会的监管规定比较严格，只要任何人掌握了公司的实质性信息，就不能进行证券交易。《公平披露法案》的颁布就是体现了美国证券交易委员会对于上市公司向证券分析师进行选择性信息披露监管的态度，指导证券分析师如何正确地进行信息收集工作，分析师可以利用那些不足以让普通投资者作出实质性结论的非实质性信息上做文章，提供有价值的信息收集和分析服务。这也意味着美国证券交易委员会实际上认同了证券分析师"信息收集拼图理论"，但分析师、上市公司、监管部门对于"拼图理论"的理解并未达成一致，特别是对冲基金 SAC 遭到起诉案发生后，如今大部分的美国证券研究机构和基金公司禁止分析师与上市公司中层管理人员接触，这也在一定程度上影响了证券分析师的工作效率。对于如何正确地理解和界定证券分析师工作的合法边界，美国证券监管部门和美国法院仍然在不断探索中。

第二节　国内分析师监管理论与实务的综述

一、国内分析师监管理论述评

综合回顾近年来国内学术界对分析师监管这一难题的学术成果，现有成果理论体系按照两个主要的研究范式进行了起步和发展，分别形成了较为完整的研究脉络和系统。

研究范式Ⅰ：在管理学尤其是金融学和会计学的逻辑框架内，讨论分析师利益冲突的来源、新监管规则对规范分析师行为造成的影响，国际学者对分析师偏差行为的理解已经从过度反应/反应不足或乐观/悲观主义拓深到研究分析师背后的利益冲突和战略误导（Hamid Mehran，2007；Orie，2008；Giovanni，2008；Nisan Langberg，2008）。国内学者针对我国分析师监管存在的问题，纷纷提出了改善我国分析师监管的建议。司徒大年（2001）提出了处理分析师利益冲突的措施。张亦春等（2005）探讨了投资银行的利益冲突及其对市场的影响。胡亦明等(2005)、胡亦明、沈光明等(2005)研究了分析师的分析能力与分析质量。胡亦明等(2006)使用 probit 方法分析了分析师是否关心其职业声誉。原红旗等(2007)考察了券商承销业务对分析师独立性的影响。刘牧晗(2008)提出加强对我国证券分析师的政府监管和行业自律的建议。张雪兰(2008)基于分析师利益冲突不一定影响投资者利益的实证发现,提出了分析师利益冲突监管政策的调整思路。白晓宇(2009)分析了上市公司信息披露政策对分析师预测的多重影响。旷野(2009)分析了分析师利益冲突产生的原因。潘越、戴亦一、刘思超(2011)发现承销商会利用存在乐观主义偏差的分析师研究报告为新股上市进行托市,但市场投资者也能识别这种行为并作出调整。潘越、戴亦一、林超群(2011)研究发现一定数量的分析师持续关注可以作为一种法律替代机制,以降低股票暴跌的风险。薛祖云、王冲(2011)研究了分析师的信息扮演角色。杨艳林(2011)研究了证券分析师利益冲突与研究质量。李丽青(2012)对我国《新财富》杂志评选的最佳分析师可信度进行了研究。《东方证券》(2012)对我国证券研究报告业务链管理体系中存在的监管薄弱环节进行了分析。许年行、江轩宇、伊志宏、徐信忠(2012)发现分析师的乐观主义偏差与上市公司股价崩盘风险之间存在显著正相关关系,应进一步加强对分析师的监管和引导。赵良玉、李增泉、刘军霞(2013)证明了我国分析师以乐观报告换取上市公司管理层私有信息的现象。

基于这一研究范式的文献,为我们观察分析师监管问题提供了一个有解释力的管理学分析框架,但其不足之处是大部分文献与经济法尤其是证券法缺乏有效衔接,影响了研究结果在分析师监管立法上的参考价值。

研究范式 II:在法学尤其是金融证券法的逻辑框架内,对分析师利益冲突的监管、信息隔离墙制度如何建立和实施进行了制度分析。黄辉(2007)、台冰(2007)、王凯(2008)都是从不同角度探讨了“信息隔离制度”在我国综合性券商中建立和实施的一些具体问题。蔡庆丰(2005)、肖志源(2007)、杨洋(2008)则从围绕分析师利益冲突的监管展开了探索,尝试构建我国证券分析师利益冲突的法律监管体系。高基生(2005)、秦皇岛、熊锦秋(2011)、许浩(2011)、林华(2012)围绕德国司法系统对“抢帽子交易”案的判决经验，和国内法律法规对分析师抢帽子交易归为操纵行为或操纵罪与证券法之间存在脱节问题、以及如何整肃分析师监管展开了研究。并不是所有的学者对于监管部门强化分析师监管持肯定态度，杨艳林(2013)提出由于分析师独立性与研究报告质量间的正向关系并没有完全得到美国和国内学者实证研究结论的支持，因此我国监管部门在针对分析师监管立法过程中必须考虑业务的简单隔离产生的消极影响，应该更大程度上发挥市场这只“看不见的手”对分析师利益冲突的制约作用。

基于这一研究范式的文献，大都以改进分析师利益冲突立法为导向，注重法律逻辑和体系的严谨性，但其不足之处是大都缺乏对监管部门现实监管成本、监管效率和监管环境的刻画。

二、 我国证券分析师监管实务的发展

随着中国资本市场的诞生，我国证券投资咨询活动自发形成并形成规模和行业。在报纸、电视、广播等大众传播媒体以及证券公司经营场所面对广大中小投资者开展所谓的“股票点评”行为是20世纪90年代证券炒股咨询业务初级阶段的发展形态。虽然早期的业务行为存在形式简单、效率低下、缺乏监管等弊端，但早期证券炒股咨询活动为向投资者普及证券投资相关知识、培养培育我国的中小投资者起到了巨大的推动作用。资本市场建立初期，由于我国证券炒股咨询活动缺乏有效的监管手段和监管法律，通过大众传播媒体进行的股票推荐行为曾经出现了大量的虚假宣传、配合庄家误导投资者购买、实施交易操纵等一系列违法、违规问题，导致投资者的大量亏损和投诉。1997年，我国证券监管部门主动将证券投资咨询活动纳入到日常监管业务活动中，宣布实施《证券、期货投资咨询管理暂行办法》，第一次对股票咨询活动行为进行了界定，这也成为了我国证券咨询活动监管边界的主要依据。在证券投资咨询行业发展的过程中，为了提高分析师研究质量和研究成果的市场价值，从竞争对手中吸引客户，我国证券研究部门也进行了积极的探索，从公开大众媒体上的免费媒体股评，转向收费或者变相收费的“会员制”研究报告邮寄

或者邮箱、网络客户端推送。通过证券公司、研究机构的不断竞争和选择，证券投资咨询业务的形式也形成了中国特色的两种基本方式：发布研究报告的证券分析师和向投资者直接提供投资建议但不发布研究报告的证券投资顾问。为满足资本市场专业机构投资者的需要，证券公司开始尝试模仿外国投资银行开展独立证券研究咨询业务，并且将分析师的研究成果以有偿的形式发送给自己的机构客户。每一份分析师研究报告中都包含了主要的投资观点、盈余预测以及荐股评级。我国资本市场也将证券分析师发布和向投资者推送研究报告的业务行为称为“研究咨询”。

为进一步规范证券研究咨询行业，中国证监会直接明确了证券投资咨询分为投资顾问和证券分析师两类群体，并于 2010 年年底针对投资顾问业务监管颁布了《证券投资顾问业务暂行规定》，同时针对证券分析师发布研究报告业务的监管发布了《发布证券研究报告暂行规定》，分别对两类群体进行分类指导和监管，同时也为中国证监会更合规地处理证券咨询领域内的违法违规行为提供了有力的法律依据。但有关分析师监管法规的颁布并没有提高我国证监会对分析师监管的效率。

高效率的分析师监管不仅是维护资本市场公平性、效率性和透明性的重要保障，而且还决定着政府监管部门的工作质量和价值导向，并最终影响着证券投资咨询机构的业务转型方向和资本市场的良好社会形象。然而，同其重要性相比，目前国内理论界对改善分析师监管效率方法手段研究的匮乏和滞后，不仅制约了证券分析师监管实践的发展，而且在很大程度上影响了我国分析师监管政策制定的科学化、高效化和规范化目标的实现。所以，研究高效系统的、与我国国情相适应的分析师误导界定监管系统和操作规律，就显得相当迫切和必要。理论界和监管部门迫切需要开发出一种性能好的监管机理和算法，能够利用计算机和统计软件从海量分析师股票推荐或盈余预测中以较低成本、较短时间、较高效率筛选出那些可能存在操纵行为的分析师，将有严重误导倾向的分析师线索提交给监管部门再进行人工调查。

三、 我国提出的分析师监管执法的行政和解新模式

2006—2012 年，中国证监会累计处理了 122 件案例与虚假陈述相

关，但这其中只有部分投资者在法院对46家上市公司提起了法律诉讼请求，要求上市公司承担经济赔偿责任，涉及索赔金额超过了3.8亿元，但这些利益受损的投资者最终只拿到了6700万元的经济赔偿，剩下的赔偿由于各种原因，遥遥无期。国内还没有个人投资者因为被证券分析师误导遭受损失后诉讼并获得经济赔偿的成功案例（肖钢，2014）。为了进一步保护个人投资者，在参考了美国证券交易委员会的美国分析师和解协议执法经验后，中国证监会在2014年年初提出了行政和解新模式的概念。行政和解制度首先要求涉案当事人（往往是券商、分析师、上市公司等）向行政监管部门交纳相应的现金作为行政和解资金，为其承担财产处罚奠定经济基础，受害的投资者通过涉案当事人所交纳的行政和解金可以及时得到经济赔偿，有效缩减了结案的周期跨度，同时确保了行政执法过程中在处罚涉案人员的同时对受害者提供了经济补偿，使得中小投资者的经济利益得到了更好的维护。在获得了行政和解金后，中国证监会和法院可以直接为投资者提供有效经济救济，减少了投资者获得经济赔偿的障碍和困难，投资者经济赔偿效率和效果都得到了提升（肖钢，2014）。

第二章
分析师盈余预测与荐股评级联系机理研究

每年我国投资者要花费大量金钱用于购买分析师研究成果。在证券分析师向机构和个人投资者提供的众多信息中，最重要的信息是盈余预测和荐股评级两种信息。由于分析师在将盈余预测信息转化为荐股评级信息的过程是一个黑箱，受到分析师利益冲突、乐观/悲观主义、公司规模、券商规模、个人经验等多方面因素的复杂影响，不同分析师在同一时间对同一只股票的盈余预测可能存在较大差异，但推荐评级相同；不同分析师在同一时间对同一只股票的盈余预测可能相同，但推荐评级并不一致。因此，对分析师信息转换机理及影响因子展开精确研究存在较大难度。学者要么研究盈余预测精度的价值如 Clement(1999)；Easterwood(1999)；Hong，H(2003)；Asquith(2005)等，要么研究荐股评级的投资价值如 Womack(1996)；Mikhail(2004)；Barber(2001，2003，2006)；Jegadeesh(2004)等，将两者联系在一起的研究并不多。

探讨分析师盈余预测精度和股票推荐价值之间的关系意义重大。从资源配置的角度，分析师花费了大量资源(金钱、时间)对上市公司作出尽可能精确的盈余预测，最终目的还是用来测量该公司的投资价值并传达给投资者，因此很有必要了解用于盈余预测的资源投入能否帮助分析师判断上市公司的投资潜力。从基本面分析和价值投资角度，股票内在价值的核心决定因素是未来的公司盈余。以分析师群体这个特殊样本检验做出更准确盈余预测的市场参与者能否获得更高的超额收益，将为超额盈余估值理论提供经验支持。从分析师荐股能力角度，检验具备荐股获利能力的分析师是否同时也显示出较优的盈余预测能力，将为证明分析师选股能力的真实存在提供直接证据。从投资实践角度，分析师产品的主要使用者是基金经理和机构投资者，本书对于帮助他们寻找那些盈余预测和投资荐股能力兼备的分析师具备重要实践意义和价值。

第一节 分析师盈余预测精度和荐股评级投资价值之间存在相关吗？

尽管 Zoran Ivkovi(2004)通过修订方向分组方法研究了盈余预测修订信息和荐股评级修订信息在盈余公告日前后的投资价值，但并没有研究两者之间的转换关系。Bradshaw(2004)通过使用多种估值模型将平均盈余预测转化为荐股评级后进行比较，尝试确认分析师将盈余预测转化为荐股评级使用的估值模型。Roger K.Loh(2006)发现那些发布更精确盈余预测的分析师同时也能给出更具备获利潜力的荐股评级。Bradshaw(2004)将某上市公司的所有分析师看作一个群体，从群体平均评级的角度展开研究，该方法的缺陷是单个分析师之间的能力差异无法区分。与之不同，本研究从单个公司—年度角度进行研究，对每个公司按分析师的年度盈余预测精度划分为四分位组。这种方法没有要求一定要给分析师进行总排名，而是允许分析师在对不同公司盈余作出预测时按照不同精度划分进不同的四分位分组。该方法符合本研究探讨特定公司盈余预测精度和特定公司荐股评级获利潜力之间关系的研究目标。接着模拟每个四分位组中分析师的日度平均评级形成多头和空头投资组合，研究结果发现盈余预测精度越高的分析师给出的荐股评级的投资价值不一定就越高，基本财务分析预测精度与有利评级投资价值之间存在一定的正向联系规律，这对于持价值投资理念的基金经理而言，具有重要参考价值。本研究也为分析师选股能力的真实存在提供了部分直接证据。

一、研究方案

1. 分析师—公司样本预测精度的年度分组

本研究从公司年度角度对分析师的盈余预测能力进行评价。本研究对某年某家上市公司作出盈余预测的所有分析师按照预测相对精度进行排序。为了在同一预测区间评估分析师,借鉴了 Hong 和 Kubik(2003)的研究方法,分析师在财务年度第 y 年内的相对预测精度是基于截至第 y 年 6 月 30 日跟踪该上市公司所有分析师最后可获得盈余预测值计算得到的。为了避免陈旧预测值,剔除了在第 $y-1$ 年实际盈余公布之前的盈余预测值。参考 Hong 和 Kubik(2003)的经验,定义绝对预测误差 AFE 如下式:

$$AFE_{ijy} = | Actual_{ijy} - Forecast_{ijy} | \tag{2.1}$$

这里 AFE_{ijy} 代表分析师 i 对公司 j 在 y 财务年度的盈余预测误差。无论分析师是过于乐观还是过于悲观,都会产生较大的 AFE_{ijy} 值。由于是在同一公司—年度内进行排序,因此公式(2.1)并没有标准化。对于每个公司—年度,分析师将按照 AFE_{ijy} 值升序排序,并给予不同的排名 $rank$, AFE_{ijy} 相同的分析师则给予同一排名。为了计算四分位分组,先计算百分位数,参见公式(2.2)将排名减去 0.25 后再除以排名最大值,减去 0.25 的目的是为了平衡四分位组极大值和极小值的数量。计算出的百分位数按照数值区间[0, 0.25], (0.25, 0.5], (0.5, 0.75], (0.75, 1]分成四组。为了确保每个预测精度四分位组中至少有一位分析师,在数据处理中仅保留了至少存在四个不同 AFE 值的公司年度样本。这同时也保证了每个预测精度分组中都有分析师对相同公司给出股票推荐评级。表 2.1 是以万科公司 2005 年的样本数据为例将分析师按 AFE 排名分成四组。

$$排名百分数 = \frac{rank - 0.25}{rank\ 最大值} \tag{2.2}$$

表 2.1　基于万科公司 2005 年数据将分析师按 *AFE* 排分成四组

分析师	预测误差绝对值(*AFE*)	排名	排名百分数	四分位组
1	0.027	1	0.058	1
2	0.047	2	0.135	1
3	0.047	2	0.135	1
4	0.057	3	0.212	1
5	0.057	3	0.212	1
6	0.061	4	0.288	2
7	0.087	5	0.365	2
8	0.107	6	0.442	2
9	0.108	7	0.519	3
10	0.117	8	0.596	3
11	0.124	9	0.673	3
12	0.147	10	0.750	3
13	0.187	11	0.827	4
14	0.207	12	0.904	4
15	0.216	13	0.981	4

2. 将盈余预测精度与推荐评级获利联系的时间区间

为了研究分析师盈余精度与荐股评级之间的关系，尽量让股票推荐评估期和盈余预测周期实现最大可能重合，定义分析师推荐评级的收益累计检验期为当年的 5 月 1 日至次年的 4 月 30 日。对于一个财务年度在 12 月结束的上市公司，上一年度盈余一般在次年 4 月 30 日之前公布，分析师往往在盈余公告后的一至两个月内作出上市公司新年度的盈余预测。因此，该收益累计年度最能代表实际盈余预测周期，如图 2.1 所示。

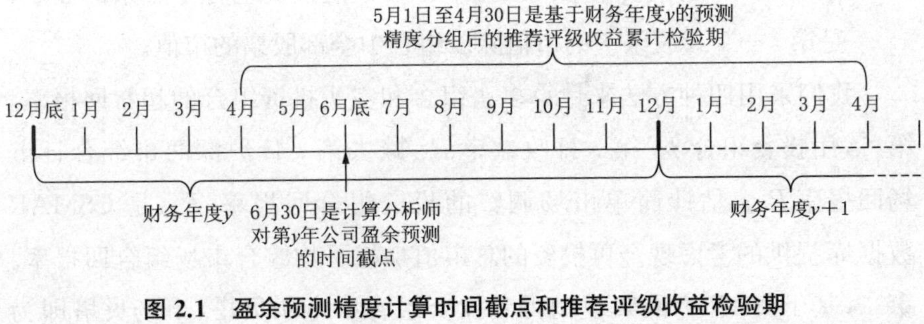

图 2.1　盈余预测精度计算时间截点和推荐评级收益检验期

3. 分析师荐股评级收益累计检验期动态组合计算

为了检验分析师盈余预测精度与荐股评级投资价值之间的关系，参考 Barber(2001，2003)的方法，基于每个盈余预测精度四分位组的分析师对该公司的平均评级构建日历时间组合。四分位组中的公司 j 的平均评级由公式(2.3)给出：

$$\bar{A}_{jt-1}=\frac{1}{n_{jt-1}}\sum_{i=1}^{n_{jt-1}}A_{ijt-1} \tag{2.3}$$

n_{jt-1} 是被划分进四分位组分析师的人数，A_{ijt-1} 是分析师 i 在第 $t-1$ 天的股票推荐评级。值得指出的是，可能在某些天平均评级仅含一位分析师。在四分位分组中，使用公式(2.3)给出的平均评级将覆盖公司划分到多头和空头组合中。如果平均评级是有利的(favorable)则被划分入多头组合；如果平均评级是不利的(unfavorable)则被划分入空头组合。参考 CSMAR 将投资评级分为买入、增持、中性、减持、卖出五档，将其转化为数字，买入＝1，增持＝2，中性＝3，减持＝4，卖出＝5。参考 Roger K.Loh(2006)的经验，将平均评级 $A_{ijt-1}\leqslant 2$ 的定义为有利评级，将平均评级 $A_{ijt-1}>2.5$ 的定义为不利评级。而 $2<A_{ijt-1}\leqslant 2.5$ 的则称为中性评级，既不进入多头组合也不进入空头组合。

确定了第 $t-1$ 天每个投资组合构成之后，按照公式(2.4)计算价值加权的日度收益率：

$$R_{pt}=\sum_{j=1}^{n_{pt-1}}x_{jt-1}R_{jt} \tag{2.4}$$

R_{jt} 是第 t 日公司 j 股票的收益率，n_{pt-1} 是投资组合中股票的数量，x_{jt-1} 是第 $t-1$ 天股票 j 的市值除以组合中全部股票的市值。

我们采用四种方法来计算多头组合和空头投资组合的超常回报率。第一，用投资组合 p_k 第 t 日收益率 R_{pt} 减去第 t 日沪深两市综合日市场回报率 R_{mt}，估计简单市场调整的投资组合回报率，R_{mt} 是 CSMAR 数据库提供的考虑现金再投资的总市值加权平均综合市场组合回报率。第二，基于 *CAPM* 回归模型得到投资组合中市场贝塔，市场贝塔即为

$CAPM$ 调整过的超额收益率：

$$R_{pt}-R_{ft}=\alpha_p+\beta_p RMRF_t+\varepsilon_{pt} \tag{2.5}$$

R_{ft}是无风险利率，将银行固定年利率按照复利计算转化为日度数据，$RMRF_t$ 代表市场风险溢价，通过市场收益率减去无风险收益率得到。如果投资组合通过贝塔调整后获得了正收益，α_p 估计值将为正值并且统计上显著。我们利用公式(2.6)对 Fama-French 三因子模型对组合超额收益率进行了估计：

$$R_{pt}-R_{ft}=\alpha_p+\beta_p RMRF_t+s_p SMB_t+h_p HML_t+\varepsilon_{pt} \tag{2.6}$$

SMB_t 是市值加权的小盘股投资组合和大盘股投资组合日度收益率之差，HML_t 是市值加权的高账面市值比和低账面市值比股票投资组合日度收益率之差。α_p 估计值为正值意味着组合获得了正超常收益。

最后借鉴(Carhart，1997)四因子模型对组合业绩进行评价，在公式(2.6)的基础上添加了一个额外的动量因子 UMD_t，UMD_t 是具有正收益动量股票组合和具有负收益动量股票组合的收益之差。通过对投资组合日时间序列回归得到方程(2.7)：

$$R_{pt}-R_{ft}=\alpha_p+\beta_p RMRF_t+s_p SMB_t+h_p HML_t+u_p UMD_t+\varepsilon_{pt} \tag{2.7}$$

二、 数据来源及样本描述性统计

1. 数据来源与处理

分析师盈余预测和推荐评级数据都来自国泰安公司的中国上市公司分析师预测研究数据库(2011)，上市公司实际盈余数据来自国泰安公司中国上市公司财务指标分析数据库(2011)。我国不同证券研究机构采用的投资评级标准存在较大差异(有三档、四档、五档)，国泰安对其进行了标准化处理，共 5 级：买入，增持，中性，减持，卖出。如果分析师推荐日期处于股票停牌期，则收益计算顺延至复牌首日。

交易数据来自深圳国泰安数据公司提供的 CSMAR 中国股市交易

数据库，我们选择样本筛选标准为：(1)金融类样本被删除；(2)IPO首日数据被删除；(3)数据缺失股票被删除；(4)连续停牌3个月以上股票被删除；(5)B股市场样本被删除；(6)数据中(look-ahead bias)前视偏差被删除。

分析师—公司样本期选择2004—2009年，国泰安中国上市公司分析师预测研究数据库共包含分析师—公司—年度预测样本数为27700条。为了确保盈余预测精度能够和相应推荐评级获利可能性相关，我们对原始数据按照以下标准进行了筛选：(1)剔除绝对预测误差大于收益累计期初(5月1日)股票价格的25%或者大于实际盈余绝对值200%的样本。(2)为了防止小分母问题，任何低于0.5的分母值均用0.5代替。(3)只保留在第 $y-1$ 年的实际盈余公布之后但在第 y 年6月30日之前的预测数据。(4)分析师在同年必须既有盈余预测又有荐股评级，剔除在对应收益累计期没有荐股评级的分析师盈余预测样本。(5)为确保每个四分位分组至少有一个分析师，剔除那些在一年内不同预测误差数目低于4个的样本。

2. 样本描述性统计

表2.2显示的是2004年至2009年历年的分析师—公司样本。表2.2中的第 y 年是指第 y 年的5月1日至第 $y+1$ 年的4月30日。从左至右，表2.2给出了样本覆盖公司数、平均市值、分析师人数、单个公司每年覆盖分析师数、单个分析师每年覆盖的公司数。通过对原始数据的筛选，最终样本包含7758个样本，总共由1259名分析师覆盖了455家上市公司。样本年度覆盖公司数变动范围从最低14家到最高379家，样本年度分析师人数变动范围从最低60人到最高840人。单个公司每年大约平均覆盖7位分析师，最低值为4，主要由于样本筛选时要保证四分位组至少有一位分析师；一年内最多可能有33位分析师在同时跟踪一个公司。单个分析师每年平均跟踪公司约为2.3个，一位分析师跟踪的公司最多时可达到68个。2004年至2009年样本数呈现递增趋势，一方面由于国内分析师行业人数不断增加，另一方面由于国泰安分析师数据库覆盖面增加。出于研究盈余预测精度和荐股价值关系需要，本研究对原始样本

进行了特别筛选，导致单个公司每年覆盖分析师数偏高或偏低，与基于分析师原始盈余数据或荐股评级数据的描述性统计量有关。

表 2.2　2004—2009 年度分析师预测样本描述性统计量

年份	预测样本数	覆盖公司数	平均市值	分析师人数	单个公司每年覆盖分析师数				单个分析师每年覆盖的公司数			
					均值	中位数	最小值	最大值	均值	中位数	最小值	最大值
2004	66	14	17656617	60	4.71	4	4	6	1.1	1	1	3
2005	390	69	17156476	236	5.65	5	4	14	1.63	1	1	6
2006	319	56	28690322	210	5.70	5	4	11	1.49	1	1	7
2007	452	79	39688158	273	5.72	5	4	11	1.61	1	1	5
2008	2645	275	66092904	727	9.61	8	4	26	3.52	3	1	41
2009	3886	379	33726710	840	10.25	9	4	33	4.54	4	1	68
全样本	7758	455	44054886	1259	6.94	7	4	33	2.32	1.8	1	68

由于是基于绝对预测误差对分析师进行排序，有必要对预测误差绝对值和实际值统计特征进行观察。表 2.3 是分析师盈余预测精度的摘要统计，其中面板 A 是绝对预测误差全样本(AFE)，面板 B 是包含符号的预测误差全样本(FE)，全样本数为 7758。面板 A 和面板 B 的第一行是 AFE 和 FE 原始值统计量，样本中 AFE 原始值的平均值为 0.324，除以价格(实际盈余绝对值)后 AFE 均值为 1.77%(40.1%)。第二行是用原始值除以收益累计期初(5 月 1 日)的股票价格，第三行用原始值除以实际盈余绝对值。为了解决小分母问题，当分母小于 0.5 时，一律用 0.5 代替。面板 C 是 AFE 除以价格后按照预测精度四分位分组后的描述统计量。在每个四分位分组中，计算公司年度平均 AFE 值，再除以股价。第一四分位组到第四四分位组预测精度均值从 0.007 递增至 0.03，第一四分位组的中位数 0.003 也低于第四四分位组中位数 0.024，表明从第一组到第四组分析师的平均预测精度在不断降低，这意味着样本按预测精度排序方法是有效的。

表 2.3 分析师盈余预测精度摘要统计

	均值	中位数	标准差	最小值	最大值
面板 A:绝对预测误差全样本					
原始值	0.324	0.189	0.422	0	6.780
除以价格	0.0177	0.012	0.020	0	0.250
除以实际盈余绝对值	0.401	0.270	0.394	0	2.000
面板 B:预测误差全样本					
原始值	0.189	0.115	0.497	−5.313	6.780
除以价格	0.009	0.008	0.025	−0.178	0.250
除以实际盈余绝对值	0.282	0.179	0.486	−1.802	2.000
面板 C:绝对预测精度四分位数(AFE 除以价格)					
Quartile 1(预测精度最高)	0.007	0.003	0.013	0	0.241
Quartile 2	0.014	0.009	0.015	0.0005	0.245
Quartile 3	0.020	0.015	0.018	0.0006	0.249
Quartile 4(预测精度最低)	0.030	0.024	0.023	0.0013	0.250

表 2.4 证券分析师推荐评级样本描述性统计

年份	样本总数	推荐评级				
		买入	增持	中性	减持	卖出
2004	175	25	120	22	2	6
		(14.3%)	(68.6%)	(12.6%)	(1.1%)	(3.4%)
2005	877	123	499	236	10	9
		(14.0%)	(56.9%)	(26.9%)	(1.1%)	(1.0%)
2006	829	307	438	81	2	1
		(37.0%)	(52.8%)	(9.8%)	(0.2%)	(0.1%)
2007	1496	596	796	96	2	6
		(39.8%)	(53.2%)	(6.4%)	(0.1%)	(0.4%)
2008	7220	2063	4087	1024	12	34
		(28.6%)	(56.6%)	(14.2%)	(0.2%)	(0.5%)
2009	10952	3018	6369	1497	10	58
		(27.6%)	(58.2%)	(13.7%)	(0.1%)	(0.5%)
合计	21549	6132	12309	2956	38	114
		(28.5%)	(57.1%)	(13.7%)	(0.2%)	(0.5%)

表 2.4 是证券分析师荐股评级样本的描述性统计量,第一列中的第

y 年是指从第 $y-1$ 年的5月1日至第 y 年的4月30日。分析师推荐样本期从2004年至2009年，分析师推荐样本总数为21549条记录。与Barber(2001)、Jegadeesh(2004)等人的发现一致，表2.4描述性统计量显示分析师推荐评级样本分布是有偏的：有利评级样本数远高于不利评级样本数。在全样本中"买入"和"增持"评级样本比例分别达到了28.5%和57.1%。"中性"评级也达到了13.7%。"减持"和"卖出"评级合计仅占0.7%，远低于Barber(2003)发现的5%，这说明中国分析师不愿意给出不利评级的倾向要比美国证券分析师要高，面临着更严重的利益冲突。

三、 投资组合特征与荐股价值

本节检验了六年样本期内每个四分位组多头和空头组合的特征和日度收益，同时还构建了一个多头组合收益率减去相应空头组合收益率的"多头—空头"组合。因此，总共形成了12个组合。表2.5显示的是这些组合的特征，面板A是多头组合(平均评级 $A_{ijt-1} \leqslant 2$)，面板B是空头组合(平均评级 $A_{ijt-1} > 2.5$)，面板C是多头减空头组合。$Q1-Q4$ 组合意味着买入预测精度最高分析师推荐股票，同时做空预测精度最低分析师推荐股票形成的投资组合。表2.5中的第二列至第五列显示的是按照公式(2.7)Carhart四因子模型构建组合后的系数估计量。第二列显示：无论面板A还是面板B投资组合的市场贝塔都显著小于1，这意味着分析师的有利评级和不利评级都略倾向那些低贝塔值的股票。第三列的SMB系数大部分显著为负值，显示分析师样本中存在大公司偏差。这种规模产生的偏差可能来自我们对分析师样本的筛选过程，特别是要求公司在一年样本期内至少具备四个不同的绝对预测误差值，很多小公司样本可能由于覆盖的分析师人数比较少而被删除。通过比较第四列的HML系数，发现无论面板A还是面板B中绝大部分 h_p 显著为负值，无论多头还是空头投资组合，包含的主要是低BM样本。通过对比第五列中UMD系数，发现多头和空头组合差异非常明显。多头组合的系数显著为负值，而空头组合系数显著为正值，多头减空头组合的系数值显示了两组之间的差异。表2.5中的面板A、B和C的 $Q1-Q4$ 组合显示了预测最精确和最不精确分析师的推荐股票的特征差异。

表 2.5 预测精度分组后再按分析师推荐评级分类的多头和空头组合特征

预测误差四分位数	Carhart 四因子模型回归系数估计量				调整后 R^2(%)	平均推荐公司数
	RMRF	SMB	HML	UMD		
			面板 A 多头组合			
Q1(预测精度最高)	0.935	−0.819	−0.166	−0.033	82	289.60
t 值	78.24***	−31.57***	−4.04***	−3.04***		
Q2	0.925	−0.770	−0.084	−0.007	85	345.01
t 值	86.73***	−33.19***	−2.30**	−0.70		
Q3	0.932	−0.945	−0.116	−0.026	78	366.90
t 值	68.21***	−31.80***	−2.46**	−2.12**		
Q4(预测精度最低)	0.937	−0.683	−0.175	−0.029	85	311.54
t 值	88.83***	−29.81***	−4.83***	−3.05***		
Q1−Q4	0.013	−0.141	−0.013	−0.009	1.5	601.14
t 值	1.03	−5.15***	−0.29	−0.81		
			面板 B 空头组合			
Q1(预测精度最高)	0.914	−0.473	−0.205	0.019	71	49.01
t 值	57.99***	−13.73***	−3.78***	1.31		
Q2	0.926	0.033	−0.009	0.025	61	17.80
t 值	39.15***	0.64	−0.11	1.23		
Q3	0.899	−0.294	−0.434	0.053	58	19.02
t 值	37.67***	−5.27***	−4.81***	2.59***		
Q4(预测精度最低)	0.989	−0.194	−0.085	0.025	66	16.51
t 值	44.01***	−3.74***	−1.05	1.25		
Q1−Q4	−0.028	−0.239	−0.141	−0.025	2.9	82.22
t 值	−1.33	−4.86***	−1.83*	−1.33		
			面板 C 多头—空头组合			
Q1(预测精度最高)	0.028	−0.321	0.032	−0.055	4.6	338.61
t 值	1.53	−8.09***	0.51	−3.30***		
Q2	0.038	−0.772	−0.204	−0.047	14.3	362.81
t 值	1.45	−13.49***	−2.22**	−2.09**		
Q3	0.073	−0.484	0.084	−0.097	7.1	385.92
t 值	2.78***	−7.91***	0.85	−4.28***		
Q4(预测精度最低)	−0.026	−0.415	−0.173	−0.072	6.8	328.05
t 值	−1.11	−7.52***	−2.01**	−3.42***		
Q1−Q4	0.055	0.071	0.132	0.034	1.4	683.36
t 值	2.46**	1.37	1.63	1.74*		

注：* 代表统计显著性水平为 0.1，** 代表统计显著性水平为 0.05，*** 代表统计显著性水平为 0.01。

表 2.6 是基于预测精度四分位分组后再按分析师推荐评级分类的多头和空头组合收益率,也是主要计算结果。与表 2.5 结构类似,表 2.6 按分别在面板 A、面板 B、面板 C 显示了按四分位分组的多头组合、空头组合、多头—空头组合。列二是组合的平均日度原始收益率。列三是市场调整后的收益率,是用日度平均原始收益率减去考虑现金再投资的沪深两市综合日市场回报率(总市值加权平均法)。列四—列六分别显示的是 CAPM、Fama-French 三因子模型、Carhart 四因子模型的截距项。这些截距项分别代表经过和收益横截面相关的特定因子调整后,投资组合能够获得的平均日度超常收益。

通过对第六列四因子模型截距项的观察,发现与 Roger(2006)的结果不同,我国分析师荐股评级的投资价值并不随着盈余预测精度的增加而增大。面板 A 中四因子模型截距项的最大值并不是预测精度最高的第一四分位组,而是预测精度次低的第三四分位组,为 0.081%,t 统计量为 2.52。截距项最小值也不是出现在预测精度最低的第四四分位组,而是预测精度次高的第二四分位组,为 0.016%,t 统计量为 0.65。这种现象在原始收益、市场调整、CAPM 模型调整、三因子模型调整后依然存在。在面板 A 的有利荐股评级组中,预测精度最高的分析师与预测精度最低分析师分组之间的收益差异 $Q1-Q4$ 远远低于收益最大值组和收益最低值组 $Q3-Q2$,即使经过多种模型调整,该差异仍然存在。

表 2.6 中面板 B 是不利股票推荐评级的四分位组收益。与面板 A 不同,面板 B 代表空头组合,收益越低意味着推荐价值越高。通过对四因子模型截距项的观察,我们发现四组不同预测精度的分析师推荐投资组合获得的超常收益均为负值,投资者遵循其“卖出”或“减持”评级能够避免损失。前期盈余预测精度最高的分析师 $Q1$ 组的不利评级收益率最高(投资价值最低),为−0.036%,其推荐股票的组合原始收益为 0.115%,远远超过了其他三组,且经过市场调整后的收益为 0.01%,依旧能微弱跑赢大盘。荐股评级投资价值最高的是收益率最低预测精度次高的 $Q2$ 组,为−0.096%。最高价值减去最低价值组 $Q2-Q1$ 收益绝

对值除了市场调整和CAPM调整没有超过$Q1-Q4$收益绝对值之外，其原始收益率绝对值0.119%，三因子模型收益率绝对值0.053%和四因子模型收益率绝对值0.060%都大幅超越了$Q1-Q4$组对应的收益率绝对值0.087%，0.002%，0.004%。

表2.6面板C显示了不同四分位分组下有利推荐评级和不利推荐评级的混合效果。不难发现四因子调整超常收益中，多头—空头组合$Q1$和$Q2$相同，都为0.112%。四分位组中套利组合收益最高组是$Q3$，收益为0.171%。为了计算最大套利空间，使用多头组合最有价值组$Q3$减去空头组合最有价值组$Q2$，四因子调整收益为0.177%，仅比四分位组$Q3$略高，但其原始收益率0.124%、市场调整后收益0.043%都超过了$Q3$的对应值。必须指出，表2.6结论是在特定筛选样本和不考虑交易成本情况下作出的，仅供投资者构建投资策略时参考。

表2.6 基于预测精度分组后再按分析师推荐评级分类的多头和空头组合收益率

单位：%

预测误差四分位数	原始收益	市场调整收益	截距项		
			CAPM	Fama-French三因子模型	Carhart四因子模型
面板A 多头组合					
$Q1$(预测精度最高)	0.116	0.032	−0.054	0.035	0.076
t值	3.11***	2.54**	−1.70*	1.40	2.70***
$Q2$	0.098	0.014	−0.071	0.008	0.016
t值	2.55**	0.87	−2.49**	0.36	0.65
$Q3$	0.12	0.038	−0.050	0.048	0.081
t值	3.46***	1.26	−1.40	1.71*	2.52**
$Q4$(预测精度最低)	0.104	0.020	−0.059	0.019	0.055
t值	2.60**	1.17	−2.18**	0.85	2.21*
$Q1-Q4$(最高精度−最低精度)	0.011	−0.073	0.005	0.016	0.021
$Q3-Q2$(最高价值−最低价值)	0.022	0.024	0.021	0.040	0.065

（续表）

预测误差四分位数	原始收益	市场调整收益	截距项		
			CAPM	Fama-French 三因子模型	Carhart 四因子模型
面板 B　空头组合					
Q1（预测精度最高）	0.115	0.010	−0.075	−0.012	−0.036
t 值	3.23***	0.43	−2.14**	−0.37	−0.95
Q2	−0.004	−0.005	−0.061	−0.065	−0.096
t 值	−0.25	−0.27	−1.21	−1.27	−1.68*
Q3	0.033	0.032	−0.092	−0.025	−0.090
t 值	0.67	0.63	−1.77*	−0.48	−1.56
Q4（预测精度最低）	0.028	−0.021	−0.041	−0.010	−0.040
t 值	0.63	−0.60	−0.83	−0.20	−0.73
Q1−Q4（最高精度−最低精度）	0.087	0.031	−0.034	−0.002	0.004
Q2−Q1（最高价值−最低价值）	−0.119	−0.015	0.014	−0.053	−0.060
面板 C　多头—空头组合					
Q1（预测精度最高）	0.001	0.022	0.021	0.047	0.112
t 值	0.12	0.43	0.41	0.88	3.44***
Q2	0.102	0.019	−0.01	0.073	0.112
t 值	3.02***	0.41	−0.36	2.64***	3.46***
Q3	0.087	0.006	0.042	0.073	0.171
t 值	2.77***	0.32	0.84	2.66***	4.11***
Q4（预测精度最低）	0.076	0.041	−0.018	0.029	0.095
t 值	2.68***	0.82	−0.34	0.45	1.70*
Q1 − Q4（最高精度−最低精度）	−0.075	−0.019	0.039	0.018	0.017
多头 Q3 − 空头 Q2（最高价值−最高价值）	0.124	0.043	0.011	0.113	0.177

注：* 代表统计显著性水平为 0.1，** 代表统计显著性水平为 0.05，*** 代表统计显著性水平为 0.01。

研究小结

与 Bradshaw(2004)和 Roger(2006)的结论不同，本节的研究发现我国分析师前期盈余精度与荐股评级投资价值之间存在部分正相关关系。通过对预测精度四分位数分组，发现前期预测精度第三四分位组 Q3 的分析师发布的有利评级获得超额收益潜力最大，四因子调整后能够获得日度平均 0.081％的收益率，但与预测精度最高的第一四分位组 Q1 差异并不大。获得超额收益最低的分组是 Q2 组，四因子调整后仅能获得日度平均 0.016％的收益率。在不利评级分组中也存在类似现象。前期盈余预测精度最高的分析师 Q1 组的荐股投资价值最低，荐股评级投资价值最高的是预测精度次高的 Q2 组，为－0.096％。本研究尽管没有发现花费更多资源用于产生更优盈余预测的分析师能够作出更高获利潜力荐股评级的有力证据，但还是发现基本财务盈余预测精度与有利评级投资价值之间存在一定正向联系，并提供了支持市场信息效率观点的部分证据。由于多头组合 Q1 具备荐股获利能力的分析师也显示出较优的盈余预测能力，本节的研究也为分析师选股能力的真实存在提供了部分直接证据。

第二节　分析师信息转换效率、利益冲突与监管法规

卖方分析师的研究工作一般分为两部分，一是对上市公司未来盈余作出预测，二是给出上市公司股票的荐股评级。盈余预测究竟如何转化为荐股评级？这是分析师理论研究中一个悬而未决的“黑箱”问题。国内外学者针对盈余预测或荐股评级展开的绝大部分是隔离式研究，直接研究盈余预测精度和荐股绩效之间联系的成果凤毛麟角。Bradshaw(2004)通过多种估值模型将平均盈余预测转化为荐股评级后进行比较，发现盈余预测精度与评级获利潜力之间存在正向关系。Roger K.Loh(2006)发现那些发布更精确盈余预测的分析师同时也能给出更具备获利潜力的荐股评级。虽然 Bradshaw(2004)和 Roger K.Loh(2006)的研究成果具备开创意义，但都忽略了其他重要因子对分析师研究过程的潜在影响。例如 Hayn(1995)；Barth，Beaver 和 Landsman(1998)发现盈余不一定是公司价值的重要决定因素，如果盈余价值相关性较低，更准确盈余预测也许不能转化为更高荐股评级投资价值，除非分析师具备区分价值相关和不相关盈余的能力。Michaely 和 Womack(1999)；Barber，Lehavy 和 Trueman(2007)发现利益冲突对荐股评级形成存在较大影响，为

迎合公司管理层，有利益冲突的分析师倾向于发布过度乐观的评级。Kadan(2005)发现全球分析师法案颁布对分析师的研究过程产生了影响。只有尽可能充分考量分析师研究过程的各种影响因素，才能更准确地理解盈余预测精度与分析师荐股评级价值之间的关系。

本书主要研究分析师将盈余预测转化为荐股评级的过程中，盈余价值相关性、利益冲突和新监管法律颁布究竟起着什么作用？盈余价值相关性和利益冲突是否会扭曲分析师信息转换过程？我国2011年实施的分析师监管法律法规《证券投资顾问业务暂行规定》和《发布证券研究报告暂行规定》的实施效果如何？对分析师研究过程和研究质量有何影响？对该问题的研究具备较重要理论意义和实践价值。对于价值投资理论，检验更准确盈余预测的市场参与者能否获得更高的超额收益，将为超额盈余估值理论提供经验证据。对于选股能力理论，检验具备荐股获利能力分析师是否显示出较优盈余预测能力，将为证明分析师选股能力存在差异提供直接证据。对于投资实践，分析师研究产品主要使用者是基金经理和机构投资者，研究盈余预测信息转化规律及影响因子对于判断分析师研究报告质量具有重要参考价值。对于监管实践，如果能掌握分析师将盈余预测转化为荐股评级的规律，监管部门将具备甄别“战略上扭曲”荐股评级的误导型分析师的监管能力，这将为改善我国证券分析师监管提供理论依据。

一、样本选择、变量说明及描述性统计

1. 样本选择

样本选择时间区间为2006年1月至2011年12月。财务数据源自CSMAR财务报表数据库，交易数据来自深圳国泰安数据公司提供的CSMAR中国股市交易数据库，我们选择样本筛选标准为：(1)金融类样本被删除；(2)IPO首日数据被删除；(3)数据缺失股票被删除；(4)连续停牌3个月以上股票被删除；(5)B股市场样本被删除；(6)数据中(look-ahead bias)前视偏差被删除。

2. 变量说明

为了评估分析师荐股评级获利价值 PFT，采用公式(2.8)计算：

$$PFT = R_{it} - R_{mt} \tag{2.8}$$

对于每次“买入”推荐样本，采用 1 元等额投资法计算推荐日 t 买入并持有 30 个交易日的收益率 R_{it}。R_{mt} 是综合日度深沪市场收益率。对于“持有”或“卖出”，则作卖空处理。

为了评估盈余预测精度，类似 Clement(1999)的方法，通过比较单个分析师的绝对预测误差与跟踪同一家公司所有分析师的绝对预测误差平均值，根据公式(2.9)计算分析师 i 对公司 j 的盈余预测 k 的精度：

$$PMAFE = -1 \times \frac{AFE_{ijk} - \overline{AFE}}{\overline{AFE}} \tag{2.9}$$

AFE_{ijk} 是分析师 i 对公司 j 年度盈余预测 k 的绝对预测误差，每次预测必须在推荐评级发布之前 30 天内作出，每次盈余预测必须对应一次荐股评级。$\overline{AFE}$ 是盈余预测发布日前 90 天内满足样本筛选标准的分析师对公司 j 作出预测的平均绝对误差。$PMAFE$ 值越高，分析师盈余预测精度也就越高。

为了研究分析师研究经验($FIRMEXP$)的潜在影响，定义 $FIRMEXP$ 为截至 t 年，分析师 i 对上市公司 j 曾作出盈余预测年份的累计数量，如果分析师 i 在一年内对公司 j 有多次盈余预测，经验年份仅增加一年。本项指标计算参考国泰安分析师盈余预测全库数据。

为了测度分析师所拥有的研究资源，我们使用券商雇佣分析师的数量进行测度，Clement(1999)认为大券商能够给其雇佣的分析师提供更多更优质的研究资源。$BSize$ 是指券商规模(Broker size)，用每年年底券商雇佣的分析师总人数表示，本项指标数据来源于国泰安证券分析师盈余预测研究数据库。

跟踪公司的数量(N_FIRMS)：Clement(1999)认为分析师跟踪的公司数量越多，他分配给某个公司上的研究时间和精力也就越少。因此可以推断分析师跟踪的公司数量越多，其获利潜力也就越小。定义 N_FIRMS 是分析师 i 在推荐评级发布当年分析师同时发布盈余预测公司的数量。

推荐频率(REC_FREQ):本书使用推荐频率测度分析师的注意力。注意力高的分析师会及时修订其分析师荐股评级。注意力高的分析师更倾向于投入更多的时间和精力去研究公司。我们期望股票的获利程度随着股票推荐频率的增加而增大。我们使用分析师 i 在第 t 年对公司 j 发布的推荐评级的数量来测度推荐频率。

分析师跟踪($N\_Analyst$):使用在第 t 年同时发布公司 j 的盈余预测和荐股评级的分析师数量作为分析师跟踪的代理变量。我们期望具备更高分析师跟踪的公司具备更高的信息含量。

使用两种方法对盈余价值相关进行度量。第一种方法引入指示变量 $ILOSS$,在分析师发布盈余预测当年,扣除非经常性损益之前的公司盈余为负值时,$ILOSS$ 等于 1,否则被看作盈利公司。第二种方法是使用账面/市场价值比 BM。通过计算分析师发布盈余当年年初的 BM 值,并对其进行五分位分组。第一五分位组由最低 BM 值公司组成,第五五分位组由最高 BM 值公司组成。只要满足两种条件之一,样本的价值相关评分被定义为低。(1) $ILOSS=1$;(2)样本值被划分为第一五分位组。否则,样本的价值相关评分为高。

为了对分析师和券商身后的利益冲突进行估计,参考中国证券业协会公布的 2006—2011 年度证券公司股票及债券承销金额排名,选取每年承销金额排名前 5 名的券商为高利益冲突 $TOPTIER$ 组,其余为 $IBANK$ 低利益冲突组,没有上榜的券商划分为 $NONIBANK$ 无利益冲突组。

3. 样本描述性统计

表 2.7 为 2006 年年初至 2011 年年底,深圳国泰安公司分析师数据库样本的描述性统计量。如果分析师推荐/预测日期处于股票停牌期,则顺延至复牌首日。按以下标准对分析师原始样本进行筛选:(1)为了降低分析师盈余预测转换为荐股评级的时滞,要求同一位分析师在荐股评级发布之前 30 个交易日内(含发布日)对同一家公司当年盈余作出过预测。(2)为了将单个分析师盈余预测精度与平均预测精度进行比较,对于公司一年度交易样本,要求在一年内至少有 3 位不同分析师跟踪该公司,通过筛选,最终分析师样本数为 38380 条。

表 2.7　2006—2011 年 CSMAR 分析师样本描述性统计量

变　量	数量	均值	标准差	最小值	第一四分位数	中位数	第三四分位数	最大值
面板 A:全样本描述性统计量								
PFT	38380	0.014	0.172	−1.833	−0.080	0.003	0.096	1.497
PMAFE	38380	0.029	0.675	−9.111	−0.225	0.060	0.467	1
FIRMEXP	38380	1.428	0.881	1	1	1	2	9
BSIZE	38380	30.780	13.694	1	22	30	39	88
N_FIRMS	38380	29.975	44.022	1	9	16	30	323
REC_FREQ	38380	2.259	1.591	1	1	2	3	28
N_ANALYSTS	38380	12.677	7.961	1	7	11	17	46
面板 B:按利益冲突分类的描述性统计量								
分析师样本分布								
NONIBANK	38380	0.177	—	—	—	—	—	—
IBANK	38380	0.700	—	—	—	—	—	—
TOPTIER	38380	0.123	—	—	—	—	—	—
券商样本分布								
NONIBANK	105	0.276	—	—	—	—	—	—
IBANK	105	0.638	—	—	—	—	—	—
TOPTIER	105	0.086	—	—	—	—	—	—

描述性统计量显示,38380 条样本中,约有 50.9%的分析师推荐评级带来了正超额收益率。在推荐后的 30 天内,荐股评级超常收益的平均值为 1.4%,中位数为 0.4%。测度分析师盈余预测精度的 *PMAFE* 值均值为 0.029,中位数为 0.060。在分析师特征值中,分析师样本的特定公司跟踪年限经验平均约为 1 年 4 个月,每年年底券商雇佣的分析师总人数平均约为 31 人,分析师的跟踪公司经验分布是有偏的,中位数为 1 年。但券商规模指标分布偏度值很小,中位数为 30 人。在样本中,分析师平均每年会跟踪 30 家公司,对跟踪的公司每年发布 2—3 个荐股评级。样本公司中,平均每年有 12 个分析师会跟踪该公司。面板 B 是按利益冲突将分析师分成三类后的描述性统计量。有 17.7%的分析师样本属于"无利益冲突组",12.3%的样本属于"高利益冲突"组,其余的 70%分析师样本属于"低利益冲突"组。在分析样本中共有 2092 名分析师隶属于 105

表 2.8 盈余价值相关性样本描述性统计量

变量	盈利企业								亏损企业							
	数量	均值	标准差	最小值	$Q1$	中位数	$Q3$	最大值	数量	均值	标准差	最小值	$Q1$	中位数	$Q3$	最大值
PFT	37671	0.014	0.171	−1.833	−0.079	0.003	0.096	1.497	709	0.022	0.209	−0.554	−0.100	0	0.119	1.063
PMAFE	37671	0.031	0.675	−9.111	−0.225	0.063	0.471	1	709	−0.091	0.711	−8.809	−0.192	0	0.193	1
FIRMEXP	37671	1.428	0.881	1	1	1	2	9	709	1.467	0.882	1	1	1	2	6
BSIZE	37671	30.814	13.688	1	22	30	39	88	709	28.945	13.983	1	19	29	36	88
N_FIRMS	37671	29.949	43.907	1	9	16	30	323	709	31.374	50.145	1	10	16	30	323
REC_FREQ	37671	2.263	1.582	1	1	2	3	28	709	2.136	2.021	1	1	2	2	22
N_ANALYSTS	37671	12.742	7.974	1	7	11	17	46	709	9.546	6.375	1	4	9	14	24

变量	亏损和高 BM 值								亏损和低 BM 值							
	数量	均值	标准差	最小值	$Q1$	中位数	$Q3$	最大值	数量	均值	标准差	最小值	$Q1$	中位数	$Q3$	最大值
PFT	564	0.014	0.175	−0.451	−0.077	−0.010	0.103	0.931	141	0.054	0.148	−0.223	−0.053	0.023	0.146	0.503
PMAFE	564	−0.025	0.553	−2.602	−0.223	0	0.222	1	141	−0.203	0.913	−2.775	−0.711	0	0.289	0.807
FIRMEXP	564	1.673	1.092	1	1	1	2	6	141	1.182	0.465	1	1	1	1	3
BSIZE	564	31.308	13.805	3	22.5	32	39.5	88	141	24.030	12.277	5	15	23	29	67
N_FIRMS	564	34.593	55.068	1	10	16	30	323	141	43.909	59.606	1	16	28	43	323
REC_FREQ	564	2.388	2.536	1	1	2	3	22	141	1.818	1.590	1	1	1	1	2
N_ANALYSTS	564	12.641	7.331	2	6	14	16	24	141	4.545	1.752	2	3	4	7	7

家证券机构。有 27.6%的券商样本属于“无利益冲突”组,8.6%的券商样本属于“高利益冲突”组,其余的 70%券商样本属于“低利益冲突”组。表 2.8 显示的则是基于盈余价值相关的样本差异多变量检验和描述性统计量,将公司划分为两组:盈利企业和亏损企业。在 38380 个分析师推荐样本中有 37671 个样本为盈利企业,709 家企业为亏损企业。亏损企业和盈利企业样本之间存在一些差异。投资者购买分析师推荐的亏损企业未来获利能力平均意义上要高于分析师推荐的盈利企业。跟踪盈利企业的平均分析师数量约为 13 人,明显高于跟踪亏损企业的平均分析师数量 10 人。跟踪亏损企业的分析师平均经验要高于跟踪盈利企业的分析师。与期望不同,跟踪亏损企业的分析师所属券商规模要小于跟踪盈利企业的分析师所属券商规模。接着,我们将亏损公司样本按照 BM 值高低进行了分组,在当年 BM 排序中,被划分进第一五分位组的样本被当作是高 BM 值样本组,其余样本为低 BM 值样本组。

表 2.9 按利益冲突和监管环境交叉控制配额的分析师荐股样本

		买入		中性		卖出		合计	
		样本数	比例	样本数	比例	样本数	比例	样本数	比例
监管法规	*NONIBANK*	2024	76.96%	578	21.98%	28	1.06%	2630	100.00%
实施前	*IBANK*	12279	82.38%	2549	17.10%	77	0.52%	14905	100.00%
	TOPTIER	1875	77.61%	486	20.12%	55	2.28%	2416	100.00%
监管法规	*NONIBANK*	3739	89.73%	427	10.25%	1	0.02%	4167	100.00%
实施后	*IBANK*	11111	92.75%	859	7.17%	10	0.08%	11980	100.00%
	TOPTIER	2181	95.57%	93	4.08%	8	0.35%	2282	100.00%

表 2.9 显示了按利益冲突、监管环境、荐股评级交叉控制配额的分析师荐股样本描述性统计量,以国内 2011 年 1 月实施的分析师监管法律法规《证券投资顾问业务暂行规定》和《发布证券研究报告暂行规定》为事件期,不难发现,分析师监管法规实施后,国内证券分析师的买入样本数目并没有出现预期中的下降,反而上升,特别是高利益冲突券商下属分析师的买入评级百分比从原来的 77.61%,上升至 95.57%。中性评级则出现大幅度下降,从 20.12%下降至 4.08%。卖出样本比例也从 2.28%下降至 0.35%。其余低利益冲突样本组和无利益冲突样本组也存在类似现象。

二、监管法律颁布前分析师预测精度与荐股评级关系基础模型与回归结果

目前有两种可替代方法可以用来研究分析师盈余预测信息和荐股评级信息的转换效率。Lin, H 和 M.McNichols(1998)使用的方法是基于预测精度分组构建投资组合并比较每个组合荐股评级的获利潜能，该方法的优点是能提高信息转换效率检验的效能，但如果要研究其他多个因子对转换效率的影响，投资组合的分组将会变得异常复杂。除此之外，由于该方法为简单的双变量分析，如果预测精度与分析师专业知识的其他因子相关，很难将检验结果全部归因于预测精度。

另一种替代性方法是使用多元回归框架。因此，本书采取多元回归方法进行研究，在控制分析师特征异质性的基础上，研究盈余预测精度和荐股评级信息可获利性之间的关系是如何受到盈余价值相关以及分析师利益冲突的影响，使用回归方程如下：

$$PFT = a_1 PRE\_LAW + a_2 POST\_LAW + a_3 PMAFE + a_4 FIRMEXP + a_5 LOG\_BSIZE + a_6 N\_FIRMS + a_7 REC\_FREQ + a_8 N\_ANALYSTS + e \tag{2.10}$$

表 2.10　监管法律颁布前分析师预测精度与荐股评级关系基础模型回归结果

	系　数	t 统计量
Intercept	0.01847	2.58***
PMAFE	0.01080	3.77***
FIRMEXP	−0.01207	−3.90***
LOG_BSIZE	0.00008	0.61
N_FIRMS	0.00042	3.46***
REC_FREQ	−0.00101	−0.69
N_ANALYSTS	0.00139	3.54***
N	13700	
R^2	0.38%	

注：* 代表统计显著性水平为 0.1，** 代表统计显著性水平为 0.05，*** 代表统计显著性水平为 0.01。

表 2.10 显示的是在控制了一系列分析师经验的代理变量后，监管法律颁布前分析师推荐评级获利程度(*PFT*)对分析师预测精度(*PMAFE*)

的回归结果。

在该回归方程中，*PMAFE* 的系数 a_2 为正值且统计上显著，因此，盈余预测精度越高的分析师所做的荐股评级获利潜力也就越大。该结论支持了 Lin, H 和 M.McNichols（1998）的结果，并显示预测精度并不仅仅是分析师专业知识的代理变量。再考虑到分析师专业知识之后，分析师荐股评级的获利程度 *PFT* 值随着券商规模、荐股频率、上市公司分析师跟踪人数的增加而增大。令人意外的是，我们发现分析师推荐评级获利程度（*PFT*）与分析师的研究经验（*FIRMEXP*）呈负相关，换句话说，分析师跟踪某只股票时间越久，其推荐评级的获利程度并不是越高，可能是由于分析师跟踪股票的时间如果过久，已经积累了大量有关该股的历史信息，在研究时容易产生框架效应，对影响该公司股票价格的新信息表现出反应不敏感。相反，如果分析师刚开始跟踪该股票，缺乏历史信息，则不容易受到框架效应影响，但如果注意到影响该公司股票价格的新信息，则其推荐评级的获利潜力往往会偏高。与期望一致，分析师推荐评级获利程度（*PFT*）与分析师跟踪的公司数量呈现微弱负相关，分析师同时跟踪的公司数目越多，其推荐评级的获利潜力也就越小，分析师个人的精力是有限的，如果同时跟踪的公司数量过多，其研究质量肯定会下降。分析师推荐评级获利程度（*PFT*）与券商规模正相关，大券商的分析师荐股评级获利潜力要高于小券商的分析师，由于大券商往往比较重视研究部门的资金投入，大券商所属分析师在研究资料、金融数据库、分析师外出调研费用预算获取方面数量和质量肯定要高于小券商，同时大券商雇佣的证券分析师人数往往比小券商要多，研究成本如果平摊到每一位分析师，大券商的分析师往往比小券商的分析师具备更低的成本优势，因此大券商分析师的研究质量要高于小券商。股票的获利程度随着股票推荐频率 *REC_FREQ* 的增加而增大，两者呈现出正相关关系。注意力高的分析师更倾向于投入更多的时间和精力去研究特定公司，但在表 2.10 中 *REC_FREQ* 回归系数为−0.00101，与期望存在一定差异。最后，分析师跟踪（*N_Analyst*）变量的回归系数为正值，这也符合我们期望的分析师关注度高的公司的推荐评级往往比分析师关注度低的公司的推荐评级获利潜力大。

表 2.11　监管法律颁布后分析师预测精度与荐股评级关系基础模型回归结果

	系　数	t 统计量
Intercept	0.01275	4.17***
PMAFE	0.00870	6.93***
FIRMEXP	−0.00314	−3.48***
LOG_BSIZE	0.00010	1.41
N_FIRMS	−0.00007	−3.96***
REC_FREQ	0.00119	0.78
N_ANALYSTS	−0.00007	−3.91**
N	24680	
R^2	0.33%	

注：* 代表统计显著性水平为 0.1，** 代表统计显著性水平为 0.05，*** 代表统计显著性水平为 0.01。

表 2.11 显示的是监管法律颁布后分析师预测精度与荐股评级关系基础模型回归结果。将表 2.10、表 2.11 结果进行对比不难发现，监管法律颁布前后 *PMAFE* 的系数皆为正值，并且都在统计上显著，监管法律颁布后 *PMAFE* 的系数为 0.0087，要低于监管法律颁布前 *PMAFE* 的系数 0.0108，这说明监管法律对盈余预测精度和荐股评级可获利性之间的关系产生了影响，相对监管法规颁布前，同样的盈余预测精度，分析师荐股评级可获利潜能降低了。同时通过观察其他变量回归结果，发现 *N_FIRMS* 的系数在监管法规颁布前为正值，在监管法规颁布后为负值，*N_FIRMS* 是分析师 i 在推荐评级发布当年分析师同时发布盈余预测公司的数量。分析师跟踪的公司数量越多，他分配给某个公司上的研究时间和精力也就越少。因此可以推断分析师跟踪的公司数量越多，其获利潜力也就越小，根据该推断，*N_FIRMS* 的系数在监管法规颁布后由正值变为负值符合预期和 Clement（1999）的研究结论。推荐频率 *REC_FREQ* 系数在监管法规颁布前为负值，在监管法规颁布后为正值，我们使用推荐频率测度分析师的注意力。注意力高的分析师会及时修订其分析师荐股评级，注意力高的分析师更倾向于投入更多的时间和精力去研究公司。系数由负变正意味着股票的获利程度随着股票推荐频率的增加而增大，这也符合最初对于分析师注意力的预期。分析师

跟踪变量 $N\_Analyst$ 使用在第 t 年同时发布公司 j 的盈余预测和荐股评级的分析师数量作为分析师跟踪的代理变量。该变量的系数在监管法规颁布前为正值，意味着具备更高分析师跟踪的公司受市场关注度更高，具备更高的信息含量，获利程度可能性越高。但在监管法规颁布后，这种关系发生了微妙变化，虽然 $N\_Analyst$ 的系数在监管法规颁布后为 −0.00007 几乎接近 0，并且相对监管法规颁布前系数值 0.00139 大大缩小，系数由正变负意味着过去受大量分析师青睐并作出盈余预测和推荐评级的热门股票，在未来的表现相对分析师关注度较低的冷门股票，不一定会更高，甚至更低。

三、 盈余价值相关对分析师盈余预测精度和荐股评级获利性关系的影响

前面的研究并没有对分析师荐股背后存在的深层次原因——分析师利益冲突进行深入分析。分析师推崇的“价值投资理念”在监管法规颁布后是否得到市场的进一步认同也亟需检验。为了研究国内 2011 年 1 月实施的分析师监管法律法规《证券投资顾问业务暂行规定》和《发布证券研究报告暂行规定》对我国证券分析师利益冲突和分析师推崇的“价值投资理念”的影响，作出以下价值相关盈余假设和监管假设。

价值相关盈余假设：在控制了证券分析师的专业特征变量后，价值相关盈余越高的公司，其分析师盈余预测和荐股评级可获利性之间正相关系数越大。

监管假设：如果这些监管措施的颁布能够有效消除利益冲突，那么有利益冲突的分析师组和无利益冲突分析师组之间的盈余预测和荐股评级关系的差异，在监管措施颁布后会缩小或者降低。

为了检验价值相关盈余假设，我们研究方程 1 中的所有变量和盈余价值相关指示变量之间的关系，使用两种方法作为代理变量代表价值相关。(1)亏损公司；(2)低 BM 值的亏损公司。其余公司样本都定义为高价值相关。我们期望将盈余预测在公司估值模型中更重要的公司，如盈余价值相关公司、盈利公司、高 BM 比公司公司，分析师预测精度和评级可获利之间的关系更强，按照以下方程进行估计：

$$PFT=\sum_{i=1}^{2}\left[\begin{pmatrix}a_{1i}PRE\_LAW+a_{2i}PMAFE+\\a_{3i}FIRMEXP+a_{4i}LOG\_BSIZE+\\a_{5i}N\_FIRMS+a_{6i}REC\_FREQ+\\a_{7i}N\_ANALTSTS\end{pmatrix}\times VR_i\right]+e \tag{2.11}$$

表 2.12　盈余价值相关对分析师盈余预测精度和荐股评级获利性关系的影响

面板 A:将亏损作为低价值相关代理变量				
	高价值相关(盈利)		低价值相关(亏损)	
	系数	t 统计量	系数	t 统计量
PRE_LAW	0.010	4.76***	0.029	1.59
PMAFE	0.009	7.18***	0.005	0.41
FIRMEXP	−0.005	−4.73***	−0.001	−0.11
LOG_BSIZE	0.00007	1.07	−0.0002	−0.31
N_FIRMS	−0.00004	−2.04**	0.00005	0.28
REC_FREQ	0.0007	1.20	−0.004	−0.93
N_ANALYSTS	0.0002	1.60	0.0015	1.06
N	37671		674	
R^2	0.29%		0.57%	

面板 B:将亏损和低 *BM* 值作为低价值相关代理变量				
	高价值相关(亏损和高 *BM* 值)		低价值相关(亏损和低 *BM* 值)	
	系数	t 统计量	系数	t 统计量
PRE_LAW	0.0287	1.14	−0.0763	−1.07
PMAFE	0.0072	0.40	0.0368	1.13
FIRMEXP	−0.0065	−0.68	−0.0378	−0.62
LOG_BSIZE	0.0008	1.06	0.0023	−1.10
N_FIRMS	0.00016	0.79	−0.72	0.480
REC_FREQ	−0.0028	−0.65	−0.07	0.945
N_ANALYSTS	0.0032	2.08**	−0.51	0.611
N	312		33	
R^2	2.07%		17.08%	

注：* 代表统计显著性水平为 0.1，** 代表统计显著性水平为 0.05，*** 代表统计显著性水平为 0.01。

在方程(2.11)中，当公司为高价值相关公司时，i 取值为 1；当公司为低价值相关公司时，i 取值为 2。表 2.12 面板 A 显示的是将公司是否亏损作为价值相关代理变量的情况下，无论公司是盈利还是亏损，*PMAFE* 和 *PFT* 之间显示出正相关关系，但盈利公司样本组的 *PMAFE* 系数为正值 0.009，并显示出统计显著性，亏损公司样本组的 *PMAFE* 系数值为 0.005，系数并不显著，盈利公司样本组的 *PMAFE* 系数为正值并且大于亏损公司样本组，这意味着在相同分析师盈余预测精度下，分析师对盈利公司推荐评级的获利潜力要大于其对亏损公司的推荐评级。该回归结果满足价值相关假设，以盈利作为高价值相关盈余的样本组分析师特征值和表 2.10 中的全样本回归结果系数接近，以亏损作为低价值相关盈余样本组分析师特征值系数符号发生了变动，*LOG_BSIZE* 和 *REC_FREQ* 的系数由正变负，分别为－0.0002 和－0.004；*N_FIRMS* 则由负变正。面板 B 显示的则是第二种方案，将上市公司盈余亏损和低 BM 值同时兼备作为低价值相关盈余样本相关代理变量，其余情况则全部为高价值相关盈余样本。我们发现与面板 A 结果类似，无论公司是高盈余价值相关盈余还是低盈余价值相关盈余，*PMAFE* 和 *PFT* 之间显示出正相关关系，但在面板 B 中低盈余价值相关盈余组的 *PMAFE* 系数达到了 0.0368，远高于高盈余价值相关盈余组的 *PMAFE* 系数值 0.0072。*PRE_LAW* 系数显示高价值相关股票和低价值相关股票在预测精度相同条件下，在监管法规颁布前推荐评级获利潜力比监管法规颁布后要高，但面板 A 的结果显示监管法规对亏损股的获利潜力的影响要高于对盈利股的影响。当我们将亏损和低 *BM* 值作为低价值相关代理变量后，通过面板 B 的结果发现高价值相关股票的 *PRE_LAW* 系数为正值，但低价值相关股票的 *PRE_LAW* 系数为负值－0.0763。系数的正负变化意味着监管法规的实施对亏损和低 *BM* 值股票的分析师盈余预测精度和荐股评级获利性之间的关系带来了负面影响，减弱了其正相关的程度。

四、监管法规对荐股评级和利益冲突交叉控制分组样本的影响

为了检验分析师不同荐股评级对分析师利益冲突假设和监管环境假设的影响，在分别对分析师利益冲突进行控制分组之后，我们分别针

对“买入”评级、“持有”评级和“卖出”推荐评级样本分组，基于以下方程(2.12)进行了回归估计：

$$
\begin{aligned}
PFT = PRE\_LAW \times (&a_1 NONIBANK + a_2 IBANK \\
&+ a_3 TOPTIER + a_4 PMAFE \times NONIBANK \\
&+ a_5 PMAFE \times IBANK + a_6 PMAFE \times TOPTIER) \\
&+ POST\_LAW \times (a_7 NONIBANK + a_8 IBANK \\
&+ a_9 PMAFE \times NONIBANK + a_{10} PMAFE \times IBANK \\
&+ a_{11} PMAFE \times TOPTIER) + a_{12} FIRMEXP \\
&+ a_{13} LOG\_BSIZE + a_{14} N\_FIRMS + a_{15} REC\_FREQ \\
&+ a_{16} N\_ANALYSTS + e
\end{aligned} \tag{2.12}
$$

通过对以上方程中三种类型证券分析师评级组回归结果的 *PMAFE* 值系数进行比较，可以对利益冲突假设进行检验，回归结果参见表 2.13。表 2.13 中的第一列是对分析师全部评级样本进行检验。从全部样本的回归结果分析，参数 a_1 至参数 a_{11} 全为正值，这意味着无论是在法律颁布前期还是后期，无论利益冲突高低，分析师推荐评级获利程度受到分析师所属券商利益冲突和监管法律颁布两个因素交叉的正面影响，即使在加入了盈余预测精度后，分析师推荐评级的获利潜力受到监管法律颁布前后因子 *PRE_LAW*、*POST_LAW*、盈余预测精度因子 *PMAFE* 和利益冲突因子 *NONIBANK*、*IBANK* 和 *TOPTIER* 三类因素交叉后的正面影响。与表 2.12 结果类似，全部评级样本回归结果中 *FIRMEXP* 和 *N_FIRMS* 的系数为负值，*FIRMEXP* 为截至 t 年分析师 i 对上市公司 j 曾作出盈余预测年份的累计数量，如果分析师 i 在一年内对公司 j 有多次盈余预测，经验年份仅增加一年，该值为负值意味着分析师跟踪某只股票越久，其推荐评级获利的潜力就越低，分析师对特定公司的研究经验与推荐评级的获利潜力之间存在负相关。可能的原因是分析师研究中存在框架效应，研究时间越长，对公司的历史越了解，但分析师可能对公司的利好消息反应不足，并没有及时将其纳入到荐股评级中去，这种框架效应随着分析师连续跟踪某只股票的时间累积而变大，*N_FIRMS* 的系数为负值，符合我们的预期和 Clement(1999)的研究结论。分析师“买入”评级样本与全体评级样本回归结果类似，参数 a_1 至参数 a_{11} 全部大于零，其余影响因子如 *FIRMEXP*、*N_FIRMS* 也全部为负值，*LOG_BSIZE*，*REC_FREQ* 和 *N_ANALYSTS* 全部为正值。

分析师“持有”评级回归结果显示高利益冲突 *TOPTIER* 组，低利益冲突 *IBANK* 组，无利益冲突 *NONIBANK* 组在监管法规颁布前回归系数全部为负值，分析师“持有”荐股评级获利潜力无论是否存在利益冲突在监管法规颁布前均存在负面影响，并且随着利益冲突程度的提高，对评级获利能力的负面影响程度也在提高，表现在系数绝对值不断变大，从无利益冲突 *NONIBANK* 组的－0.0184 提高到低利益冲突 *IBANK* 组的－0.0386，高利益冲突 *TOPTIER* 组的－0.0993。但在同时考虑进“持有”评级对应的盈余预测精度后，监管法规颁布前，无利益冲突 *NONIBANK* 组和高利益冲突 *TOPTIER* 组系数由负值变为正值，分别为 0.0214 和 0.0328，意味着盈余预测精度越高，分析师“持有”荐股评级获利潜力越大。监管法规颁布后，“持有”评级的无利益冲突对股票获利潜力为正面影响，低利益冲突 *IBANK* 组对获利潜力存在负面影响，再加入盈余预测精度因子后，发现三组系数与监管法规颁布前的系数对应的系数全部改变了符号，这意味着监管法规的颁布对分析师“持有”评级的盈余预测精度和荐股评级获利程度之间的关系根据分析师利益冲突的严重程度不同，都产生了较大影响，影响的方向普遍发生了变化，由正变负或者由负变正。

分析师“卖出”评级回归结果显示，法规颁布前期，如果仅考虑利益冲突，“卖出”评级和“买入”评级样本与全部评级样本一样，系数全部为正，加入了盈余预测精度后发现高利益冲突组和低利益冲突组系数在法规颁布前为负值，但高利益冲突组系数－0.0228 的绝对值要低于低利益冲突组系数－0.0522 的绝对值，表明在监管法规颁布前“卖出”评级的盈余预测精度与荐股评级获利潜力之间如果是无利益冲突，存在正相关；如果有利益冲突，则存在负相关，但并不是利益冲突越高负面影响就越大。在监管法规颁布后，无论是否存在利益冲突，盈余预测精度与荐股评级获利潜力之间都是负相关，低利益冲突组和高利益冲突组之间的差别不大。

表 2.13 利益冲突对分析师盈余预测精度和荐股评级获利性关系的影响

面板 A:回归结果									
		全部评级		"买入"评级		"持有"评级		"卖出"评级	
	参数	系 数	t 统计量	系 数	t 统计量	系 数	t 统计量	系 数	t 统计量
PRE_LAW×NONIBANK	a_1	0.0195	3.73***	0.0172	3.70***	−0.0184	−0.70	0.0935	0.60
PRE_LAW×IBANK	a_2	0.0203	5.16***	0.0262	7.88***	−0.0386	−1.65*	0.1838	1.49
PRE_LAW×TOPTIER	a_3	0.0019	0.36	0.0184	3.95***	−0.0993	−3.65***	0.1094	0.86
PRE_LAW×PMAFE×NONIBANK	a_4	0.0142	2.53**	0.0226	4.40***	0.0214	−0.98	0.0583	0.69
PRE_LAW×PMAFE×IBANK	a_5	0.0088	3.41***	0.0166	7.25***	−0.0218	−1.97**	−0.0522	−0.96
PRE_LAW×PMAFE×TOPTIER	a_6	0.0140	3.41***	0.0078	1.47	0.0328	1.48	−0.0228	−0.25
POST_LAW×NONIBANK	a_7	0.0051	1.16	0.0053	1.43	0.0068	0.24	0.0541	0.15
POST_LAW×IBANK	a_8	0.0091	2.50**	0.0113	3.73***	−0.0180	−0.78	0.1825	1.26
POST_LAW×PMAFE×NONIBANK	a_9	0.0071	1.92*	0.0058	1.91	−0.0039	−0.15	−0.0192	−0.05
POST_LAW×PMAFE×IBANK	a_{10}	0.0085	4.27***	0.0081	4.92***	0.0081	0.63	−0.0508	−0.46
POST_LAW×PMAFE×TOPTIER	a_{11}	0.0106	2.47**	0.0035	4.03***	−0.0236	−0.80	−0.0495	−0.69
FIRMEXP	a_{12}	−0.0046	−4.41***	−0.0052	−5.96***	−0.0022	−0.39	0.0243	0.65
LOG_BSIZE	a_{13}	0.0001	1.78*	0.0001	2.28**	0.0002	0.78	0.0031	1.09
N_FIRMS	a_{14}	−0.00003	−1.39	−0.00006	−3.20***	0.00004	0.39	0.0028	2.57
REC_FREQ	a_{15}	0.0006	1.12*	0.0017	3.64***	−0.0037	−0.88	0.0092	0.48
N_ANALYSTS	a_{16}	0.0002	1.76	0.0001	0.92	0.0044	5.59***	0.0083	1.75
N	38380		1.85	33209		4992		179	
R^2	0.26%			0.76%		1.61%		7.57%	

注：* 代表统计显著性水平为 0.1，** 代表统计显著性水平为 0.05，*** 代表统计显著性水平为 0.01。

研究小结

通过研究发现，在不考虑监管法规和利益冲突特征的条件下，*PMAFE* 的系数 a_2 为正值且统计上显著，这意味着盈余预测精度越高的分析师所做的荐股评级获利潜力也就越大。该结论支持 Lin，H.和 M.McNichols（1998）的观点；但与 Y.ERTIMUR，J.SUNDER 和 S.V.SUNDER 的结论并不完全一致，显示预测精度并不仅仅是分析师专业知识的代理变量。在考虑到监管法规差异和利益冲突特征后，我们发现分析师 *PMAFE* 的系数在全部评级样本中全部为正值，但在细分评级样本中出现了差异，“买入”评级的 *PMAFE* 系数全部为正值，没有受到监管法规差异和利益冲突特征的本质影响，但监管前后系数大小发生了变化。从利益冲突角度看，无利益冲突组受到的影响最大，系数从 0.0226 降至约 1/4 值，为 0.0058，低利益冲突组受到的影响较大，从 0.0166 减低至一半值 0.0081，高利益冲突组受到影响较大，系数从 0.0140 降低至 0.0106。总体上看，监管法规颁布后，“持有”评级样本则受到监管法规的影响较大，利益冲突严重程度不同的“持有”样本，在监管法规颁布前的 *PMAFE* 系数并不全部为正值，低利益冲突组券商系数为负值，但在监管法规颁布后，“持有”样本的 *PMAFE* 系数发生了重大变化，高利益冲突组和无利益冲突组系数全部由正变负，低利益冲突组系数由负变正。对于“卖出”评级样本 *PMAFE* 系数，监管法规颁布前无利益冲突组系数为正，低利益冲突和高利益冲突组为负，这说明对于“卖出”评级而言，在监管法规实施前，有利益冲突分析师的“卖出”推荐的盈余预测精度越高，其推荐评级的获利程度越低，由于是买入并持有组合，也就意味着负收益越大，投资者遵循其卖出评级遭受损失的可能性越低。但无利益冲突分析师“卖出”推荐评级的系数在监管法规颁布前为正值，这意味着其“卖出”研究质量不如有利益冲突分析师，但在监管法规颁布后，三种类型的 *PMAFE* 系数全部变为负值，这意味着监管法规对无利益冲突分析师的“卖出”评级质量起到了改善作用。再考虑到分析师专业知识之后，分析师荐股评级的获利程度 *PFT* 值随着券商规模、荐股频率、上市公司分析师跟踪人数的增加而增大。令人意外的是，我们发现分析师推荐评级获利程度（*PFT*）与分析师的研究经验（*FIRMEXP*）呈负相关，换句话说，分析师跟踪某只股票时间越久，其占据绝大部分比例的“买入”、“中性”推荐评级的获利潜力反而越低。

第三章 分析师盈余预测一致性与荐股评级业绩可持续性研究

对证券分析师误导投资者行为进行界定的难点是分析师很容易将误导投资者的推荐行为归结为推荐失误、能力低下、水平不够等原因。受到利益驱使的证券分析师战略误导行为往往扭曲了证券分析师对股票估值和投资价值的真实想法,但作为监管方,很难获得证券分析师关于某只股票真实看法的证据,这种“战略扭曲”的识别困难给证券监管部门在执法过程中对分析师误导行为的认定造成了巨大障碍。业绩可持续性概念则为这个问题提出了一条解决思路,如果证券分析师盈余预测和荐股评级业绩在长期内保持稳定,波动幅度很小,则认为该证券分析师的业绩具备可持续性。可以作出以下假设:业绩一直稳定且可持续的证券分析师,如果突然出现推荐评级的业绩失常,则认为其具备误导投资者的嫌疑,可以结合交易层面数据的财富转移现象进行联合判断证券分析师的误导投资者行为是否真实发生。

第一节 分析师盈余预测业绩一致性研究

由于资本市场投资者尤其是机构投资者、基金经理等对卖方证券分析师的盈余预测值存在大量需求,因为分析师的盈余预测值对上市公司股票估值具有重要意义,是广大投资者(尤其是机构投资者)作出投资行为的重要参考依据。盈余预测偏差往往被作为学者判断分析师研究能力和研究价值的重要依据,但由于盈余预测偏差往往有正有负,学者普遍采取了取绝对值的方式进行判断,对分析师盈余预测业绩可持续性的研究往往假设只要预测精度绝对值足够小,就具备足够大的市场影响力,但Gilles Hilary和Charles Hsu(2013)的最新研究发现分析师盈余预测误差符号的一致性对股票价格存在重要的影响。换句话说,如果分析师盈余预测误差持续为正误差或者持续为负误差,该分析师的盈余预测值对上市公司股票价格的影响往往会高于那些误差符号交替出现的分析师,预测误差符号的可持续性比预测精度可持续性更加重要。分析师的盈余预测误差业绩是否存在可持续性,这种可持续性如何影响股票市场价格以及对分析师误导行为的识别价值是本节需要解决的问题。Bailey等人(2003),Jackson(2005)的前期研究成果检验了分析师声誉和预测偏差对分析师预测带来的交易量的影响,前期文献通常使用盈余预测精度来评估分析师的盈余预测绩效。Gu and Wu(2003)认为分析师盈余预测精度是衡量分析师预测绩效最重要的一个方面。Jackson(2005)则发现具备更高盈余预测精度的证券分析师对市场股票价格的影响力也就越大,也越能够获得资本市场的职业认同和更优厚的薪资待遇。前期研究还发现上市公司管理层也在帮助分析师形成对公司未来盈余的精确期望。Bowen,Davis和Matsumoto(2002)发现当上市公司召开的分析师电话会议和他们的盈余公告联系在一起时,分析师的盈余预测精度会提高。这些发现暗示公司提供的信息提高了分析师准确预测公司盈余的能力。Lim(2001),Libby等人(2008)的研究则发现分析师为了获得上市公司经理层的青睐,会主动讨好经理层的需求。Chen和Matsumoto(2006)发现那些发布有利荐股评级的分析师会比那些发布不利评级的分析师盈余预测精度会有提升。分析师有可能使用有偏的研究报告来换取从上市公司管理层获得私人信息的优势。除了学术界,在全球证券分析师调查过程中,美国证券监管部门对可能导致分析师的系统性的发布较低精度盈余预测的影响因子进行了仔细检查。Jackson(2005)引用美国纽约检察官斯皮尔策的观点:市场投资者特别是中小投资者不具备识别和纠正证券分析师研究报告中的有偏盈余预测的能力,因此中小投资者往往会被有偏的盈余预测系统性地误导。因此,相应的分析师盈余预测偏差的监管应该被加强,尽可能地缩小证券分析师盈余预测的误差防止投资者被分析师的有偏盈余预测所误导。与其他学者不同,本书认为分析师盈余预测对投资者的价值不应该仅仅建立在用预测值偏离实际值的绝对距离衡量的预测精度上,而是应该建立在盈余预测的信息含量上,可以进一步理解为建立在分析师盈余预测误差一致性上。所谓的预测精度(绝对误差偏差)、预测偏差(带符号的误差)和一致性(带符号误差的标准差)是盈余预测的三个不同方面的属性。如果分析师盈余预测的用户可以无成本地消除分析师预测中存在的系统性偏差,偏差应该是无关紧要的。在这种情况下,投资者应该找到一个盈余预测,这是一个已实现收益可预测的变形代理(例如,已实现盈利减 0.03 元),没有随机误差的代理变量将更比一个具备小而不可预测偏差的无偏预测为资本市场提供更多的信息。

一、 分析师盈余预测偏差一致性研究假设与横截面回归模型设计

本节利用中国资本市场交易数据和证券分析师盈余预测研究数据库,对以下假设进行检验:有偏但存在一致的证券分析师盈余预测对投资者盈余预期有较大的影响,进而对股票的市场价格,比不一致的随机误差的估计影响要大。例如,即使两位分析师都具备同级别的盈余预测精度(即相同的平均绝对误差),尽管第二位分析师的平均偏差会更小;总是比真实 EPS 低估 0.05 元的分析师比随机高估或低估真实 EPS 0.05 元的分析师将对股票价格波动有更大的影响。为了检验我们的基本假设,首先将分析师盈余预测信息度($Beta_{i,j}$)作为因变量,将证券分析师盈余预测偏差的一致性(*Cons*)和所谓的盈余预测精度(*Accu*)作为自变量进行回归,同时控制其他相关变量。我们测度每个公司分析师变量并且在每个样本期获得每个公司分析师观测值。因变量分析师盈余预测信息度 $Beta_{i,j}$ 按照以下方法构建:在分析师盈余发布日,买入并持有分析师作出盈余预测的股票,计算其市场调整后的 3 日收益 $Bhr3d$,在分析师 i 覆盖公

司 j 的所有季度中再对预测修订值 Rev 进行回归。这里预测修订值 Rev 的计算是通过盈余预测 $forecast_{i,j,year}$ 减去前期的分析师平均盈余预测值 $consensus_{j,year}$（在当前分析师预测之前全体分析师对该公司本会计年度盈余预测值的均值）除以盈余预测修订日前两日的股票价格，参见以下公式：

$$Rev_{i,j,year} = \frac{forecast_{i,j,year} - consensus_{i,j,year}}{price_{t-2}} \tag{3.1}$$

由于同一位证券分析师可能在同一天对某只股票未来三年的 EPS 值连续作出预测，考虑到分析师预测结束时间离预测期越远，预测难度越大，预测精度会急剧下降，容易对分析师的盈余预测能力判断产生误差和负面影响，因此我们只考虑分析师对当前会计年度的年度盈余预测值样本。由于上市公司年报公告截止日期在每年四月底，因此也会出现分析师在本年度前四个月中对上年度每股盈余作出预测的样本。

特别地，我们为每个分析师 i 和其作出盈余预测的上市公司 j 组合估计以下的横截面模型，参见以下公式：

$$Beta_{i,j} = \alpha_0 + \alpha_1 Cons_{i,j} + \alpha_2 Accu_{i,j} + \alpha_k X_{i,j}^k + e_{i,j} \tag{3.2}$$

按照以下方法计算分析师盈余预测偏差的一致性指标 $Cons_{i,j}$：第一，计算证券分析师 i 在第 q 年度对上市公司 j 的盈余预测误差，用该年度公司盈余的实际值减去分析师的盈余预测值。第二，计算在所有年度中覆盖公司 j 的证券分析师 i 的预测误差的标准差。第三，将所有覆盖跟踪公司 j 的分析师 i 按照预测误差标准差进行排序。排序实质上是一种相对测度方法，在这里之所以采用相对测度而不是绝对测度，主要考虑以下几点原因：一是可以减少在特定时点影响覆盖第 j 个公司的所有分析师的盈余预测普通冲击，因此可以集中研究分析师的角色；二是使用相对测度也容易与前期类似相关文献的研究结果进行比较，例如 Hong, Kubik 和 Solomon(2000)，Hong 和 Kubik(2003)，Jackson(2005)的相关研究。为了获得有意义的排序结果，我们剔除了覆盖分析师人数低于

5 位的公司样本。最后，采取类似方法来测度分析师盈余预测偏差的一致性排名，使用以下公式：

$$Cons_{i,j}=1-(rank-1)/(\text{跟踪该公司的分析师总数量}-1) \tag{3.3}$$

前期文献显示，盈余预测更精确的分析师具有更大的能力影响股票价格，为了控制精度对预测信息含量的影响，我们按照 Hong 和 Kubik(2003)的方法定义 *Accu*，这里没有使用分析师的年度盈余预测值，而是使用季度盈余预测值。特别地，首先计算了分析师 i 对公司 j 的盈余预测误差绝对值，接着按照在第 q 季度分析师覆盖的公司 j 进行排序，并且计算排序得分的均值。

公式(3.2)中自变量向量集合 $X_{i,j}^{k}$ 包含了 k 个与证券分析师特征值相关的控制变量，第一个控制变量为分析师预测集体偏离度 *Boldness* 指标，该指标是基于证券分析师 i 对上市公司 j 的盈余预测值和所有预测平均值之间差距的绝对值进行计算；接着，我们控制了分析师预测期限指标 *Horizon* 变量，该指标是指证券分析师盈余预测发布日和上市公司实际盈余公告日之间的天数。除此之外，我们进一步控制了分析师研究经验控制变量 *Experience*，该指标测度的是分析师长期跟踪某只股票的累计时间，累计时间越长，分析师的研究经验越丰富，指标计算是指分析师覆盖某公司的累计季度数量的对数。*Breadth* 指标测度的是分析师作出盈余预测时曾经覆盖公司的数目。由于前面使用相对排序的方法测度分析师盈余预测精度和分析师盈余预测偏差的一致性，因此也对分析师预测集体偏离度 *Boldness*、分析师预测期限指标 *Horizon*，分析师研究经验 *Experience* 和分析师覆盖公司广度 *Breadth* 指标分别创建了排序变量。除了证券分析师直接相关指标，其他控制变量还包括券商规模指标 *Brokersize*，是指券商年度内雇佣的证券分析师人数，雇佣的分析师人数越多，券商规模越大。还有控制变量上市公司的分析师关注度指标 *Cover*，是指跟踪某个公司的所有证券分析师数量的对数，该值越大，意味着该上市公司的市场关注度越高。我们的每个控制变量是给定分析师公司变量的平均值。所有的标准差都使用 Huber-White 方法对异方差进行了纠正。

二、样本选择、变量计算方法、描述性统计和横截面回归结果

我们从国泰安数据库中获得分析师盈余预测数据和公司实际盈余数据,证券分析师盈余预测数据、盈余预测公告时间源自国泰安分析师盈余预测研究数据库;上市公司实际盈余数据、实际盈余公告时间源自国泰安上市公司季报年报数据库。分析师样本期起始于 2000 年,截至 2012 年年底。证券交易数据则来自国泰安中国股票市场交易数据库,数据区间为 2000 年至 2013 年年底。

表 3.1 提供的是基本回归方程(3.2)中关键变量的描述性统计量。*Beta* 是股票三日累计超常收益值 *Bhr3d* 对分析师盈余预测修订值 *Rev* 进行回归后的系数,*Bhr3d* 是分析师盈余预测修订日前后三日窗口期买入该股票并持有经市场收益率调整过的股票收益,*Rev* 是分析师盈余预测值减去前期一致性预测值,一致性预测值是最新三个预测值的平均数除以预测修订前 2 日的股票价格。*SqrBeta* 是回归系数 *Beta* 值的带符号平方根,例如 *Beta* 值为 4 和 −2,那么 *SqrBeta* 分别等于 2 和 −1.4。*Cons* 是用来测度给定公司分析师盈余预测偏差一致性的变量值,基于分析师标准差在所有覆盖季度中的排名和公式(3.3)进行计算得到。*Accu* 测度的给定公司—分析师组合的名义精度值,是基于根据上市公司实际盈余和预测值之间的绝对值排名计算。*Horizon* 是分析师预测日和上市公司盈余公告日之间的天数。*Boldness* 测度是偏离一致性预测值的距离,定义为单个预测值偏离其他分析师平均预测值的绝对值。*Experience* 是分析师覆盖公司累计季度总数的对数值。*Breadth* 是分析师在给定季度内覆盖公司的数量。*Horizon*,*Boldness*,*Experience* 和 *Breadth* 变量都是类似于 *Cons* 和 *Accu* 的排序变量。*Brokersize* 是指券商规模,指券商在盈余发布年度雇佣证券分析师数目的对数值。*Cover* 是在给定季度内跟踪公司 j 的分析师人数对数值。对于所有变量,在整个样本期使用给定公司—分析师观测值组合。

表 3.1 横截面模型变量描述性统计量

变 量	均值	中位数	标准差
Beta	0.74	0.28	24.18
SqrBeta	0.26	0.53	2.61
Cons	0.46	0.44	0.29
Accu	0.50	0.50	0.31
Horizon	0.50	0.50	0.31
Boldness	0.50	0.50	0.31
BrokerSize	3.35	3.40	0.48
Experience	0.50	0.50	0.31
Breadth	0.50	0.50	0.31
Cover	2.79	2.94	0.68

从表 3.1 中不难发现，*Beta* 的分布是有偏的，均值为 0.74，而中位数为 0.28，存在较大差异。为了对其进行纠正，建立变量 *SqrBeta*。表 3.1 中的描述性统计量显示与 *Beta* 相比，*SqrBeta* 的均值 0.26 和中位数 0.53 更加接近，标准差也从 24.18 降低为 2.61。我们发现其他变量的均值和中位数均接近，标准差也较小。

表 3.2 呈现的是分析师预测信息含量的一致性效果的横截面回归系数结果。在第一列中，我们使用 *Beta* 作为因变量；在第二列中，则使用了均值和中位数更接近的带符号平方根 *SqrBeta* 作为因变量。两种标准回归的结果是一致的，一致性对预测信息含量有着正面效果。与 *Cons* 相关的系数无论在第一列还是第二列均为正值，并且该效果在经济上是显著的。例如，增加 *Cons* 将增加市场对盈余公告反应的 *Beta* 值。

转向控制变量的回归结果，我们发现 *Accu* 显著为正值。但是，*Beta* 的统计与经济显著性比 *Cons* 要低。例如，*Accu* 的系数仅为 0.316，但 *Cons* 的系数在第一列中则达到了 1.222。通过构建，*Accu* 和 *Cons* 具有类似的均值、中位数和标准差，因此他们的经济效果应该能够通过比较系数直接进行评估。这意味着一致性效果比精度效果要大 4 倍。表 3.2 的结果还显示发布较早的盈余预测，分析师覆盖的股票数量越多越会带来更高的 *Beta* 值。但与一致性预测距离更大的预测值，大券商所属分析师

表 3.2 信息含量的一致性效果

变 量	*Beta*	*SqrBeta*
Intercept	1.261	−0.121
t 值	1.85*	−1.64*
Cons	1.222	0.052
t 值	4.42***	1.73*
Accu	0.316	0.054
t 值	2.22**	1.93*
Horizon	0.255	−0.046
t 值	0.9	−1.50
Boldness	−0.232	−0.005
t 值	−0.87	−0.18
BrokerSize	−0.333	0.035
t 值	−2.04**	1.96**
Experience	−0.516	0.143
t 值	−1.88*	4.84***
Breadth	−0.374	−0.012
t 值	−1.43	−0.42
Cover	0.111	0.062
t 值	0.96	4.96***
N	95444	95444
R^2	0.04	0.05

注：* 代表统计显著性水平为 0.1，** 代表统计显著性水平为 0.05，*** 代表统计显著性水平为 0.01。

所发布的盈余预测、分析师跟踪该股票的经验越长都会带来更低的 *Beta* 值。*SqrBeta* 回归结果中，*Horizon*，*BrokerSize*，*Experience* 与 *Beta* 值的系数相反。

三、横截面回归结果的稳健性检验

前面的结果发现分析师预测偏差的一致性非常重要，甚至要比所谓分析师预测精度还要重要。为了检验我们的猜测，需要在研究中区分这两种测度代理指标。我们使用平均绝对预测误差作为预测精度的代理变量，使用有符号预测误差的标准差作为测度一致性的代理变量。对于一些分布，比如指数分布，样本方差是均值的函数，而对于其他很多分布而言如正态分布，均值和方差是独立的。幸运地，样本显示出良好的统计特征。经验上，我们对一致性 *Con* 和预测精度 *Accu* 的测度显示出微弱相关性。为了确保没有对同一位分析师的预测特征测度进行重复测度，我们进行了替代性检验。首先剔除了既包含精度又包含一致性的观测值(一致性 *Con* 和预测精度 *Accu* 的值要高于其中位数)，该方法直接降低了一致性 *Con* 和预测精度 *Accu* 的相关性。当我们重新估计表 3.2 中的结果时，该结果和现有结果非常类似。其次，将预测精度 *Accu* 和一致性 *Con* 正交化，并重新估计了回归结果，但并没有发生变化。

除此之外，基于误差的规模——使用平均绝对预测误差的中位数除以价格，将样本分为两个子样本，重新估计了每个子样本中，预测信息一致性的效果。由于两个原因我们作这个检验，为了更好的区分两种方法，我们研究了当所谓的精度为低时，一致性是否与投资者更加相关。由于市场交易参与者更倾向于察觉和对更大的偏差进行更正，当实际盈余之间存在较大误差时我们期望市场交易参与者对一致性重要性的认同要高于预测误差。一致性误差系数对于较大偏差子样本而言要大于较小偏差子样本。该差异是显著的，但从预测精度样本中，我们观察到一个相反效果。这些结果支持投资者在偏差较大时能够更容易回避系统性误差。

表 3.2 中的回归结果暗示投资者对预测偏差一致性与盈余预测值进行估价。但是，有可能投资者实际上更加看重那些具备公司内部信息渠道的分析师，因为这些分析师与上市公司管理层保持着良好的私人关系，其盈余预测修订更加具备信息含量。由于上市公司管理层也存在盈余操纵的可能性，为了达到不希望股价大幅波动的目的，他们想私人关系良好分析师传递信息时往往也会采取一定的策略，如果有好消息，释放给分析师的往往是稍微好一些的消息，如果是坏消息，释放给分析师的往往是稍微坏一些的消息。因此，这类分析师的盈余预测由于具备较可靠的信息来源渠道，一般不会出现预测偏差忽高忽低的现象，反而往往会出现预测偏差持续的偏高或者偏低现象，不会出现大幅的上下波动。在这种情况下，预测偏差一致性有可能是一个分析师能够获得内部信息能力的代理

变量。为了研究这种可能性，本书做了三种测试，第一个测试假设市场需要时间来学习一位分析师是否具备一致性。如果研究框架是正确的，在市场对分析师的早期反应和分析师未来预测一致性之间应该不存在相关性。为了检验该假设，考虑了一组样本至少有 12 个季度的预测值。将数据划分为两个阶段，即分析师的前六个观测值和后六个观测值。接着使用前六个季度的数据来预测 *Beta* 和 *SqrBeta*，使用后六个季度的数据来预测 *Cons*，重新估计了我们的基本回归模型(3.2)，结果显示 *Cons* 在统计上是显著的。第二种检验，我们加入了一个内部人的控制变量，对于内部人的代理变量，是指券商在整个样本期作为上市公司股票发行的年数。前期研究文献发现投资银行和其分析师在承销过程中，也许会具备接触上市公司管理层的私人信息渠道，并会一直保持这种良好的私下信息沟通渠道。和该假设一致，结果显示该指标和信息含量正相关，但是 *Cons* 对于信息含量的效果并没有受到影响。

四、 一致性指标的面板特征回归结果

在表 3.3 的主要特征中，本节使用了一个横截面模型将连续性和所谓的精度看作是公司—分析师固定特征。在本节中考虑两组特征值，我们检验了结果是否对这个经验设计选择存在敏感。首先，考虑一个面板特征，我们将每一个公司—分析师—季度看作是一个观测。对于在第 q 季度覆盖公司 j 的分析师 i，我们对以下方程进行估计：

$$\begin{aligned} Bhr3d_{i,j,q} = & \beta_{0i,j} + \beta_1 Treatment_{i,j,q} + \beta_2 Rev_{i,j,q} \\ & + \beta_3 Treatment * Rev_{i,j,q} + \beta_k X^k_{i,j,q} + \mathrm{e}_{i,j,q} \end{aligned} \tag{3.4}$$

模型(3.4)中的变量与模型(3.2)中的变量相同，我们使用分析师 i 对公司 j 的预测误差在季度 q 之前的 8 个季度的标准差来计算 *Cons*，而不是使用模型 1 中的整个样本期。类似地，通过计算前 8 个季度的平均预测误差当作 *Accu*，将前 8 个季度的平均值当做控制变量。我们分别使用两个 *Treatment* 变量，*Cons* 和 *Accu* 与 $Rev_{i,j,q}$ 进行交叉分析。面板回归中的标准差对于分析师、公司和年度聚类进行了调整，研究结论并没有发生显著变化。

表 3.3 基于 *Treatment* 的一致性指标的面板特征回归结果

Bhr3d			
*treatment*1 = *cons*		*treatment*2 = *Accu*	
Intercept	0.008	*Intercept*	0.015
t 值	3.87***	*t* 值	6.59***
Cons	0.001	*Accu*	0.366
t 值	1.11	*t* 值	9.05***
rev	0.155	*rev*	0.386
t 值	6.44***	*t* 值	11.77***
Cons * *rev*	0.182	*Accu* * *rev*	9.072
t 值	3.60***	*t* 值	6.13***
Horizon	0.015	*Horizon*	0.015
t 值	16.49***	*t* 值	16.58***
Boldness	0.002	*Boldness*	0.002
t 值	2.16**	*t* 值	2.20**
BrokerSize	0.0005	*BrokerSize*	0.0003
t 值	0.99	*t* 值	0.59
Experience	−0.0003	*Experience*	−0.0004
t 值	−0.37	*t* 值	−0.44
Breadth	−0.0002	*Breadth*	−0.0001
t 值	−0.18	*t* 值	−0.09
Cover	−0.002	*Cover*	−0.003
t 值	−6.43***	*t* 值	−6.65***
N	95444	*N*	95444
R^2	0.24%	R^2	0.35%

注：* 代表统计显著性水平为 0.1，** 代表统计显著性水平为 0.05，*** 代表统计显著性水平为 0.01。

无论我们将一致性和预测精度看作是分析师固定特征、固定的分析师公司特征或者时间变化特征，研究结果并没有受到太大影响。由于基于回归结果，很难判断某种方法比另一种方法就一定要好，我们更倾向于分析师公司特征。

研究小结

本节提出了一个颠覆传统“分析师预测精度就是衡量分析师预测能力业绩”的观点。通过对分析师盈余预测能力的一致性展开研究，发现证券分析师盈余预测的一致性在分析师影响股票价格波动的能力上非常重要，盈余预测一致性指标比分析师盈余预测精度指标影响股价的能力要几乎高出四倍，并且该结果在统计上是显著的。我们还发现盈余预测精度的增加也会增加分析师影响股票价格的能力，但该能力在统计上没有盈余预测一致性指标那样显著。这个结果意味着如果盈余预测一致性比较高的分析师由于具备较高的市场价格影响力，往往会被较好的券商所注意并雇佣，而且这类分析师被评选为明星分析师的可能性也会大大增加。分析师盈余预测中系统性偏差产生的原因可能与我们的发现规律有关，从分析师盈余偏差的统计结果看，预测过低的分析师往往一致性较高，但预测精度较差。我们还发现预测偏差一致性有可能是一个分析师能够获得内部信息能力的代理变量，投资者在偏差较大时能够更容易回避系统性误差。

第二节　分析师荐股评级业绩的可持续性研究

本节主要的研究目的是检验卖方分析师群体荐股绩效是否存在可持续性以及市场能否识别出这种可持续性，荐股评级业绩的可持续性究竟能否对股票价格造成影响？绩效可持续性也可看作是不同分析师业绩之间的相对绩效差异。Mikhail 等 2004(简称为 MMW)发现了分析师荐股绩效可持续性的证据，他们发现资本市场在分析师推荐评级修订前后的 5 天内并没有识别出分析师荐股业绩可持续性，市场的反应是不完整的，他们所构建的交易策略在考虑进交易成本和交易延迟后，盈利可能性消失。参考 Xi Li(2005)的研究方法，本节研究与 MMW 的研究存在以下几点不同：(1)MMW 的研究在排除了“持有”评级后将其他评级混合在一起进行分析，本书则将买入和卖出评级分开考虑，并且聚焦信息含量更大的“买入”评级，排除了信息含量较低的“增持”评级。(2)MMW 使用了三因子方法来测量分析师业绩，本节使用了更多种类的风险调整方法。(3)MMW 使用的是固定期限的持有期，本节使用的是基于推荐评级修订的动态持有期，更有利于精确测度可持续性。(4)MMW 在一个更长的时间区间，本节则聚焦更短的时间区间。(5)MMW 使用的是推荐评级的修订方向和事件时间研究法，本节使用推荐评级和日历时间方法，直接反映了潜在投资者的实际投资体验。

一、 标准样本和非重叠样本构建及描述性统计

本书使用国泰安分析师研究数据库中的“买入”评级构建了买入样本。通过观察样本，我们发现国泰安 CSMAR 分析师研究数据库中 2005 年以前的分析师荐股评级数量较少，可能的原因有两个，一是分析师本身数量较少，二是国泰安在早期采集分析师数据的工作存在遗漏，样本覆盖面不完整，因此剔除 2005 年以前的样本。样本范围在 2005—2012 年年底，总共样本数为 47787 条。由于负面评级样本数量较少，因此使用“减持”或者“卖出”评级构建了卖出样本。分析师样本取值范围在 2005—2012 年年底，总共卖出样本数为 850 条。我们将该样本称为标准样本。单个推荐评级并不会随着券商和时间随机出现，Stikel(1990)和 Welch(2000)分别发现了分析师发布盈余预测和荐股评级的羊群效应。分析师荐股评级的相关性可能导致不同分析师绩效测度上的横截面相关。如果忽略横截面相关性，将让检验统计量变得更加虚高。因此，构建了分析师荐股评级的“非重叠样本”，该样本是前面“标准样本”的子集，非重叠样本剔除了不同分析师对同一支股票当前推荐与前期推荐样本具有重复区间(间隔小于 1 个月)的样本，剔除后的非重叠买入样本总数为 20213 条，非重叠卖出样本有 795 条。表 3.4 描述的是来自 1719 位证券分析师标准样本的平均特征和 1902 家上市公司的平均特征。在表 3.4 中覆盖公司数目是指分析师每年平均跟踪覆盖的公司数。推荐评级发布数量是指分析师平均每年发布的推荐评级数量。券商规模是指分析师在每年平均雇佣的分析师数量。如果分析师在一年内调整了工作单位，将被分配到两家券商的平均规模中。从业经验是指分析师出现在国泰安分析师预测数据库中的累计年数。考虑到分析师职业声誉的影响，我们还统计了每年

分析师样本中被评选为新财富明星分析师所占百分比的平均值。为了计算该统计量，首先计算跟踪单个公司的分析师数量，接着计算同一家公司不同分析师的平均数量。面板B显示的是公司规模、账面市值比、动量、每股日度成交量(用日度交易量除以上个月全部股票数量)、盈余价格比(每股盈余用股价进行正则化)的十分位数均值。十分位数的划分是基于沪深两市，第一十分位数包含最大的股票，最高的账面市值比，最高的日度价格动量，最高的每股日度成交量和最高的盈余价格比。

表3.4　分析师样本和公司样本的特征值

面板A　分析师的平均特征	
覆盖公司数量	10.3
推荐评级发布数量	12.15
券商规模	30.4
从业经验	3.1
新财富明星分析师百分比	19.60
跟踪同一家公司的分析师数目	8
面板B　样本公司平均特征十分位数	
公司规模	31906030
账面市值比	0.663
日度动量	0.8773
每股日度成交量	27555528.31
市盈率	86.66

二、　分析师荐股绩效测度方法

我们采用Daniel等(1997)使用的修正Carhart调整CS(Charasteristic Selectivity)模型，在此基础上增加了股票交易量因子和盈余价格因子。针对每一位分析师，基于“买入”评级构建等权重买入动态投资组合，基于“卖出”评级构建等权重卖出动态投资组合，如果分析师发布新的评级，投资组合将会立即重新调整，纳入新的股票。如果股票的评级被分析师调低，股票也随之立即调整出投资组合。此种类型的日历时间投资组合直接反映的是假定投资者的真实投资经验。我们还根据规模、账面市值比和动量三个因子变量值的五分位数构建 5×5×5＝125 个被动投资组合，以此构建日度 CS 模型，为匹配每一个分析师投资组合，将参考每一位分析师的“买入”或“卖出”投资组合的规模、账面市值比和动量特征，从 125 个投资组合中选择匹配的一个组合作为业绩评价基准。

对于每位分析师的“买入”组合，$CS_t=\sum_{j=1}^{N}(R_{j,t}-R_t^{Mj})/N$，$R_{i,j}$ 是第 t 天股票 j 的收益，R_t^{Mj} 是第 t 天与股票 j 相匹配的基于三因子的被动投资组合收益率，对于每位分析师的“卖出”组合，$CS_t=\sum_{j=1}^{N}(R_t^{Mj}-R_{j,t})/N$ 最后使用零成本投资组合收益，或者以上定义的日度 CS 测度，作为一个六因子模型的因变量来估计分析师在一个季度、半年期或者一年期内的绩效。

$$CS_{it}=\alpha_i+\sum_{j=1}^{6}\beta_j R_{jt}+\varepsilon_{it} \tag{3.5}$$

这里，CS_{it} 是分析师 i 在第 t 天的零成本投资组合收益，α_i 是多因子模型中的 Jensen α 值，测度的是分析师 i 的投资组合的平均日度超额收益，β_i 是因子 j 的回归系数，R_{jt} 是因子 j 在第 t 天的收益，ε_{it} 是误差项。无风险收益率使用的是国泰安公司提供的无风险收益率。六因子模型中的六个因子分别是减去无风险收益率的市场指数收益率因子，Fama 和 French(1993)的规模因子和账面市值比因子，Carhart(1997)提出的动量因子、盈余价格比因子以及每股交易量流动因子。这些因子在过去的研究中已经被证明和系统风险或者投资风格有关，但和分析师荐股能力无关。动态投资组合的计算，对于买入样本组合，如果评级在第二年年末前出现下调，则该股票被剔除出动态投资组合，否则持有期最长将延长至下一年年底，并被剔除出组合。对于卖出样本组合，如果评级在第二年年末前出现上调，则该股票被剔除出动态投资组合，否则持有期将延长至下一年年底。

三、 分析师荐股业绩回归结果

首先将标准样本中的分析师看作一个群体，其 Carhart 调整 CS 六因子模型的参数估计值显示在表 3.5 中。我们需要分析师至少有三个月组合收益。群体投资组合对每一位分析师的零成本组合赋予了相同的权重。被估计的阿尔法在统计上显著,显示买入和卖出组合具备更优的绩效。由于α测度的是日度超额收益率,分析师作为一个群体绩效,买入组合的超常收益率为0.024%,卖出组合的超常收益率为0.0159%,通过公式$(1+\alpha)^{252}-1$将其转化为年度超额收益率,买入组合超常年度收益率为6.23%,卖出组合超常年度收益率为4.11%。表3.5也显示了Daniel(1997)和Eckbo(2000)将在绩效评估中使用配比组合技术和因子回归混合应用的价值。单独使用配比技术将会显著降低绩效评估的效果,但不会消除分析师投资组合业绩的因子分解。即使用了配比组合技术,在大多数情况下,零成本组合的因子载入显著保持在传统水平,调整过后的买入组合R方大约为0.08。因此,两种方法的组合比单独使用一种方法提供了更好的风险调整。

表3.5　分析师作为一个群体的平均绩效

	买入组合—基准组合	基准组合—卖出组合
年度化后的超常收益(%)	6.23	4.11
日度超常收益(%)	0.024	0.016
t 值	0.37	2.74***
MKT	0.0100	−0.0032
t 值	3.32***	−0.87
HML	−0.0912	−0.0183
t 值	−8.53***	−1.41
SMB	0.0424	−0.1274
t 值	5.73***	−14.20***
MOM	−0.0004	0.0002
t 值	−4.09***	1.75*
样本数目	1602	1602
调整后的R^2	0.0837	0.1375

注:*代表统计显著性水平为0.1,**代表统计显著性水平为0.05,***代表统计显著性水平为0.01。

表 3.6　分析师个体推荐评级业绩的横截面分布

	买入组合—基准组合	基准组合—卖出组合
	α 的 t 统计量分布百分比	
样本数目	41344	749
$t \geqslant 2.326$	2.93	1.53
$2.326 > t \geqslant 1.960$	3.61	1.74
$1.960 > t \geqslant 1.645$	3.15	2.45
$1.645 > t \geqslant 1$	17.44	14.25
$1 > t \geqslant 0$	31.13	34.45
$0 > t \geqslant -1$	30.63	30.16
$-1 > t \geqslant -1.645$	8.4	7.15
$-1.645 > t \geqslant -1.960$	0.81	6.10
$-1.960 > t \geqslant -2.326$	0.86	1.34
$-2.326 > t$	1.04	0.83
最大 t 值	5.08***	3.95***
最小 t 值	−5.48***	−4.13***

注：* 代表统计显著性水平为 0.1，** 代表统计显著性水平为 0.05，*** 代表统计显著性水平为 0.01。

基于分析师个体推荐评级构建零成本投资组合的六因子模型 α 的横截面分布以及它们的 t 统计量在表 3.6 中均予以给出。表 3.6 也显示了各种类型投资组合的最大和最小 t 统计量，并显示了其显著性。表 3.6 显示一小部分分析师群体的绩效显著不同于用于风险调整的业绩基准组合。例如，显示 2.93％＋1.04％＝3.97％的分析师买入组合的 α 值在 1％水平上显著不等于 0。在 5％水平上买入组合和卖出组合都具备类似方式。但在 10％显著性水平上，卖出组合与买入组合的差异较大。表 3.6 显示分析师荐股评级业绩之间存在很大的差异。接近 10％的分析师业绩显著要不同于风险调整过的基准组合收益，该群体主要由具备显著为正值 α 的证券分析师组成。

四、分析师荐股绩效可持续性的统计显著性

接着我们对分析师荐股绩效的可持续性进行检验，分析师按照估计期（季度，半年，一年）内的绩效被进行分组，绩效评价结果将与前一段时期内持有（holdout）样本绩效进行比较。例如首先构建 27 个季度估计样本，从 2006 年的第一个季度一直到 2012 年的第三个季度和从 2006 年第

二个季度一直到2012年第4个季度的27个季度保留样本。在绩效可持续性检验中,我们将持有期分析师推荐评级绩效对前期估计期的分析师推荐评级绩效进行回归。回归检验按以下公式进行:

$$\alpha_{i,t} = a + b\alpha_{i,t1} + \varepsilon_{it} \tag{3.6}$$

这里,$\alpha_{i,t}$是分析师i在时期t内的投资组合的α;如果系数b在统计上显著,则没有业绩可持续性假设被拒绝。对于非参数检验,分别使用W(赢家)代表高于中位数的分析师,L(输家)代表低于中位数的分析师。用WW和LL分别代表赢家和输家的两个连贯的时期。WL则代表在估计期是赢家,在持有期是输家,LW则相反。拟使用三种常用的非参数检验法进行检验,即卡方χ^2检验、叉乘比率检验(CPR)以及Z检验。Z检验能够被用来分别观测过去的赢家和输家绩效的可持续性。

绩效可持续性统计检验结果如表3.7所示。标准样本的结果显示在面板A中,非重叠样本的检验结果显示在面板B中。买入推荐标准样本的所有可持续性检验统计量均在1%的水平上显著。对于卖出样本,所有回归系数全部在1%的水平上显著。但是在5%水平上显著的非参数检验统计量只有卡方和CPR统计量在半年区间上。面板B使用的是非重叠样本,为横截面相关作了调整,减少了检验统计量的幅度,但并没有改变定性结论,对于买入评级,可持续性相关统计量除了3个在5%的水平上显著外,再一次在1%的水平上显著,对于卖出推荐,回归系数只有在年度和半年度区间内高度显著。业绩可持续性来源也许来自在估计期高于中位数α的分析师(过去的赢家)、低于中位数α的分析师(过去的输家)或者两者的混合。这也被Gilovich(1985)等称为“热手”和“冷手”现象。确定可持续性的来源很重要,因为如果找到了来源,我们可以做多赢家的买入推荐,做空输家的推荐来设计投资策略获利。Z统计量暗示着过去买入评级的赢家绩效可持续性的显著性。尽管在标准样本中,买入评级对过去的赢家和输家都是显著的,但在非重叠样本中却仅仅对过去的赢家在所有区间内是显著的,在半年区间内对过去的输家是显著的。和其他检验方法一样,对于卖出推荐评级,可持续性要弱一些,尽管这种差异可以被归因为较小的样本规模。这些发现显示分析师的绩效可持续性被“热手”现象主导。

表 3.7　分析师荐股评级绩效的可持续性检验

	买入评级						卖出评级					
	年度收益		半年收益		季度收益		年度收益		半年收益		季度收益	
面板 A　标准样本												
回归系数	0.10162		0.03851		0.00793		0.01316		0.02599		0.01661	
t 统计量	6.25***		11.27***		2.965***		4.341***		3.435***		2.834***	
卡方	12.656***		86.652***		11.255***		1.826		1.324		6.345***	
CPR	7.354***		4.39***		3.34***		1.03		0.86		2.56***	
	W	L	W	L	W	L	W	L	W	L	W	L
Z 统计量	5.57***	3.41***	3.21***	2.69**	2.88***	2.05**	2.15***	1.74*	1.53	0.91	2.98***	2.15**
面板 B　非重叠样本												
回归系数	0.15631		0.03426		0.00548		0.01779		0.02282		0.01444	
t 统计量	8.34***		3.25***		1.76		4.56***		3.56***		2.45**	
卡方	23.34***		45.46***		27.67***		2.46**		1.56*		5.67***	
CPR	9.23***		5.24***		2.10**		1.37		1.21		2.31**	
	W	L	W	L	W	L	W	L	W	L	W	L
Z 统计量	6.24***	4.72***	3.52***	2.41**	1.98**	1.05	1.15	0.81	1.67	1.14	2.48**	1.25

注：* 代表统计显著性水平为 0.1，** 代表统计显著性水平为 0.05，*** 代表统计显著性水平为 0.01。

表3.7展示的是2005年1月至2012年12月分析师绩效可持续性检验的结果。在面板A的标准样本集中，使用了基于回归的参数检验和卡方、CPR统计量检验，并且基于Jensen α 的季度、半年度、年度区间收益进行了分组比较。面板B则是选择了非重叠样本的比较，α 是六因子模型的截距项。参数检验是基于当前期的绩效对前一期的绩效进行回归得到的 t 统计量系数。

卡方统计量被定义为 $[(WW-N/4)^2+(WL-N/4)^2+(LW-N/4)^2+(LL-N/4)^2]/N$。这里，N是分析师既出现在当前期，又出现在前一期的人数。W和L分别代表赢家和输家(单个分析师的绩效要高于/低于某个时期所有分析师绩效的中位数)，WW和LL则分别代表在连续两个时间段内都是赢家或输家的数量。LW则代表前期是输家，后期是赢家的分析师数量，WL则刚好相反。卡方统计量的自由度为1，并且在10%的显著性水平上关键值为2.71，在5%显著性水平上关键值为3.84。CPR显示的是交乘比率统计量，计算公式为 $\text{Ln}[(WW\times LL)/(WL\times LW)]/(1/WW+1/WL+1/LW+1/LL)^{1/2}$，并且遵循标准的正态分布。Z统计量等于 $(Y-np)/[np(1-p)]^{1/2}$，这里 n 是赢家或输家在估计期的全体数量，Y是赢家或者输家在持有期的数量。如果不存在可持续性，P 值的期望值为1/2。当 n 大于20，Z接近正态分布。

五、 分析师荐股绩效可持续性的鲁棒性分析

IPO股票的推荐评级往往信息含量更少，因此分析师在股票首次公开发行的IPO荐股评级中存在偏差。因此，我们在分析师组合中剔除了IPO股票评级样本，样本选择范围的改变也没有影响我们的结果。除此之外，我们使用了替代性的股票定价模型，比如更简单的市场调整模型，Fama-French(1993)三因子模型、Carhart(1997)四因子模型，仅通过size匹配，或者通过size和账面市值比匹配，也没有改变我们的研究结论。

研究小结

本节采用Daniel等(1997)使用的修正Carhart调整CS(Charasteristic Selectivity)模型，主要检验了分析师作为一个群体的平均绩效是否存在可持续性，我们计算分析师买入组合—基准组合年度化后的超常收益达

到了 6.23％，日度超常收益达到了 0.024％；基准组合—卖出组合年度化后的超常收益达到了 4.11％，日度超常收益达到了 0.016％。分析师作为一个群体，从平均意义上来说其推荐评级的绩效跑赢了基准组合。接着通过对分析师个体推荐评级业绩的横截面分布进行计算研究后揭示在不同分析师荐股评级业绩之间存在很大的差异。接近 10％的分析师业绩显著要不同于风险调整过的基准组合收益，该群体主要由具备显著为正值 α 的证券分析师组成。接着我们对分析师荐股绩效的可持续性进行检验，分析师按照估计期(季度，半年，一年)内的绩效进行分组，绩效评价结果与前一段时期内持有样本绩效进行了比较。我们发现在估计期具备超越中位数风险调整后绩效的分析师(赢家)在随后的持有期依然持续超越了那些绩效低于中位数的分析师(输家)，业绩可持续性来源也许来自在估计期高于中位数 α 的分析师(过去的赢家)、低于中位数 α 的分析师(过去的输家)或者两者的混合。

未来的研究：参考本节的方法对分析师业绩可持续性的研究如果进一步扩展到单个分析师的计算，对我国 3000 余位分析师分别建立单个分析师荐股业绩可持续性指数，将可以作为证券分析师误导行为的辅助判别指标。因为证券监管部门对分析师误导行为进行认定时存在一个难点，究竟是战略扭曲误导还是分析师本身能力低下？狡猾的分析师往往会把自己误导投资者产生的损失归因于自己的荐股能力不足以及发挥失常。如果我们能够对分析师过去业绩可持续性进行一个综合评价，将会是非常重要的监管证据。

第四章
市场和投资者对证券分析师研究报告信息反应规律研究

截至2012年年末，中国境内股市已成为全球第三大资本市场，仅次于美国和日本。中国股市投资者规模数量全球最大，股票市场开户数约为1.65亿户，其中机构投资者约70万户，个人投资者约1.64亿户，占99.6%。在资本市场迅速发展的同时，我国投资者获得投资信息的渠道和速度也在迅速增加，投资者分析和解读有投资价值信息的能力普遍提升。

分析个人投资者和机构投资者对证券分析师研究报告信息反应规律，这是研究分析师误导行为背后的财富转移效应的重要前提。资本市场和不同类型投资者如何对证券分析师发布的研究报告信息作出反应？已有学者对其做过一些分析，将有关前期研究成果分为两大类：第一类是从资本市场角度研究市场对证券分析师荐股评级修订的反应。Stickel(1995)和Womack(1996)发现了资本市场对分析师调高评级的一个显著的正向反应，他们还发现资本市场对证券分析师的调低评级反应更剧烈。股票价格对分析师评级调整的反应，在横截面上还与券商特征、上市公司特征和分析师特征有关。如Stickel(1995)发现资本市场对那些为大型券商工作或跟踪小盘股的证券分析师发布的研究报告信息反应更加剧烈。Mikhail(1997, 2004)发现更有经验的分析师或曾发布过较高投资价值研究报告的分析师，市场对其发布的研究报告信息反应较大。Lin(1998)发现有利益冲突的证券分析师发布“持有”推荐评级往往会得到负超常回报。Asquith(2005)则发现有利益冲突分析师发布的乐观股票推荐的可信度更低。Malmendier(2007)发现按照有利益冲突分析师的推荐进行投资,年度回报率将低于回报率平均值13%—15%。

总之,以上学者的研究从市场价格和交易量的角度检验了资本市场对评级修订的反应,但并没有研究究竟是中小投资者还是机构投资者的交易与这些市场反应有关。第二类研究则是从不同类型投资者的角度研究其对证券分析师公布研究报告信息的反应。检验不同类型交易者对分析师发布新信息反应的早期研究成果主要集中在证券分析师盈余相关信息的公布上。Lee(1992)发现无论是大投资者还是小投资者都在盈余公告期前后显示出股票交易量的增加;但机构投资者对证券分析师公布盈余信息的反应更大,并且倾向于在好消息时买入股票,坏消息时卖出股票。而Shanthikumar(2004)则发现小投资者无论证券分析师公布的盈余预测消息是好是坏,都会有较高的买入行为。Bhattacharya(2001)发现小投资者的超常交易反应显著和基于前期盈余的无符号分析师盈余预测误差相关,而大交易者的反应则不相关。Bhattacharya(2001)发现小投资者的盈余期望与更精确的证券分析师盈余预测无关。Battalio(2005)则发现小交易者的净买入行为和有符号的分析师盈余预测误差有关。总之,这些研究表明小投资者在理解分析师盈余相关信息披露的同时显得缺乏经验。但以上研究均没有发现小投资者由于缺乏投资经验而带来的负面投资后果。本节主要解决三个问题,分析师荐股评级的市场影响力是如何决定的?不同类型的投资者对分析师研究报告的信任度差异和交易反应差异?投资者察觉到分析师研究成果背后的利益冲突(表现为向上扭曲)了吗?

第一节　分析师荐股评级的市场影响力及其决定因素研究

Stickel(1995)发现明星分析师的评级变动具有更大的市场价格影响力。Fang和Yasuda(2008)则发现明星分析师的评级变动获利潜力更高。Irvine(2004)的研究发现市场对分析师的首次评级反应要普遍高于其他类型的评级，Jegadeesh(2004)发现证券分析师和盈余预测公告相关的推荐评级变动择时效应对其市场反应效力有较大影响。Asquith，Mikhail 和 Au(2005)则提供证据显示证券分析师推荐评级变动的影响力往往跟证券分析师研究报告的内容有关。Chen，Francis 和 Schipper(2005)发现平均的分析师荐股评级或者盈余预测产的价格影响和无分析师信息公布日期的价格影响并无差异。Altinkilic 和 Hansen(2009)发现分析师平均推荐评级修订并没有产生经济意义的市场反应。因此他们得出结论，分析师的荐股评级是无信息含量的。Frankel，Kothari 和 Weber(2006)则检验了是否公司特征会对盈余预测修订的市场影响力产生作用，但他们并没有考虑分析师个人特征和推荐评级样本。尽管前期文献发现显著的市场超额收益与推荐评级变动有关，但和荐股评级变化有关的估计量往往太小而不足以认为其是一个显著的超额收益值。这也就意味着，尽管分析师可能发布荐股评级变动，但对于关注某家上市公司的投资者可能无法区分是该评级变动的影响还是市场噪音的影响，在中国资本市场，证券分析师的荐股评级变化究竟是否引发了市场反应？什么情况下分析师的荐股评级变动会带来显著的市场价格影响？如果有反应，市场反应存在何种规律？为何分析师的荐股评级变动会有这种市场影响？

一、数据样本和研究方案

现有的对分析师荐股评级的市场反应进行研究的文献无法直接回答我们提出的问题，我们集中研究大样本下的平均效果，并且调查是否具备某种特征的分析师荐股评级变动会带来较大的平均超常收益率。我们的方法与前期研究最大的不同是我们并不聚焦平均效果，绝大多数的研究人员发现的是特定样本分析师荐股评级的显著效果，甚至还有学者发现的是非显著效果，我们的研究并不是关于平均效果，而是单个分析师的荐股评级是否具备影响力。由于前期研究成果多聚焦平均效果，他们并没有关心或者讨论样本子集中有影响力的那部分样本效果。尽管有可能大部分的证券分析师荐股评级样本缺乏市场影响力，信息含量很低，但我们认为还是有部分分析师能够发布具备影响市场价格的荐股评级来为金融市场增加价值。

分析师研究数据来自于国泰安证券分析师预测数据库，样本时间取值范围从 2000 年 1 月至 2012 年 12 月，证券交易数据则来自于国泰安市场交易数据库，样本时间的取值范围从 2000 年 1 月至 2013 年 12 月。如果分析师的荐股评级信息对股票价格有立竿见影的影响，那么荐股评级信息中一定披露了公司的有关信息。为了确定该信息是否是由分析师产生的实质重要信息，而不是公司相关新闻造成的影响，必须对分析师样本进行初步的筛选。Altinkilic and Hansen(2009)曾认为如果剔除了其他有关公司新闻的影响，分析师荐股评级变动并没有实质性影响，Malmendier 和 Shanthikumar(2007)以及 Loh(2010)发现 12%左右的荐股评级发生在季度盈余公告日前后三日内。由于一年大约有 250 个交易日，因此有相当比例的分析师荐股评级将会在上市公司盈余公告日附近发布。如果不剔除这些多余的分析师样本，就很难区分股票价格的影响究竟是来自公司信息还是证券分析师的信息。

我们采用了一个两日事件窗口来计算日度累计超额收益率，反映分析师推荐评级变动的市场反应。为了计算分析师荐股评级变动对应的两日累计买入并持有超额收益率(CAR)，定义 CAR 如以下公式：

$$CAR_i = \prod_{t=0}^{1}(1+R_{it}) - \prod_{t=0}^{1}(1+R_{it}^{DGTW}) \tag{4.1}$$

公式(4.1)中，R_{it}是股票第 t 日的原始收益率，R_{it}^{DGTW}是和该股票具备类似相同规模、账面市值比和动量特征值基准组合的收益率。第 0 日是荐股评级日，如果是非交易日，则顺延至第一个交易日。

表 4.1 显示的是 2000 年 1 月至 2012 年 12 月国泰安数据库中证券分析师荐股评级变动样本的描述性统计计量。样本总共包含了 106729 条荐股评级变动样本，表 4.1 显示的是评级变动过渡概率。从表 4.1 不难发现证券分析师的荐股评级绝大部分保持乐观，卖出和减持评级仅仅占到总样本的一个较小比例。为了直观观察评级变动的分布情况，我们将表 4.1 的内容绘制成直方图，如图 4.1 所示。从图中不难发现“买入”评级、“增持”评级的维持比例较高，都超过 92%，“中性”评级的维持概率较

低为 74%，由“减持”评级调高到“增持”评级概率为 36.15%，由“减持”调高到“中性”评级概率为 46.92%。

表 4.1　荐股评级变动的描述性统计量——评级变动概率的过渡矩阵

前期评级	当前评级 1 买入	2 增持	3 中性	4 减持	5 卖出	全部
买入 1	36583	2077	905	2	41	39608
	92.36%	5.24%	2.28%	0.01%	0.10%	100.00%
增持 2	2397	52130	1775	14	21	56337
	4.25%	92.53%	3.15%	0.02%	0.04%	100.00%
中性 3	839	1731	7637	31	54	10292
	8.15%	16.82%	74.20%	0.30%	0.52%	100.00%
减持 4	3	16	47	61	3	130
	12.31%	36.15%	46.92%	2.31%	100.00%	12.31%
卖出 5	34	20	62	0	246	362
全　部	39856	55974	10426	108	365	106729

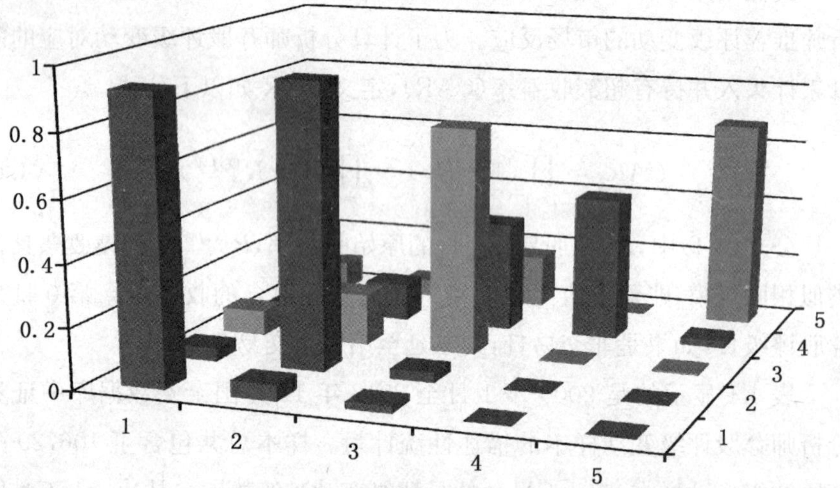

图 4.1　分析师荐股评级变动的过度概率

注：在图 4.1 中，1 表示“买入”评级、2 表示“增持”评级、3 表示“中性”评级、4 表示“减持”评级、5 表示“卖出”评级。

表 4.2 显示的是分析师推荐评级变动的分类统计，不难发现，分析师大部分的评级变动都是维持不变，样本总数量达到 96657 个，占比达到

90.56%，其次变动值为－1和＋1的样本分别为4175个和3886个，占比分别达到了3.91%和3.64%。

表4.2　分析师推荐评级变动种类

评级变动	频　率	比　例
－4	34	0.03%
－3	23	0.02%
－2	917	0.86%
－1	4175	3.91%
0	96657	90.56%
＋1	3886	3.64%
＋2	973	0.91%
＋3	23	0.02%
＋4	41	0.04%

二、公司信息事件和有影响力的观测对平均累计超常收益率的影响

表4.3显示的是分析师推荐评级变动子样本变动值从－4到＋4的分布统计量。这些描述性统计量显示了累计超常收益率CAR的关键特征，那就是其分布并不服从正态分布，包含公司特定新闻的推荐评级和极端值对均值有着非常大的影响。在表4.3中，低于三位不同的分析师给出评级的样本被直接剔除。每个面板展示的是不同的评级变动样本群在(0，1)两日持有期内买入并持有的超常收益率CAR。日度超额收益率是用原始收益率减去三因子匹配投资组合收益率得到。同时计算不同分组中样本的均值、众数、以百分比表示的CAR＋值，Skew表示偏度值，Kurt表示峰度值，KS检验是指Kolmogorov-Smirnov D统计量检验。在表4.3中，除了全样本之外，我们按照以下4条标准对分析师样本进行了筛选：没有盈余公告日期是指样本中剔除了发生在公司公布季报的盈余公告日前后三天窗口期内的样本。无管理层盈余预测日期是指剔除了上市公司管理层盈余预测日期前后三日内的样本。没有多个推荐日期是指剔除了当日有多位分析师推荐该公司股票的日期。剔除双尾5%样本是指剔除了极端值各5%的样本。以评级变化值为1

为例，其累计超常收益率为－0.00849，众数值为－0.01796，在剔除盈余公告日期后，均值变为－0.00552，剔除盈余公告、管理层预测日期后的累计超常收益率为－0.00538，出现了微弱降低。在剔除盈余公告、管理层预测、多个推荐日期后，累计超常收益率进一步降低为－0.00242。百分比 CAR＋指标则变化不大，样本 Skew 偏度指标则从 0.515 变大为 0.9125，最高达到 2.119，在 4 的基础上剔除掉双尾 5％样本后，偏度指标降低至 0.0908。

从样本分布量最大的评级不变样本看，其累计超常收益率为 0.00230，不存在众数值。在剔除盈余公告日期后，均值变为 0.0047，剔除盈余公告、管理层预测日期后并没有对累计超常收益率产生任何影响，其均值依然为 0.0047。在剔除掉盈余公告、管理层预测、多个推荐日期样本后，CAR 值降低为 0.00387，再剔除双尾 5％样本后，继续降低为 0.00335。不难发现，随着部分面板中评级变动样本筛选范围的缩小，其 CAR 也随之缩小，这意味着分析师荐股评级信息中的市场反应 CAR 产生的原因不能全部归功于分析师荐股信息，还有部分原因是由于上市公司信息发布引起的价格波动。

三、 有市场影响力和无市场影响力的分析师荐股评级变动分组

在本节，我们首先对证券分析师荐股评级变动样本进行分组，分为有影响力组和无影响力组，并且对这两组进行比较。我们采用两种不同的市场影响力定义。第一种定义是基于被推荐公司股票超常收益。如果 CAR 和推荐评级的变动方向是一致的，并且使用市场模型在统计上是显著的，则被定义为有影响力样本，否则为无影响力样本。特别地，我们还检查 CAR 是否和推荐评级的变化方向一致并且 CAR 绝对值是否超过了 $1.96\times\sqrt{2}\times\delta_\varepsilon$。由于本节采用的 CAR 是一个两日区间[－1, 0]的超常收益率，因此乘以$\sqrt{2}$。δ_ε 是残差标准差，是用前三个月(－63, －3)的上市公司股票收益率对日度的市场收益率和 Fama-French 的 SMB 和 HML 因子进行回归后得到的残差项标准差。

表 4.3　不同筛选标准对推荐评级事件期百分比 CAR 的影响

筛选过的样本	均　值	众数	%CAR+	Skew	Kurt	KS test	百分位数					观测值
							99%	75%	中位数	25%	1%	
荐股评级变动＝4												
1）全样本	−0.01339	—	0.3939	−1.801	5.431	0.183	0.049	0.008	−0.009	−0.025	−0.174	33
2）没有盈余公告日期	−0.01736	—	0.27777	−2.161	7.797	0.231	0.049	0.0017	−0.0131	−0.025	−0.174	18
3）没有盈余公告、管理层预测日期	−0.0152	—	0.29411	−2.353	8.661	0.268	0.049	0.0017	−0.0123	−0.0228	−0.174	17
4）没有盈余公告、管理层预测、多个推荐日期	−0.0099	—	0.25	1.637	4.074	0.205	0.0469	−0.00176	−0.0123	−0.0241	−0.0363	12
5）从第 4 中删除双尾 5%样本	—	—	—	—	—	—	—	—	—	—	—	—
荐股评级变动＝3												
1）全样本	−0.00788	—	0.4211	−1.1407	2.0763	0.2619	0.09001	0.0409	−0.00383	−0.0126	−0.1950	19
2）没有盈余公告日期	−0.0149	—	0.4545	−1.0802	1.2548	0.2385	0.09001	0.0574	−0.00383	−0.0593	−0.1950	11
3）没有盈余公告、管理层预测日期	−0.01714	—	0.3636	−0.9656	0.8085	0.2211	0.09001	0.0574	−0.0069	−0.0593	−0.1950	10
4）没有盈余公告、管理层预测、多个推荐日期	−0.0371	—	0.4000	−1.2744	1.7230	0.2327	0.0597	0.0130	−0.0038	−0.05930	−0.1950	5
5）从第 4 中删除双尾 5%样本	—	—	—	—	—	—	—	—	—	—	—	—

（续表）

筛选过的样本	均　值	众数	%CAR+	Skew	Kurt	KS test	百分位数					观测值
							99%	75%	中位数	25%	1%	
荐股评级变动=2												
1）全样本	−0.0106	−0.0102	0.3819	−0.3881	2.1248	0.0640	0.1003	0.0114	−0.0090	−0.03199	−0.1476	597
2）没有盈余公告日期	−0.0093	−0.0102	0.4163	−0.6207	2.4488	0.0877	0.0907	0.0112	−0.0066	−0.0299	−0.1583	245
3）没有盈余公告、管理层预测日期	−0.0096	−0.0102	0.4127	−0.6508	2.5014	0.0906	0.0907	0.0112	−0.0067	−0.0304	−0.1583	235
4）没有盈余公告、管理层预测、多个推荐日期	−0.0039	—	0.4382	0.3101	2.1165	0.0929	0.0907	0.0112	−0.00556	−0.0244	−0.1053	178
5）从第 4 中删除双尾 5%样本	−0.0050	—	0.4277	0.2352	−0.1656	0.0406	0.0523	0.0101	−0.0057	−0.0222	−0.0498	159
荐股评级变动=1												
1）全样本	−0.00849	−0.01796	0.4014	0.5150	9.1688	0.0747	0.1169	0.0150	−0.0074	−0.0315	−0.1616	2165
2）没有盈余公告日期	−0.00552	−0.01024	0.4412	0.9125	11.3756	0.0987	0.1413	0.01942	−0.00488	−0.0276	−0.16926	911
3）没有盈余公告、管理层预测日期	−0.00538	−0.01024	0.4415	0.9397	11.9985	0.1041	0.15878	0.01907	−0.0048	−0.02627	−0.1715	872
4）没有盈余公告、管理层预测、多个推荐日期	−0.00242	—	0.4495	2.1190	23.0825	0.0989	0.1101	0.0185	−0.0033	−0.0239	−0.1400	654
5）从第 4 中删除双尾 5%样本	−0.00304	—	0.4429	0.0908	−0.3695	0.01969	0.05965	0.0149	−0.0034	−0.0217	−0.0606	587

（续表）

筛选过的样本	均　值	众数	%CAR＋	Skew	Kurt	KS test	百分位数					观测值
							99%	75%	中位数	25%	1%	
荐股评级变动＝0												
1）全样本	0.00230	−0.00181	0.5121	−0.1591	14.0136	0.0699	0.1204	0.0226	0.0010	−0.0190	−0.1061	44190
2）没有盈余公告日期	0.0047	−0.00181	0.5337	−0.1135	17.234	0.0863	0.1428	0.0245	0.0023	−0.0168	−0.1198	20043
3）没有盈余公告、管理层预测日期	0.00470	−0.00181	0.5334	−0.1246	18.1123	0.08857	0.1430	0.0243	0.00231	−0.0165	−0.1247	19051
4）没有盈余公告、管理层预测、多个推荐日期	0.00387	—	0.5242	−0.8301	36.6422	0.0731	0.1162	0.0225	0.00169	−0.0163	−0.0924	12527
5）从第4中删除双尾5%样本	0.00335	—	0.5269	0.2447	−0.3942	0.0293	0.0619	0.0198	0.0017	−0.0141	−0.0467	11274
荐股评级变动＝−1												
1）全样本	0.01097	−0.0572	0.5770	−10.6201	330.3578	0.1162	0.1572	0.0345	0.0065	−0.0146	−0.0961	2402
2）没有盈余公告日期	0.01464	−0.05719	0.6000	−11.3151	303.6078	0.1483	0.1766	0.0381	0.0090	−0.0119	−0.1121	1479
3）没有盈余公告、管理层预测日期	0.01437	−0.05719	0.5985	−11.3115	299.3715	0.1505	0.1766	0.0377	0.0087	−0.0121	−0.1121	1420
4）没有盈余公告、管理层预测、多个推荐日期	0.010512	—	0.5778	−16.0131	417.4156	0.1864	0.1348	0.0322	0.0061	−0.0121	−0.0788	1028
5）从第4中删除双尾5%样本	0.0103	—	0.5859	0.5408	−0.2868	0.0666	0.0809	0.0277	0.0061	−0.0104	−0.0403	925

（续表）

筛选过的样本	均　值	众数	%CAR+	Skew	Kurt	KS test	百分位数					观测值
							99%	75%	中位数	25%	1%	
荐股评级变动=−2												
1）全样本	0.00625	−0.01024	0.5610	0.1530	3.6336	0.0696	0.1388	0.0269	0.0045	−0.0154	−0.0971	631
2）没有盈余公告日期	0.00912	−0.01024		0.3502	4.2192	0.0863	0.1563	0.0289	0.0064	−0.0118	−0.0957	397
3）没有盈余公告、管理层预测日期	0.00897	−0.01024	0.5896	0.2944	4.3297	0.0862	0.1563	0.0289	0.0064	−0.0108	−0.0957	385
4）没有盈余公告、管理层预测、多个推荐日期	0.00531	—	0.5567	0.1492	2.5123	0.0623	0.0968	0.0239	0.0031	−0.0137	−0.0891	300
5）从第 4 中删除双尾 5%样本	0.00506	—	0.5613	0.2250	−0.4414	0.0421	0.0591	0.0204	0.0031	−0.0109	−0.0439	269
荐股评级变动=−3												
1）全样本	0.00328	—	0.3888	1.2483	1.4435	0.1982	0.1206	0.0154	−0.0122	−0.0282	−0.0714	18
2）没有盈余公告日期	0.00831	—	0.3846	0.9414	0.2684	0.2262	0.1206	0.0372	−0.0082	−0.0282	−0.0714	13
3）没有盈余公告、管理层预测日期	0.00831	—	0.3846	0.9414	0.2684	0.2262	0.1206	0.0372	−0.0082	−0.0282	−0.0714	13
4）没有盈余公告、管理层预测、多个推荐日期	0.00245	—	0.4002	0.7860	0.7037	0.1835	0.1055	0.0372	−0.0122	−0.0282	−0.0714	10
5）从第 4 中删除双尾 5%样本	−0.00121	—	0.375	0.7290	−1.1513	0.2134	0.0490	0.0263	−0.0122	−0.0270	−0.0329	8

（续表）

筛选过的样本	均　值	众数	%CAR+	Skew	Kurt	KS test	百分位数					观测值
							99%	75%	中位数	25%	1%	
荐股评级变动＝－4												
1）全样本	－0.00497	—	0.401	0.5610	1.2147	0.1237	0.0829	0.0115	－0.0032	－0.0244	－0.0682	30
2）没有盈余公告日期	－0.01104	—	0.666	0.3768	0.3843	0.1228	0.0574	0.0065	－0.0117	－0.0336	－0.0682	18
3）没有盈余公告、管理层预测日期	－0.00971	—	0.3529	0.2698	0.3577	0.1325	0.05740	0.0065	－0.0064	－0.0334	－0.0682	17
4）没有盈余公告、管理层预测、多个推荐日期	－0.01347	—	0.3571	－0.2036	－0.2377	0.1670	0.04019	0.0065	－0.0054	－0.0344	－0.0682	14
5）从第 4 中删除双尾 5%样本	－0.01565		0.2727	－0.4160	－1.1970	0.2133	0.01055	0.0035	－0.0064	－0.0344	－0.0533	11

第二种方法是基于超常交易量增加量在统计上来判断是否有影响力。参考该方法，如果一个推荐评级变化被认为是有影响力的，是因为它能够诱导投资者进行交易。参考 Llorente 等(2002)的方法，定义超常交易量指标 $abturn = \log Turnover - \overline{\log Turnover}$，这里 $\overline{\log Turnover}$ 是过去三个月平均日度交易量对数值。如果我们检查累计的 $abturn$ 大于 $1.96 \times \sqrt{2} \times \delta_{abturn}$，则认为其是有影响力的，否则认为无影响力，这里 δ_{abturn} 是股票成交量在过去三个月内的标准差。

四、有市场影响力荐股评级变动的分析师特征

通过检查有市场影响力的荐股评级变动特征值，可以对荐股评级变动进行考察，本节从分析师特征、公司特征和荐股评级特征等三个层面进行考察。首先从分析师特征层面进行分析，主要检验这些特征变量和有市场影响力可能性荐股评级之间的关系。分析师特征值主要有以下几种类型：

(1) 盈余预测精度。Loh 和 Mian(2006)发现盈余预测精度越高的分析师发布的荐股评级的获利潜力越大。很有可能盈余预测精度越高的证券分析师推荐评级的市场影响力就会越大。预测精度的计算，主要通过使用分析师盈余预测值减去实际盈余值的绝对值五分位数排序进行，每个公司至少有五位分析师跟踪，和 Loh 及 Mian(2006)的研究方法类似，盈余预测精度的排序被分配给证券分析师对应的财年十二个月窗口期内发布的推荐评级，考虑到我国上市公司盈余公告日期最晚为 4 月底，该窗口的计算是从上一年 4 月底至下一年 4 月底，这样盈余预测精度排序指标在该财年实际盈余公告发布时仍然被采用。从公司年度角度对分析师的盈余预测能力进行评价，我们对某年某家上市公司作出盈余预测的所有分析师按照预测相对精度进行排序。为了在同一预测区间评估分析师，借鉴了 Hong 和 Kubik(2003)的研究方法，参考 Hong 和 Kubik(2003)的经验，定义绝对预测误差 AFE 如下式：

$$AFE_{ijy} = | Actual_{ijy} - Forecast_{ijy} | \tag{4.2}$$

这里 AFE_{ijy} 代表分析师 i 对公司 j 在 y 财务年度的盈余预测误差。

无论分析师是过于乐观还是过于悲观，都会产生较大的 AFE_{ijy} 值。由于是在同一公司—年度内进行排序，因此公式(4.2)并没有标准化。对于每个公司—年度，分析师将按照 AFE_{ijy} 值升序排序，并给予不同的排名 $rank$，AFE_{ijy} 相同的分析师则给予同一排名。为了计算五分位分组，需先计算百分位数，参见公式(4.3)将排名减去 0.25 后再除以排名最大值，减去 0.25 的目的是为了平衡四分位组极大值和极小值的数量。计算出的百分位数按照数值区间[0, 0.2]，(0.2, 0.4]，(0.4, 0.6]，(0.6, 0.8]，(0.8, 1]分成五组。为了确保每个预测精度五分位组中至少有一位分析师，我们在数据处理中仅保留了至少存在五个不同 AFE 值的公司年度样本。这同时也保证了每个预测精度分组中都有分析师对相同公司给出股票推荐评级。

$$\text{排名百分数} = \frac{rank - 0.25}{rank\ \text{最大值}} \tag{4.3}$$

(2) 偏离平均值的距离。Jegadeesh 和 Kim(2010)对分析师羊群行为作了一个检验，发现如果分析师存在羊群行为，那么距离平均值近的荐股评级市场影响力越小，距离平均值远的荐股评级市场影响力越大。因此，我们认为新荐股评级偏离平均值的绝对偏差距离比前一个荐股评级偏离平均值的绝对偏差距离更大，该荐股评级则被认为是偏离平均值的，该哑变量取值为 1，否则为 0。分析师荐股评级的平均值是指跟踪同一家公司的所有最近的非陈旧分析师荐股评级的平均值，我们用一年内每条分析师新荐股评级推出之前所有其他跟踪该股票分析师的荐股评级平均值。

(3) 明星分析师。如果分析师曾经被评选为《新财富》杂志的明星分析师，该指标为 1，否则为 0。明星分析师指标代表着证券分析师的职业声誉和资本市场的注意力。被评选上明星的分析师往往具备更大的市场价格影响力，他们发布的荐股评级报告更容易引起投资者和基金经理关注，从而导致股票价格的波动。

(4) 证券分析师研究经验。Mikhail，Walther 和 Willis(1997)发现证券分析师随着研究经验的增加会改善其盈余预测的精度。因此，分析师的研究经验有可能与分析师荐股评级的市场影响力有关。分析师的研究经验我们采用该分析师第一次发布该公司的盈余预测或者荐股评级至最新的季度数目表示。经验分为两种，绝对经验和相对经验，绝对经验是指该分析师在国泰安（CSMAR）证券分析师数据库中出现季度的次数。相对经验是指该分析师跟踪该公司的季度数目减去跟踪该公司的所有分析师研究经验的平均值。

（5）同步分析师盈余预测。Kecskes，Michaely 和 Womack（2009）发现分析师的荐股评级如果伴随着盈余预测修订一起发布，会有更高的获利潜力，并且具备更大的市场价格影响力。因此增加一个同步盈余预测指标，如果该荐股评级变动前后三日窗口期存在内分析师对该股票的盈余预测值，则取值为 1，否则为 0。

我们计算了不同评级变动分组分析师样本的分析师特征变量的平均值。表 4.4 显示的就是这些变量的平均值。在表 4.4 中，有影响力推荐评级与无影响力推荐评级样本进行了比较。有影响力的定义采取了两种方式：一是基于公司的超常收益；二是基于公司的超常交易量。例如对于收益而言，如果一个公司推荐评级在其[0，1]事件期内的超常累计收益率 CAR 比公司前三个月的日度收益波动率高出 1.96 倍标准差，那么该分析师的推荐评级是有影响力的，否则是无影响力的。在两种影响力定义下，我们对分析师样本进行了分组。表 4.4 左边组为基于公司超常收益的影响力分组，右边组为基于公司超常交易量的影响力分组。面板 A 报导的是分析师和推荐评级的平均特征值。从推荐样本数量上看，两种分组方式对有影响力和无影响力样本的分布造成了影响。基于公司超常收益的影响力分组，有影响力样本数为 23672，无影响力样本数为 3948，两者比例约为 6∶1。基于公司超常交易量的影响力分组下，有影响力样本数为 26471，无影响力样本数为 1149，两者比例约为 23∶1。预测精度五分位数是基于分析师的最新盈余预测的五分位排序，精度越高，排序值越小。从预测精度五分位数指标的绝对值看，有影响力的分析师预测精度五分位数平均值为 2.769。对应的无影响力推荐评级分组的平均值为 2.801。基于公司超常收益的影响力分组要略低于基于公司超常交易量

表 4.4　基于影响力、分析师特征、公司特征、公司环境变化交叉控制分组荐股评级特征样本比较

特　　征	基于公司超常收益的影响力分组				基于公司超常交易量的影响力分组			
			差　　异				差　　异	
	无影响	有影响	有影响—无影响	t-统计量	无影响	有影响	有影响—无影响	t-统计量
面板 A　分析师和推荐评级特征								
推荐样本数量	23672	3948			26471	1149		
预测精度五分位数	2.80149	2.76992	−0.0316	−1.17	2.99129	2.99126	−0.00003	−0.01
偏离一致性预测	0.22646	0.21062	−0.0158	−1.97**	0.19756	0.19752	−0.00004	−0.01
明星分析师	0.37627	0.37621	−0.00006	−0.01	0.40644	0.37413	−0.0323	−2.22**
绝对分析师经验	3.53972	3.51361	−0.0261	−0.62	3.58398	3.54165	−0.0423	−0.66
相对分析师经验	1.75868	1.75371	−0.00497	−0.12	1.83403	1.76342	−0.0706	−1.13
同期盈余预测	0.29555	0.29844	0.00289	0.32	0.32551	0.27828	−0.0472	−3.50***
面板 B　推荐之前的公司特征								
B/M 比值	0.6577	0.6363	−0.0213	−4.14***	0.6525	0.6450	−0.00751	−0.95
公司规模	40999766	19323548	−21676218	− 7.15***	38697125	40009769	1312644	0.26
特质波动	0.0223	0.0194	−0.00291	−10.00***	0.0215	0.0185	−0.00297	−7.36***
总波动率	0.0256	0.0213	−0.0043	−9.47***	0.0248	0.0214	−0.0034	−3.56***
日度换手率×100	2.87	2.98	0.11	3.56***	2.94	3.17	0.23	2.44**
分析师年度盈余预测数量	114.3	107.2	−7.1048	−4.73***	114.4	108.2	−6.2638	−1.18

注：* 代表统计显著性水平为 0.1，** 代表统计显著性水平为 0.05，*** 代表统计显著性水平为 0.01。

的影响力分组，但前者的有影响组减去无影响组差异达到了－0.0316，其绝对值远高于后者的－0.00003。从偏离一致性预测指标看，有影响力推荐评级变动是偏离一致性推荐的，而只有21.06％的无影响力推荐变动偏离了一致性推荐值。基于公司超常收益的影响力分组要略高于基于公司超常交易量的影响力分组，前者的差异达到了－0.0158，绝对值高于后者的－0.00004。从明星分析师指标看，在有影响力推荐评级变动中，明星分析师占比37.621％，在无影响力推荐评级变动中，明星分析师占比37.627％。基于公司超常收益的影响力分组内的有影响组无影响组差异非常小，仅为－0.00006。而基于公司超常交易量的影响力分组中无影响组均值偏高，达到0.40644，导致该组有影响组无影响组差异绝对值较大，为－0.0323。从绝对分析师经验、相对分析师经验、同期盈余预测指标的统计结果分析，基于公司超常交易量的影响力分组组间差异全部都高于基于公司超常收益的影响力分组，结果显示两种分组下有影响力推荐评级并未伴随着更高的绝对和相对分析师经验。有影响力评级变动样本比无影响力样本在评级变动时具备更高比例的同期盈余预测。

面板B比较的是公司特征值，包含的指标有B/M比值、公司规模、特质波动、总波动率、换手率等指标。从公司特征上看，两种分组的B/M比值差异并不大，组间差异也相近。但从公司规模上看，基于超常收益的分组，有影响力组的平均规模偏小，仅为19323548，低于无影响力组均值40999766，造成有影响无影响组间差异为－21676218。这也符合我们的常识判断，分析师对小盘股收益率的影响往往高于对大盘股的影响。如果按超常收益率指标进行分组，有大部分小盘股将被划入有影响力组。如果按照超常成交量进行分组，则应该不会产生这种现象。表4.4的统计结果也支持了我们的观点，有影响无影响力组间差异绝对值大大缩小为1312644。从特质波动、总波动率、日度换手率和分析师年度盈余预测数量看，两种分类方法之间的差异并不大。

为了评价这些变量之间的精确关系和分析师作出有影响力推荐的概率，我们使用Probit模型进行估计，该模型既可以估计每个变量贡献影响也能估计其经济显著性。通过对分析师和公司的标准差双聚类，得到

表 4.5　预测证券分析师推荐评级的影响效果

解释变量	基于公司超额收益的影响力分组		基于公司超额成交量的影响力分组	
	系　数	*t* 值	系　数	*t* 值
荐股评级	−0.01252	−3.39***	0.00034	0.23
荐股评级变化的绝对值	0.00038	2.09**	0.00095	0.58
评级调高哑变量	0.06128	5.42***	0.02004	4.73***
分析师监管法规哑变量	−0.01508	−2.43**	0.00998	4.24***
过去预测精度五分位数	−0.00334	−1.76*	0.00052	0.74
偏离一致性推荐	−0.01255	−1.96**	0.00035	0.14
明星分析师	−0.00291	−0.52	0.00512	2.45**
绝对分析师经验值	−0.00807	−0.66	0.00581	1.27
相对分析师经验值	0.00992	0.79	−0.00576	−1.23
同步盈余预测	−0.00548	−0.94	−0.00134	−0.60
B/M 账面市值比	−0.01733	−1.69*	−0.02656	−21.93***
LOG(Size)	−0.03453	−10.81***	0.03931	39.94***
交易量对数值	0.02592	9.95***	0.01557	4.09***
特质波动率	−2.34707	−11.93***	−0.61731	−8.86***
分析师年度盈余预测数量	−0.00008	−1.87*	−0.00007	−4.23***
R 方	0.0192		0.0490	

注：* 代表统计显著性水平为 0.1，** 代表统计显著性水平为 0.05，*** 代表统计显著性水平为 0.01。

表 4.5。在表 4.5 中，确定回归方程因变量为分析师的荐股评级是否有影响力，如果有影响力，因变量取值为 1，如果没有，因变量取值为 0。按照上述两种方式定义分析师推荐评级的影响力。荐股评级是指在推荐评级变动后的评级数。还包括荐股评级变化的绝对值、评级调高哑变量、分析师监管法规哑变量，2011 年 1 月 1 日后为 1，否则为 0。过去盈余预测精度五分位数，是指分析师盈余预测精度排名，预测精度越高，排名越小，再划分为五分位数组。偏离一致性预测变量是指如果新的分析师推荐偏离一致性推荐的绝对偏差要高于上一个分析师推荐偏离一致性推荐的绝对偏差，那么该值取 1，否则取 0；明星分析师变量当分析师被评选为《新财富》最佳分析师时，该值取 1，否则取 0；绝对分析师经验是指分析师跟踪

该股票的年份数，相对分析师经验是指该年分数减去其他分析师跟踪该股票的平均年份。同期盈余预测是指分析师在荐股评级发布期前后三日窗口期，同一位分析师还发布了盈余预测，该值为1，否则为0。成交量、特质波动率都是基于分析师荐股评级前三个月的平均值计算得到。分析师年度盈余预测数量是指前三个月跟踪某家公司的所有分析师发布的盈余预测总数。

表4.5中的预测证券分析师推荐评级变动的影响效果Probit模型估计值显示如果是曾经发布过有影响力荐股评级的分析师，其推荐评级的变动是显著有影响力的。特别地，如果分析师的荐股评级调整为"调高"，其正面市场影响力会非常大，会对公司的超额收益产生显著正面影响。相比其他调整，对公司超额收益的影响系数达到了0.06128。同时也会对公司超额交易量产生正面影响，回归系数达到了0.02004。分析师"调高"评级的市场影响力在这里得到证明，因为相对其他评级，分析师发布"调高"评级具有独特的优势，可以获得更高的超额市场收益率和超额市场成交量，这可能是大部分分析师青睐发布"调高"评级的原因。为了研究监管法规颁布对影响力概率的影响，样本中对针对分析师监管的法规颁布前后两个时期进行了分析，增加的监管法规要么通过限制有用的信息渠道增加了分析师发布有影响力荐股评级的能力，要么通过减轻利益冲突增加了有影响力推荐评级的可能性。由于分析师在监管法规实施后，从上市公司管理层处获得信息的渠道被削弱，如果这种私有信息渠道是有影响力荐股评级的主要来源之一，我们期望在法规实施后，有影响力的荐股评级数量会降低。Probit模型回归结果显示，分析师监管法规哑变量的系数为负。可以得出结论，监管法规实施后对分析师的超额收益率影响为负面的，我国2011年初实施的分析师监管法规降低了证券分析师推荐评级对公司超额收益率的影响，但分析师荐股评级对公司超常交易量的影响可能性会增大。还有一些其他变量有较显著的经济效应。由于系数为负值，分析师过去预测精度越高(其值越小)，对分析师荐股评级的市场超额收益率负面影响越小，分析师荐股评级的超额收益率影响力也就越高。这也间接证明了分析师盈余预测精度越高，荐股评级的投资价值

越高。同理，分析师的前期预测精度与公司超常收益量系数为正，但由于分析师过去预测精度越高（其值越小），影响力反而越小。从偏离一致性推荐指标看，如果分析师的推荐偏离了跟踪该股票的其他分析师的均值，该分析师为明星分析师，以及分析师的绝对研究经验越高（用跟踪该股票的年限来表示），那么分析师荐股评级对公司超额收益率的影响会下降，但对公司超额成交量的影响会上升。明星分析师、同步盈余预测、分析师经验等分析师特征并没有看上去那样提供很多预测能力来判断有影响力的荐股评级。我们还发现一些分析师特征变量在预测荐股评级影响力方面非常重要。影响力的第二个分组提供了证据，由于技能相关变量和影响力可能性强烈相关，我们相信是分析师的能力而不是市场机会导致分析师推荐评级影响力的产生。

五、有市场影响力荐股评级变动的公司特征

表 4.4 中的面板 B 展示的是分析师荐股评级的公司特征，在有影响力和无影响力样本群体之间的差异。特定的公司特征能够创造条件使得分析师更容易作出显著市场影响力的荐股评级。例如，当公司的价值更依赖其成长性而难以估值时，投资者可能更依赖专业人士的投资估值判断，证券分析师的荐股评级可能具备更高的市场影响力。我们发现有影响力的荐股评级倾向于针对那些 B/M 比值较低的公司和成长性公司。并且有影响力的荐股评级子样本往往具备小盘股、更低的总波动率、更低的异质波动率、更高的成交量和更低水平的分析师预测数量。这些都表明分析师在小范围人群内宣传时能够轻易地影响投资者关于某个公司的看法和估值。机构投资者是分析师研究报告的主要消费者，所以对于分析师而言，他们更倾向于对那些机构重仓持有的股票发布影响力较大的荐股评级。表 4.5 中的 Probit 回归分析提供了补充证据，那些更容易受到有影响力荐股评级的公司往往是成长型公司、小盘股公司、低异质波动率公司、低分析师前期预测数量。一些公司变量对荐股评级是否具备影响力的概率具有较大的影响。这些结果意味着当围绕着公司的信息环境是不确定时，分析师自身能力能够解释这种影响力。在使用公司超额交易量指标作为影响力判断因素时，我们得到了类似的结果。

研究小结

证券分析师的荐股评级有时会伴随着非常高的超额收益，这种变化往往也会引起媒体的关注。这种对市场价格影响力巨大的荐股评级的确与传统分析师荐股评级存在不同。已有文献主要关注的是分析师荐股评级变动的平均股票价格反应，本节主要关注那些在公司层面上能够发现分析师荐股评级的市场影响，并称之为有市场影响力的分析师荐股评级。通过实证研究，发现一些分析师荐股评级导致了市场投资者对于该公司的看法和估值的剧烈变动，产生了大量超额收益率和超额成交量。本节研究了这种荐股评级的发生频率和发生条件，这种有巨大市场影响力的荐股评级何时会发生，有影响力荐股评级前后公司的信息环境是如何发生变化的。本节使用两种关于市场影响力的定义，确保了投资者能够注意到该市场影响力。我们发现大约14.28％的样本具备超额收益市场影响力。除此之外，还发现有影响力的推荐更可能来自更高的盈余预测精度分析师。监管法规实施后对分析师的超额收益率影响为负面的。相对其他评级，分析师发布“调高”评级具有独特的优势，可以获得更高的超额市场收益率和超额市场成交量，具有较高的市场影响力。具备一个有影响力的荐股评级变动也会提高荐股评级影响力的可能性，明星分析师、同步盈余预测、分析师经验等分析师特征并没有看上去那样能提供很多预测能力来判断荐股评级的有影响力。除此之外，成长性公司、小盘股公司、低异质波动率公司、低分析师关注公司这些公司特征结合特定的分析师特征，更容易产生有市场影响力的荐股评级。

第二节　研究报告可信度、投资者反应差异与分析师监管

由于中小投资者难以察觉证券分析师背后的利益冲突，容易被分析师推荐评级所误导，中国证监会近期加强了对分析师研究报告发布行为的规范和监管。总体看，目前我国仍是一个以个人投资者为主体的市场，投资者尤其是中小投资者专业知识欠缺、风险意识淡薄、风险承受能力不强、自我保护能力不足，在信息获取和专业能力上有天然劣势，权益容易

受到侵害，在市场中整体处于弱势地位。尽管监管部门的关注是基于中小投资者容易受到有偏的证券研究损害的推断，但很少有文献对中小投资者对分析师的推荐是否做出了反应的研究，中小投资者是否能够察觉分析师利益冲突是否会影响研究报告的可信度。研究投资者对分析师研究报告的反应差异之所以重要，至少有两个原因：一是中国证监会投资者保护局的首要目标是要保护投资者的合法权益；二是研究中小投资者和机构投资者对分析师研究报告交易行为和反应的差异，将会为完善我国证券分析师监管、防范“抢帽子”操纵提供直接的实证经验。

与前期研究不同，我们采用了一个简单信号来检验投资者的投资经验，并参考一个明确股票推荐来买入或卖出一个特定公司的股票。从很多方面看，前期研究发现小投资者无法正确处理盈余信息并不奇怪，与盈余预测修订不同，投资者在没有熟练理解会计盈余和股票回报之间关系的情况下，是难以对盈余公告作出正确反应的 Malmendier 和 Shanthikumar (2006)则认为股票推荐是用来指导个人投资者的，而盈余预测是用来指导机构投资者的。Lin 和 McNichols(1998)发现有利益冲突的分析师倾向于发布过度乐观的股票推荐而不是盈余预测。Malmendier 和 Shanthikumar (2007)检验了围绕股票推荐前后的大投资者和小投资者之间交易不平衡，采取简单投资策略如买入并持有分析师推荐的股票，将获得负超额回报率。本节将检验大小投资者对分析师研究报告中所含信息的不同估计，包括盈余预测修订并控制其他能够影响投资者对分析师荐股评级修订的因素。

一、样本选择及描述性统计

1. 样本选择

在本研究中，分析师样本选择时间区间为 2005 年 8 月至 2011 年 8 月。分析师荐股评级样本来自国泰安 CSMAR 分析师盈余预测研究数据库，分析师的单条荐股信息中记载了评级调整信息。如果在推荐发布日期股票没有交易，则日期向后延长至重新开始交易第一天。高频交易数据来自 2011 年国泰安中国证券市场 LEVEL-1 高频交易数据库。该数据库搜集了中国证券市场 2005 年以来各种高频数据，包含分笔高频数据、分时高频数据（一分钟、五分钟、十分钟、十五分钟、三十分钟、六十分钟)。为了确保观测到的交易归因于分析师荐股评级而不是盈余公告或其他信息,我们剔除了推荐公告日前后五日窗口期内有盈余公告(包括年报,中报,季报)或红利分配公告的样本。对于高频数据的使用,我们遵循了前期研究的两种方法来确定大投资者和小投资者。第一个方法是基于交易股票数目,第二种方式是基于股票的交易金额。Lee 和 Radhakrishna(2000)发现交易金额更容易区分大小投资者,由于其对股票价格变化更不敏感。因此,我们使用基于交易金额的方法来对交易进行分类。我们假设小笔金额交易是基于缺乏经验的中小投资者,而大笔金额交易则是由经验丰富的机构投资者执行。

我们使用三种方法来区分大小交易者。第一种方法是交易金额大于 30000 元的为机构投资者,低于 7000 元的为中小投资者。第二种方法为交易金额高于 50000 元的为机构交易者,低于 5000 元的为中小投资者。第三种方法为高于 10000 元的为机构投资者,低于 10000 元的为中小投资者。前两种方法可能更加可靠。前期研究表明,由于知情交易者将分解他们的大笔交易来隐藏他们的信息优势,剔除中等规模交易将增加区分大小投资者的统计解释力。Chakravarty(2001)发现 79%的机构的秘密交易是通过中等规模的交易进行,将中等规模交易剔除将减少划分错误的概率。参考 Lee(1992)的研究经验,使用公司前一年末的收盘价格乘以股票数量以区分出成交金额大于等于 30000 元或小于等于 7000 元的交易,对应交易被标记为大投资者和小投资者。我们剔除年末股价低于 1 元或高于 200 元的股票,以减少极端观测值对统计结果的影响。对于每种交易群体,分别按公式(4.4)计算超常交易量:

$$AVOLUME^{j}_{i,k,t} = \left[\frac{VOLUME^{j}_{i,k,t} - AverageVOLUME^{j}_{i,nt}}{AverageVOLUME^{j}_{i,nt}}\right] \tag{4.4}$$

在公式(4.2)中,$VOLUME^{j}_{i,k,t}$是分析师 k 在时刻 t 发布的推荐修订前后[-2, $+2$]事件期内,投资者群体 j 对公司 i 的成交金额;$AverageVOLUME^{j}_{i,nt}$则是在年度非重叠事件期的滚动 5 日窗口[-2, $+2$],投

资者群体 j 对公司 i 的平均成交金额。财务数据源自 CSMAR 财务报表数据库，交易数据来自深圳国泰安数据公司提供的 CSMAR 中国股市交易数据库，我们选择样本筛选标准为：(1)金融类样本被删除；(2)IPO 首日数据被删除；(3)数据缺失股票被删除；(4)连续停牌 3 个月以上股票被删除；(5)B 股市场样本被删除；(6)数据中(look-ahead bias)前视偏差被删除。

为了测度分析师将最新盈余预测同步转换为荐股评级，要求同一位分析师在荐股评级发布之前 30 天内对同一家公司作出过盈余预测。为了将单个分析师盈余预测精度与平均预测精度进行比较，对于公司一年度交易样本，要求在一年内至少有 3 位分析师跟踪该公司。要求单个分析师荐股评级样本在 1 年内对该公司至少有 3 次盈余预测。通过筛选，最终样本数为 68099 条。

2. 样本的描述性统计

表 4.6 包含了证券分析师推荐样本的描述性信息，该表包含了 2005 年至 2011 年的 68099 条观测值。面板 A 展示的是样本中所有交易规模和交易量测度。$AVOLUME^{small}$ 是小交易者在以荐股评级日为中心的 5 日窗口期内的超额交易量，均值为－1.132，中位数为－0.830。$AVOLUME^{large}$ 是大交易者在以荐股评级日为中心的 5 日窗口期内的超额交易量，均值为 20.369，中位数为 2.203。*AMKTVOL* 是指在这五日窗口期内超额市场交易量均值为 4.154，中位数为－2.084。

面板 B 显示的是股票推荐评级的样本特征，全样本间隔天数平均值约为 130 天，调高评级样本间隔天数平均值约为 135 天，调低评级样本间隔天数平均值约为 120 天，买入样本间隔天数平均值约为 129 天，持有和卖出样本间隔天数约为 131 天，*ABSRCHG* 是新荐股评级和前期荐股评级之间差值的绝对值，所有分析师荐股评级都是用五分制表示。“买入”评级为 1，“增持”评级为 2，“中性”评级为 3，“减持”评级为 4，“卖出”评级为 5，*ABSRCHG* 变动均值为 1.2，调高评级变动均值为 1.18，调低评级 *ABSRCHG* 变动均值为 1.25，买入样本 *ABSRCHG* 变动均值为 1.15，持有和卖出样本 *ABSRCHG* 变动均值为 1.38。面板 C 显示的是分析师特征和公司特征。

表 4.6 样本描述性统计量

变量	均值	第一四分位数	中位数	第三四分位数
面板 A 交易规模,市场超额交易量,超额回报				
$AVOLUME^{small}$	−1.132	−21.034	−0.830	16.617
$AVOLUME^{large}$	20.369	−34.295	2.203	54.103
AMKTVOL	4.154	−18.631	−2.084	21.914
面板 B 股票推荐评级				
全样本间隔天数	129.644	34	81	181
调高评级样本间隔天数	134.845	33	78	190
调低评级样本间隔天数	120.218	37	83	159
买入样本间隔天数	129.301	33	76	180.5
持有和卖出样本间隔天数	130.747	41	95	181
ABSRCHG	1.205	1	1	1
调高评级 *ABSRCHG*	1.182	1	1	1
调低评级 *ABSRCHG*	1.247	1	1	1
买入样本 *ABSRCHG*	1.15	1	1	1
持有和卖出样本 *ABSRCHG*	1.382	1	1	2
面板 C 分析师和公司特征				
FIRMS	10.38	2	6	13
BROK_SIZE	30.255	21	30	39
MKT_VALUE	31906030.66	4377266.45	8550491.82	21564805.21
PRIOR_PERF	0.077	−0.423	0.037	0.580

FIRMS 是分析师在当年跟踪公司的数量,平均每位分析师跟踪的公司数量为 10.38 家,*BROK_SIZE* 是券商规模变量,用在当年被样本券商雇佣的分析师的数量来表示,每位券商平均雇佣的分析师数量为 30 人。*MKT_VALUE* 是样本公司股票的市场价值,样本公司的平均市值为 319 亿元。*PRIOR_PERF* 是基于前一年分析师股票推荐评级调整构建投资组合,买入评级调高股票,卖出评级调低股票,均值大约为 7.7%。

二、研究方案设计

为了检验不同类型投资者对分析师推荐评级修订的交易反应,在控制了和交易量相关的其他因子之后,可以通过分别估计大交易者和小交易者的超常交易量 $AVOLUME^{j}_{i,k,t}$ 与分析师特征、券商特征和前期业绩等指标之间的关系,建立以下回归方程:

$$
\begin{aligned}
AVOLUME^{j}_{i,k,t} = {} & \alpha^{j}_{0} + \alpha^{j}_{1} ABSRCHG_{i,j,k} + \alpha^{j}_{2} FIRM\_SIZE_{i,t-1} \\
& + \alpha^{j}_{3} ABSRCHG_{i,k,t} \times FIRM\_SIZE_{i,t-1} \\
& + \alpha^{j}_{4} BROK\_SIZE_{k,t-1} \\
& + \alpha^{j}_{5} ABSRCHG_{i,k,t} \times BROK\_SIZE_{k,t-1} \\
& + \alpha^{j}_{6} PRIOR\_PERF_{k,t} \\
& + \alpha^{j}_{7} ABSRCHG_{i,k,t} \times PRIOR\_PERF_{k,t} \\
& + \alpha^{j}_{8} AMKTVOL_{t-1} \\
& + \alpha^{j}_{9} ABSRCHG_{i,k,t} \times AMKTVOL_{t-1} + \varepsilon^{j}_{i,k,t}
\end{aligned} \tag{4.5}
$$

$AVOLUME^{j}_{i,k,t}$是投资者群体j(j要么是小投资者,要么是大投资者),当分析师k在第t时刻对公司i的推荐评级修订有关的超常交易量。$ABSRCHG_{i,j,k}$是分析师k对第t时刻公司i的推荐评级修订绝对值,通过将当前评级减去前期评级后的绝对值得到。"上调至买入"赋值为4,"上调至增持"赋值为3,"下调至增持"赋值为2,"上调至中性"赋值为1,"下调至中性"赋值为−1,"上调至减持"赋值为−2,"下调至减持"赋值为−3,"下调至卖出"赋值为−4。$FIRM_SIZE_{i,t-1}$是公司规模,是指在推荐评级前一年末,公司i的市场价值的自然对数。$BROK_SIZE_{k,t-1}$是指券商规模,是指在他的推荐评级修订前一年,分析师k所在券商所雇用的分析师数量。$PRIOR_PERF_{k,t}$是分析师的相对前期业绩,基于该分析师前一年荐股的综合业绩除以分析师k当年$t=0$时刻发布的推荐评级修订构成动态投资组合在(−2, +60)窗口期内的绩效,并将其转换为五分制。$AMKTVOL_{t-1}$是在第$t-1$年的超常市场交易量,是在第t日前后(−2, +2)五日窗口期内计算的市场交易量,减去该$t-1$年内平均市场交易量。

在控制了与交易量相关的其他因子后,以上方程的截距项按照投资者类型,代表了平均超常交易量。如果投资者忽略了分析师的推荐评级修订,那么截距项的估计值将在统计上与零没有区别。这样的结果将显示交易行为和类型水平相一致。但是,如果投资者对分析师荐股评级变化作出反应,那么我们预测截距项对两种类型的投资者皆为正。

分析师对上市公司绩效期望值的变化，我们用评级修订 $ABSRCHG_{i,j,k}$ 来测度。如果 $ABSRCHG_{i,j,k}$ 能够代表分析师对公司观点的不一致强度，推荐评级变动幅度的较大跃升将反映的是对公司绩效期望值更大的修订，并且会产生更多的交易量。Mikhail(2004)发现超常收益和修订幅度之间存在正相关，该发现暗示在交易量和推荐修订幅度之间存在正相关，但交易量和推荐修订大小之间的关系，国内还没有学者正式对其进行过研究。因此，如果投资者对分析师推荐评级变化作出反应，本研究将预测对于每种交易者类型，$ABSRCHG_{i,j,k}$ 和超常交易量之间存在正相关。方程(4.5)中其他自变量都是借鉴其他学者前期研究中得到的控制变量。我们预测 $FIRM\_SIZE_{i,t-1}$ 和 $ABSRCHG_{i,k,t} \times FIRM\_SIZE_{i,t-1}$ 变量的系数为负值，给定这些公司增加的信息可获得性，被分析师推荐公司的规模越大将会具备更低的超常交易量。与之形成对比的是，我们期待 $BROK\_SIZE_{k,t-1}$ 和 $ABSRCHG_{i,k,t} \times BROK\_SIZE_{k,t-1}$ 的系数将为正值，与此同时，提高的分析师营销能力将荐股信息在资本市场广泛传播。我们期望分析师的前期荐股绩效 $PRIOR\_PERF_{k,t}$ 类似将会和超常交易量正相关，具有前期作出获利推荐评级业绩更高的分析师在荐股能力上显示出可持续性，如果资本市场发现了这种业绩可持续性，分析师的荐股评级将会越来越受到市场投资者的重视，因此与更高股票交易量存在相关性。$ABSRCHG_{i,k,t} \times PRIOR\_PERF_{k,t}$ 的系数估计我们的期望值为负值。市场有可能负面的重新评估分析师的能力，因为评级修订也许会很难反映前期股票推荐的可持续性。我们期待超常市场交易量的系数为正值，当市场交易量比平时更高时，公司的超额交易量通常也会更高。

三、 大、小投资者对荐股评级修订信息作出反应的超常交易量

我们使用方程(4.5)对大、小投资者分别进行了估计。该基于高频数据的方程允许我们在不同的大、小投资者回归模型中对系数估计执行统计检验。更进一步，在这些回归和子回归中，通过计算所有检验统计量，我们采用 Huber-Whiter 估计量更正了潜在的横截面自变量。如果没有控制横截面依赖性，可能会过度提高结果统计显著性。表 4.7 显示的是

方程(4.5)的估计结果。以大、小投资者增加其交易量作为对分析师荐股评级修订的反应，被估计的截距项在统计上对于每一种投资者类型而言都是正值。控制了其他与交易量相关的因子，与 Mikhail, Walther 和 Willis(2004)的发现不同，我们发现在控制了其他变量的影响下，大投资者(机构)对推荐评级修订的反应是 1.36 倍的增加了其交易量(其截距项为 136.06)，小投资者(散户)增加的交易量仅约 33%(其截距项为 33.75)。小投资者(散户)和大投资者(机构)超常交易量之间的差异在统计上是显著的。平均而言，大投资者交易比小投资者对分析师荐股评级修订的反应会产生更多超额交易量。

对于每种类型的投资者，与 $ABSRCHG_{i,k,t}$ 相关的统计上为正的系数估计意味着投资者对分析师期望公司绩效的变动幅度越大，交易量越多相一致，大交易者的 $ABSRCHG_{i,k,t}$ 系数为负，这意味着机构投资者对分析师期望公司绩效的变动幅度越大，交易量越少，以边际值为 39.2% 的系数在减少。对于一个再定的评级体系，单步的增加或者减少，小投资者超常交易量以边际值为 2.96%增加，也就是说小投资者虽然在分析师评级变动幅度期望值方向相一致的增加了交易量，但边际值增加得并不多。在 $ABSRCHG_{i,k,t}$ 的大、小交易者之间的差异是统计上显著的。Asquith 等人(2005)发现分析师研究报告包含了更多幅度更大的调整，这些结果意味着大交易者可能比小交易者对分析师研究报告中的反应更富有战略性，小交易者交易量对于分析师的评级变动增加反应不足，大交易者由于仓位较重，在分析师大幅提高某只股票评级时，大交易者选择的是持仓继续，并减少其成交量。

对于小交易者的 $ABSRCHG_{i,k,t}$ 显著性系数显示散户也对推荐评级修订绝对值中传递的信息作出同方向反应，尽管他们对评级修订绝对值 $ABSRCHG_{i,k,t}$ 的敏感性相对大交易者而言要小得多。机构投资者的成交量反应与评级修订绝对值 $ABSRCHG_{i,k,t}$ 的大小呈负相关，会作出较大的反方向反应，这与我们的研究假设保持一致。对于公司的规模特征，无论是机构还是散户的超常交易量反应都与公司规模负相关，这也符合我们的常识，公司市值规模越小，价格越容易受到荐股评级的影响，成交量反应也就越大。但对于评级变动的绝对值和公司规模的联合影响 *ABSRCHG*×*FIRM_SIZE* 的回归结果，并没有出现都为负值的情况。机构投资者的系数为正值2.460，散户投资者的系数为−0.241。也就是说机构投资者在评级绝对值和公司规模联合影响下，其反应方向会出现反转。从券商机构规模上看，无论是大投资者，还是小投资者，*BROK_SIZE* 的系数全部为正值，大投资者为0.473，小投资者为0.089。这和我们的研究假设相一致，但荐股评级绝对值和券商规模的交叉影响变量 *ABSRCHG*×*BROK_SIZE* 回归系数全部为负值，影响力非常小，系数普遍接近0。机构投资者对于分析师的前期业绩比较敏感，回归系数为正值1.121，分析师前期业绩越高，机构投资者对分析师荐股评级修订信息作出的反应也就越大。但散户投资者对分析师的前期业绩的反应并没有产生正面反应，回归系数为−2.214，散户对前期业绩高的分析师作出的交易量反应反而越低。但 *ABSRCHG*×*PRIOR_PERF* 荐股评级绝对值和前期业绩的联合影响变量显示，机构投资者的交易量反应与该指标出现了较低负相关，为−0.532，散户投资者的交易量反应与该指标出现了较低正相关，为0.387。从超额市场交易量指标看，机构投资者对分析师荐股评级变动的交易反应容易受到市场环境的影响，如果市场成交量放大，机构对应的分析师荐股成交量反应也会放大，但散户投资者并没有受到其正面影响。在市场处于暴涨暴跌成交量急剧变动时，散户投资者对此时的分析师荐股评级变动保持了更为谨慎的态度，出现了微弱的负面交易反应。但考虑到评级变动绝对值和市场超额交易者的联系影响后，机构投资者和散户投资者的反应全部出现了反转，为了更深入的研究，我们还检验了是否大小交易者的交易方向和推荐评级修订的类型相一致，多变量统计量显示在面对分析师的大幅调低评级时，小交易者倾向于买入最多，但对于分析师的调低评级则卖出更多。除此之外，大投资者的卖出行为随着推荐评级的调低幅度单调递增。与之对比的是，小投资者的买入并没有随着推荐评级修订的大小而发生系统变化。这些结果符合大交易者能够更熟练的处理分析师评级调整信息，但小交易者却并不一定。

考虑到控制变量，我们注意两个结果：第一，虽然大、小投资者的交易量反应都受到公司规模的影响，但小投资者受到的影响要显著低于大投资者。如果公司规模代理指标能够代表有关公司的可获得信息量的大小，那么大、小交易者之间有关公司规模反应的差异的部分原因可能来自于机构和散户之间获得公司信息能力的差异。第二，机构投资者比散户更依赖分析师的前期业绩作出投资决策。Mikhail 等人(2004)发现股票往往会对那些过去荐股业绩较好的分析师作出更多的价格和成交量反应。机构投资者的行为与该发现保持一致。但散户并没有出现类似的现象，有可能的原因是散户无法具备足够的信息和专业知识判断分析师的前期业绩。散户更有可能信任类似于《新财富》杂志评选出的明星分析师，但前期研究已经揭示，《新财富》杂志明星分析师的评选方法和判断依据并不科学，主要依靠的是基金经理的打分，反映的是机构投资者与分析师之间的服务评价。而并不是依靠分析师的前期荐股业绩。也就是说机构投资者往往能够识别分析师的前期业绩(硬业绩)和为本机构重仓股服务的业绩(软业绩)，但通过打分表往往反映的是机构投资者的软业绩。硬业绩并不为普通的中小投资者所掌握。但机构投资者在对分析师的荐股评级信息作出反应时，往往会利用和参考其掌握的分析师前期硬业绩信息进行买卖操作，因此导致回归系数为正值。散户要么无法根据硬业绩进行反应，要么就主要依靠软业绩的明星分析师声誉进行投资，所以回归系数为负值。

四、大、小投资者参考分析师研究报告可信度的超常交易量

表 4.7 中的回归结果显示，大投资者和小投资者之间在处理分析师新荐股评级修订信息能力方面存在差异，小投资者相关交易量的影响会小于大投资者。本节将研究分析师研究报告的可信度差异是否会被大小投资者察觉到，并且对其投资行为产生影响。我们用荐股评级的变动方向来代表可信度，检验可信度是否会影响不同类型投资者的交易行为。特别地，我们集中分析小投资者是否比大投资者对分析师发布的调高评级和买入评级交易更频繁。如果研究结论和假设相符，则证明小交易者并没有完全理解分析师发布调高评级的动机，而这些都会影响分析师荐股评级的可信度，也会间接证明小投资者比大投资者更容易被分析师的

荐股评级所误导。由于评级变动幅度方向和评级水平是分析师研究报告的主要特征值，这可以增加我们区分大、小投资者的能力和统计信度。前期研究（Asquith 等，2005；Hirst 等，1995；Jegadeesh 等，2004；Mikhail 等，2004；Womack 等，1996）已经发现，市场对调高评级变动和买入评级的反应程度远不如对调低评级变动和卖出评级的反应程度，这意味着分析师的调高评级和买入评级的可信度更低。分析师如果发布公司的积极评级，往往会给所属券商带来较高的交易佣金，而那些对潜在客户股票给

表 4.7　对荐股评级修订信息作出反应的超常交易量

变　量	交易者类型	
	机构（大投资者）	散户（小投资者）
Intercept	136.06	33.752
t 值	3.33***	1.74*
ABSRCHG	−39.247	2.962
t 值	−2.94***	0.47
FIRM_SIZE	−8.091	−1.863
t 值	−3.36***	−1.64*
ABSRCHG×*FIRM_SIZE*	2.460	−0.241
t 值	3.12***	−0.65
BROK_SIZE	0.473	0.089
t 值	1.65	0.66
ABSRCHG×*BROK_SIZE*	−0.052	−0.014
t 值	−0.56	−0.33
PRIOR_PERF	1.121	−2.214
t 值	0.48	−2.01**
ABSRCHG×*PRIOR_PERF*	−0.532	0.387
t 值	−0.72	1.11
AMKTVOL	1.067	−0.135
t 值	11.81	−3.16***
ABSRCHG×*AMKTVOL*	−0.019	0.005
t 值	−0.64	0.40
R^2	0.20	0.03

注：* 代表统计显著性水平为 0.1，** 代表统计显著性水平为 0.05，*** 代表统计显著性水平为 0.01。

出负面评级的分析师，往往会给所属券商寻找咨询或者投行业务造成负面影响。因此，券商往往会调整证券分析师的薪资奖励计划，无论分析师的"买入"或者调高评级的获利潜力和质量，对分析师正面评级的奖励要远远高于负面评级的奖励。因此，无论是国外还是国内，证券分析师的卖出或者减持评级在总荐股评级样本中的比例一直都非常低。我们选择分析师荐股评级变动的方向和评级水平作为分析师可信度的代理变量 $LOWCRED$，对方程(4.5)进行了修改，增加了一个指示变量 $LOWCRED$，得到方程(4.6)，按照大、小投资者不同类型的数据对方程(4.6)进行了估计，得到表 4.8。

$$\begin{aligned}AVOLUME^{j}_{i,k,t}=\beta^{j}_{0}&+\beta^{j}_{1}LOWCRED_{i,k,t}+\beta^{j}_{2}ABSRCHG_{i,k,t}\\&+\beta^{j}_{3}ABSRCHG_{i,k,t}\times LOWCRED_{i,k,t}\\&+\beta^{j}_{4}FIRM\_SIZE_{i,t-1}\\&+\beta^{j}_{5}ABSRCHG_{i,k,t}\times FIRM\_SIZE_{i,t-1}\\&+\beta^{j}_{6}BROK\_SIZE_{k,t-1}\\&+\beta^{j}_{7}ABSRCHG_{i,k,t}\times BROK\_SIZE_{k,t-1}\\&+\alpha^{j}_{8}PRIOR\_PERF_{k,t}\\&+\beta^{j}_{9}ABSRCHG_{i,k,t}\times PRIOR\_PERF_{k,t}\\&+\beta^{j}_{10}AMKTVOL_{t-1}\\&+\beta^{j}_{11}ABSRCHG_{i,k,t}\times AMKTVOL_{t-1}+\xi^{j}_{i,k,t}\end{aligned}\tag{4.6}$$

$LOWCRED_{i,k,t}$ 为可信度指示变量，如果分析师 k 在事件 t 对公司 i 调高了其评级，该值取 1，否则取 0。如果分析师 k 在事件 t 将公司评级调高至买入或者增持评级，该值取 1，否则取 0。$\xi^{j}_{i,k,t}$ 是误差项。给定的 $LOWCRED_{i,k,t}$，在控制了其他与成交量相关的因子后，方程 4.4 描述的是当 $LOWCRED_{i,k,t}$ 为调高时，超常成交量平均水平对推荐评级调低的反应，或者当 $LOWCRED_{i,k,t}$ 为买入评级时，超常成交量平均水平对卖出或者减持评级的反应。截距项的估计量和 $LOWCRED_{i,k,t}$ 斜率项估计量提供了超常交易量对推荐评级调高或者买入评级的反应。方程(4.4)检

表 4.8　参考研报可信度的超常交易量

变　量	*LOWCRED* = *UPGRADE*		*LOWCRED* = *BUY*	
	(大交易者)机构	(小交易者)散户	(大交易者)机构	(小交易者)散户
Intercept	134.807	34.064	132.779	31.964
t 值	3.30***	1.76*	3.24***	1.65*
LOWCRED	−16.274	6.572	12.865	7.136
t 值	−0.94	0.80	0.96	1.12
ABSRCHG	−36.706	2.547	−46.113	−0.672
t 值	−2.69***	0.40	−2.99***	−0.09*
ABSRCHG × *LOWCRED*	2.131	−1.459	3.548	1.790
t 值	0.41	−0.60	0.52	0.56
FIRM_SIZE	−7.857	−1.906	−8.286	−1.963
t 值	−3.25***	−1.67*	−3.41***	−1.71*
ABSRCHG × *FIRM_SIZE*	2.395	−0.227	2.563	−0.187
t 值	3.03***	−0.61	3.21***	−0.49
BROK_SIZE	0.443	0.090	0.456	0.078
t 值	1.53	0.65	1.57	0.57
ABSRCHG × *BROK_SIZE*	−0.046	−0.014	−0.051	−0.014
t 值	−0.50	−0.32	−0.55	−0.31**
PRIOR_PERF	1.084	−2.221	1.136	−2.208
t 值	0.47	−2.02**	0.49	−2.01**
ABSRCHG × *PRIOR_PERF*	−0.532	0.393	−0.535	0.386
t 值	−0.72	1.12	−0.72	1.10
AMKTVOL	1.068	−0.135	1.057	−0.141
t 值	11.82***	−3.17***	11.62***	−3.27***
ABSRCHG × *AMKTVOL*	−0.019	0.006	−0.015	0.007
t 值	−0.65	0.43	−0.52	0.53
R^2	0.22	0.03	0.21	0.03

注：* 代表统计显著性水平为 0.1，** 代表统计显著性水平为 0.05，*** 代表统计显著性水平为 0.01。

验的是对评级调高/买入评级的不同类型交易者的交易反应。我们假设分析师的调高/买入评级比调低/卖出评级的可信度要低，假设大交易者是更加老练的投资者。因此，根据不同的交易者类型，我们预期 $LOWCRED_{i,k,t}$ 的回归系数对小交易者为正，对大交易者为负。除此之外，通过比较不同的交易者类型，我们期望大交易者对调高/买入评级的超额交易量将比小交易者的超额交易量要低。因此，我们估计大交易者的截距项系数加上 $LOWCRED_{i,k,t}$ 系数之和将会小于小交易者系数之和。类似的我们期望大交易者的 *ABSRCHG* 的回归系数加上 $ABSRCHG \times LOWCRED$ 的回归系数之和将会大于小交易者之和。由于大交易者在面对一个可信度低的分析师研究报告时，其可能更依赖的是研究报告中的理性信息。

表 4.8 给出的是回归结果在不同交易者类型中的比较显示，对于 $LOWCRED = UPGRADE$ 和 $LOWCRED = BUY$ 组，与表 4.7 中的结果类似，无论是机构还是散户，其截距项全部为正值，但机构的截距项明显都高于散户。这意味着机构对分析师评级变动的交易量反应依然高于散户。从 $LOWCRED_{i,k,t}$ 系数回归结果看，在 $LOWCRED = UPGRADE$ 组，出现了我们预期的小交易者为正，大交易者为负的结果，大交易者对较低可信度的分析师评级调高信息显示出更加老练的经验。交易量不但不增加，甚至会减少。但在 $LOWCRED = BUY$ 组，无论是大交易者还是小交易者的回归系数全部为正值，大交易者系数为 12.865，大于小交易者的 7.136，面对分析师较低可信度的买入评级，小交易者交易得更少，大交易者交易得更多。从 *ABSRCHG* 的回归结果看，大部分为负值，意味着大部分情况下大交易者和小交易者对评级调整幅度的绝对值大小反应为负，大交易者为负值的比例要远高于小交易者，在 $LOWCRED = UPGRADE$ 组和 $LOWCRED = BUY$ 组分别为 −36.706 和 −46.113。小交易者对评级调高样本的评级变动幅度绝对值反应为正值，意味着分析师评级调高样本的幅度越大，越能导致小交易者产生更高的超额交易量。但评级变动绝对值和可信度的联合影响变量 $ABSRCHG \times LOWCRED$ 显示，如果是两种因素的综合影响，符号刚好全部与 *ABSRCHG* 的回归结果相反，且大小投资者的差距值变小。从公司规模系数的回归结果看，无论是大小投资者面对不同类型的分析师买入或者调高评级，如果分析

师推荐的是大盘股，其超额成交量的反应都比对小盘股的反应要低，也就是说公司规模越大，超额成交量越小。大交易者对公司规模的成交量反应约为小交易者的4倍。从 $ABSRCHG \times FIRM\_SIZE$ 系数看，大交易者全部为正值，小交易者为接近于0的负值，大交易者对于绝对评级变动较高的大盘股，超常成交量会更高，但小交易者反应不明显，甚至还会出现微弱的负面影响。从券商规模指标看，大、小投资者对其并不敏感，全部为较小的正值。考虑到评级绝对变动和券商规模的联合影响后，我们发现系数值全部转为接近于0的负值。大、小投资者对分析师前期业绩的成交量反应出现分化，大投资者对前期业绩较高的分析师调高评级和买入评级成交量反应较高，但小投资者对前期业绩较高的分析师评级反应呈负相关，但在考虑了评级绝对变动和前期业绩的联合影响后，小投资者超额成交量的反应出现了微弱正相关。与表4.7类似，从超额市场交易量指标看，机构投资者对分析师荐股评级变动的交易反应容易受到市场环境的影响，如果市场出现成交量放大，机构对应的分析师荐股成交量反应也会放大，但散户投资者并没有受到其正面影响，在市场处于暴涨暴跌成交量急剧变动时，散户投资者对此时的分析师荐股评级变动保持了更为谨慎的态度，出现了微弱的负面交易反应。

五、大、小投资者对荐股评级和盈余预测修订信息作出反应的超常交易量

前面研究的主要关注点是大、小投资者对分析师荐股评级变动的超常交易量反应。但分析师研究报告的工作内容主要包括两个重要部分，荐股评级和盈余预测，在分析师发布荐股评级信息的同时往往伴随着盈余预测信息的发布。前期研究成果已经发现分析师盈余预测修订信息往往会对股票价格造成影响，这意味着投资者对分析师盈余预测修订的信息作出了成交反应。本节将研究大、小投资对荐股评级和盈余预测修订信息这两条分析师研究报告中的关键信息作出的反应差异。使用国泰安证券分析师盈余预测数据库，收集整理了与分析师荐股评级同一天发布的盈余预测信息样本，我们定义分析师的盈余预测修订绝对值 $ABSFCREV$ 为当前的分析师年度盈余预测值减去上一次年度盈余预测值，除

以盈余预测修订的股票价格，上一次盈余预测与本次盈余预测的间隔不能超过 12 个月。

在控制了与交易量相关的其他因子之后，通过对方程(4.7)不同类型的交易者的回归，检验了投资者对分析师荐股评级修订和盈余预测修订的交易反应，得到的回归结果如表 4.9 所示。

$$
\begin{aligned}
AVOLUME^{j}_{i,k,t} = {} & \gamma^{j}_{0} + \gamma^{j}_{1} ABSRCHG_{i,k,t} + \gamma^{j}_{2} ABSFRCREV_{i,k,t} \\
& + \gamma^{j}_{3} FIRM\_SIZE_{i,t-1} \\
& + \gamma^{j}_{4} ABSRCHG_{i,k,t} \times FIRM\_SIZE_{i,t-1} \\
& + \gamma^{j}_{5} ABSFCREV \times FIRM\_SIZE_{i,t-1} \\
& + \gamma^{j}_{6} BROK\_SIZE_{k,t-1} \\
& + \gamma^{j}_{7} ABSRCHG_{i,k,t} \times BROK\_SIZE_{k,t-1} \\
& + \gamma^{j}_{8} ABSFCREV \times BROK\_SIZE_{k,t-1} \\
& + \gamma^{j}_{9} PRIOR\_PERF_{k,t} \\
& + \gamma^{j}_{10} ABSRCHG_{i,k,t} \times PRIOR\_PERF_{k,t} \\
& + \gamma^{j}_{11} ABSFCREV_{i,k,t} \times PRIOR\_PERF_{k,t} \\
& + \gamma^{j}_{12} AMKTVOL_{t-1} \\
& + \gamma^{j}_{13} ABSRCHG_{i,k,t} \times AMKTVOL_{t-1} \gamma^{j}_{13} \\
& + ABSFCREW_{i,k,t} \times AMKTVOL_{t-1} + \xi^{j}_{i,k,t}
\end{aligned}
\tag{4.7}
$$

与前面的回归结果类似，大、小交易者对于分析师荐股评级和盈余预测修订信息的反应，都表现出回归系数为正值，且都在统计上显著。机构投资者相对散户对分析师盈余预测修订和荐股评级调整的超常交易量反应更大。从评级变动的绝对值 $ABSRCHG$ 看，大交易者的回归系数为－39.861，小交易者为 8.888，大交易者对评级的变动绝对值成交量反应为负相关，在分析师盈余预测变动绝对值中也存在类似的现象，分析师评级调整幅度越大，盈余预测修订幅度越高，大交易者的超额成交量反应反而越小。机构投资者对于这种分析师大幅的调整评级和大幅调整盈余预测的反应迟钝，可能的原因是机构投资者较老练，具备较独立的判断力，认为分析师的大幅度调整信息可信度不高。但小投资者显示出对分析师评级和盈余预测调整幅度的较高信任，回归系数全部为正值，调整幅度绝对值越大，其超额成交量的反应也就越高。除此之外，还发现散户对分析师盈余预测调整绝对值的超额成交量反应要远远高于对分析师荐股评级调整绝对值的反应。从大、小投资者超额成交量对分析师跟踪公司规模 *FIRM_SIZE* 的回归结果看，都为负值，规模越大，反应越小，相同规模增加幅度下，机构的超常成交量下降的幅度要大于散户，约为 6 倍。但考虑到公司规模和荐股评级绝对变动、盈余预测绝对变动之间的联合影响，我们观察到大交易者对荐股评级绝对变动和规模联合影响 *ABSRCHG*×*FIRM_SIZE* 的反应为正，系数为 2.364，小交易者对 *ABSRCHG* × *FIRM_SIZE* 的反应为负，系数为 −0.544。但大交易者对盈余预测绝对变动和规模联合影响 *ABSFCREV*×*FIRM_SIZE* 的反应为负，且系数为 −33.59，绝对值相对散户的反应(1.524)差距较大。大、小交易者对券商规模变量 *BROK_SIZE* 和荐股评级交叉影响变量 *ABSRCHG*×*BROK_SIZE* 反应不敏感。但在对盈余预测交叉影响变量 *ABSFCREV*×*BROK_SIZE* 的回归系数全部为正值，小交易者为 7.508，要高于大交易者的 2.816。机构和散户都会对来自大券商分析师的较大幅度盈余预测调整会作出较大的超常交易量反应，但散户的这种反应要大于机构。与前面的回归结果类似，大、小投资者在面对分析师前期业绩时的反应存在较大差异，大投资者为正相关，回归系数为 1.742，小投资者为负相关，回归系数为 −2.551，但我们发现分析师前期业绩和分析师盈余预测修订绝对值组合后的影响被大大增强了，大投资者对 *ABSFCREV*×*PRIOR_PERF* 的回归系数为 100.337，小投资者对 *ABSFCREV*×*PRIOR_PERF* 的回归系数为 −35.159。大投资者对前期业绩较高且盈余预测变动绝对值较大的分析师信息超常成交量反应增加较大，而小投资者对其超常成交量反应减少较多。大、小投资者 *AMKTVOL* 的回归系数与前面一致，但大、小投资者对 *ABSRCHG*×*AMKTVOL* 的回归系数全部为接近 0 的正值，而对 *ABSFCREV*×*AMKTVOL* 的回归系数为负值。

表 4.9　对荐股评级和盈余预测修订信息作出反应的超常交易量

变量	交易者类型 (大交易者)机构	 (小交易者)散户
Intercept	127.468	20.417
t 值	2.82***	2.90***
ABSRCHG	−39.861	8.888
t 值	−2.72***	1.21
ABSFCREV	−116.972	96.446
t 值	−0.65	1.07
FIRM_SIZE	−7.416	−1.334
t 值	−2.81***	−1.01
ABSRCHG × *FIRM_SIZE*	2.364	−0.544
t 值	2.77***	−1.27
ABSFCREV × *FIRM_SIZE*	−33.590	1.524
t 值	−1.01	0.09
BROK_SIZE	0.289	0.309
t 值	0.83	1.76*
ABSRCHG × *BROK_SIZE*	0.080	−0.062
t 值	0.74	−1.14
ABSFCREV × *BROK_SIZE*	2.816	7.508
t 值	0.23	1.22
PRIOR_PERF	1.742	−2.551**
t 值	0.69	−2.01
ABSRCHG × *PRIOR_PERF*	−0.778	0.499
t 值	−1.01	1.29
ABSFCREV × *PRIOR_PERF*	100.337	−35.159
t 值	0.94	−0.65
AMKTVOL	0.987	−0.202
t 值	9.47***	−3.87***
ABSRCHG × *AMKTVOL*	0.009	0.022
t 值	0.28	1.39
ABSFCREV × *AMKTVOL*	−3.215	−0.755
t 值	−0.86	−0.40
R^2	0.217	0.04

注：* 代表统计显著性水平为 0.1，** 代表统计显著性水平为 0.05，*** 代表统计显著性水平为 0.01。

研究小结

本节使用高频数据和交易规模设置区分大交易者和小交易者，研究了大、小交易者对分析师研究报告信息的微观反应。我们发现大、小投资者都对分析师研究报告中的荐股评级和盈余预测修订作出了反应。我们发现这两种类型的投资者对分析师研究报告中包含的信息反应存在较大差异。第一，大、小投资者的交易量反应虽然都受到公司规模的影响，但小投资者受到的影响要显著低于大投资者。如果公司规模代理指标能够代表有关公司的可获得信息量的大小，那么大、小交易者之间有关公司规模反应的差异的部分原因可能来自于机构和散户之间获得公司信息能力的差异。第二，机构投资者比散户更依赖分析师的前期业绩作出投资决策。在考虑到可信度变量时，在 *LOWCRED* = *UPGRADE* 组，大交易者对较低可信度的分析师评级调高信息显示出更加老练的经验。交易量不但不增加，甚至会减少。但在 *LOWCRED* = *BUY* 组，无论是大交易者还是小交易者的回归系数全部为正值，面对分析师较低可信度的买入评级，小交易者交易得更少，大交易者交易得更多。机构投资者对于这种分析师大幅的调整评级和大幅调整盈余预测的反应迟钝，可能的原因是机构投资者较老练，具备较独立的判断力，认为分析师的大幅度调整信息可信度不高。但小投资者显示出对分析师评级和盈余预测调整幅度的较高信任，回归系数全部为正值，调整幅度绝对值越大，其超额成交量的反应也就越高。

第三节　投资者察觉到分析师利益冲突了吗？——基于高频交易数据的证据

前期国内外研究已经发现分析师的研究成果中存在较严重的乐观主义偏差。美国 I/B/E/S 分析师数据库中只有大约 4.5%的分析师荐股评级为“卖出”或者“减持”。在中国的证券分析师数据库中，这种现象更为严重。根据国泰安 CSMAR 公司提供的证券分析师数据库，我们计算了 2002 年至 2013 年年底的分析师荐股评级比例数据，发现分析师荐股评级为“卖出”或者“减持”所占分析师全部推荐评级样本比例的0.63%。这意味着分析师的真实评级被人为提高了，这种向上的乐观主义偏差更容易出现在那些存在投资银行承销利益冲突的分析师身上。当卖方分析师向投资者提供投资建议时，面对一个众所周知的利益冲突。一方面，可靠的高质量证券评级将会吸引客户并提高分析师的个人声誉；另一方面，“买入”评级比“卖出”评级更容易给公司带来交易佣金业务。除此之外，上市公司管理层往往不喜欢公司股票被给予“卖出”或者“调低”评级，给出负面评级的分析师往往会被上市公司管理冷冻，在分析师再次前往公司调研时或者试图获取上市公司信息时会遭遇障碍。除此之外，分析师研究成果的买方客户往往是一些基金公司或者机构，会要求分析师对其重仓持有的股票给出正面评级。如果分析师的券商存在利益冲突，分析师则面临更大的压力。有利评级往往被看成是承销合同的隐性条件。直接或者间接地，分析师的薪酬往往取决于其能否给公司带来更多的承销收入。分析师也许会选择跟踪那些他们认为有利的公司，并且希望这些评级对他们的客户利益最大化，如果不考虑赢家诅咒，分析师的评级往往过于正面化了。前期文献显示，分析师的评级实际上已经系统性地向上存在偏差。投资者究竟能否察觉到发布这些乐观主义偏差评级的证券分析师背后的利益冲突？Ulrike Malmendiera，Devin Shanthikumar(2007)对通过对美国的大小交易者在分析师研究报告公告日的交易反应研究，发现大、小交易者存在系统性和稳健的差异规律。但他们也无法完全确定大、小交易者交易行为存在这种差异的原因。一种可能的解释是对于小交易者而言，获取分析师盈余预测或者荐股评级向上扭曲的成本过高，以至于调整其交易行为的成本超过了纠正分析师研究成果扭曲带来的收益。也许他们过于相信分析师的荐股评级，这和Cain，Loewenstein和Moore(2005)、Daniel、Hirshleifer和Teoh(2002)研究发现的投资者对上市公司会计选择和股票发行决策的反应结果相一致。本节我们将基于证券交易高频数据，检验大、小投资者对有利益冲突的分析师和无利益冲突分析师发布的荐股评级的交易反应差异，并探索这种交易反应差异的原因。

一、 样本数据来源及描述性统计

1. 数据来源

本书检验的数据主要基于证券交易高频数据,分析师荐股评级和承销数据,原始高频交易数据来自于国泰安公司的中国证券市场 Level-1 高频交易数据库,该数据库收集了中国证券市场 2005 年以来至 2011 年 8 月份的各种高频数据,包含分笔高频数据、分时高频数据(一分钟、五分钟、十分钟、十五分钟、三十分钟、六十分钟)。分析师荐股评级数据来自于国泰安中国上市公司分析师预测研究数据库,并且将其评级转换为统一的数字格式,5="买入",4="增持",3="中性",2="减持",1="卖出"。因此,评级调高将会变为数值为正的变动。然后确认了相同股票,相同券商相对于前一次评级的"调高"、"调低"和"首次"。首次评级是券商对某一只股票的第一个推荐评级。如果券商之前停止覆盖了该股票,首次评级则是重新开始的第一个评级。作为鲁棒性检验,我们使用分析师而不是券商来对荐股评级进行分类。两种方法大部分都相同,由于券商通常对单个股票只有一个评级,分析师样本期集中在 2005 年 1 月—2011 年 12 月。如果分析师所属券商与其跟踪研究的公司之间存在承销关系,我们将分析师划分为有利益冲突组,其余则划分为无利益冲突组。正如 Lin 和 McNichols(1998)、Michaely 和 Womack(1999)关于分析师利益冲突的研究发现,我们这里定义有利益冲突的分析师样本:分析师所属券商在过去五年内是 IPO 首次公开发行的主承销商或者在过去两年内是 SEO 增发的主承销商,或者在相同时期是副承销商,证券承销数据来自国泰安 CSMAR 的中国上市公司首次公开发行研究数据库和中国上市公司增发配股研究数据库。中国上市公司增发配股数据库收集了在上海证券交易所和深圳证券交易所上市的公司公布的配股说明书、增发招股意向书、增发上市公告、股份变动公告等数据。本数据库内容涵盖了:上市公司基本情况、增配基本情况、增配前财务状况、增配当年财务盈利预测、增配管理层人员情况、增配上市时十大股东持股情况、增配承销商情况、增配前后(共 151 个交易日)日收益率变化情况、增配前后股本变动情况。我们同时也检验了之前没有检查过的两种承销偏差,在未来一至两年内 SEO 承销，在过去的年份中债券承销。未来的承销商也许发行更高的荐股评级来获得业务，增加未来的报价。本书的分析方法使用传统的利益冲突测度，既和前期文献保持一值，将大、小投资者之间关于未来承销信息的不对称最小化。

2. 分析师推荐评级描述性统计量

卖方分析师在发布研究报告时往往面临利益冲突，一方面可信赖的高质量研究报告可以吸引客户，并增加分析师的个人声誉，另一方面买入评级往往比卖出评级能够为券商产生更多的业务。除此之外，上市公司管理层倾向于将对本公司股票发布负面评级的分析师打入"冷宫"，而以基金公司和投资公司为代表的分析师买方客户则要求分析师对其重仓股发布正面评级。当分析师所属券商存在利益冲突时，分析师还会面临额外的压力。有利的分析师评级往往会被看作是券商从上市公司那里获取证券承销业务的交换条件。分析师的薪资设计结构也与其能否给公司带来财务利益为标准。分析师的明星排名机制甚至会加剧这种激励扭曲。

表 4.10　证券分析师推荐评级样本描述性统计量

全体样本	样本规模	类型百分比					数值转换	
		买入	增持	中性	减持	卖出	均值	标准差
全体样本	98127	31.74%	53.24%	14.40%	0.16%	0.47%	4.156	0.6967
无利益冲突	90296	31.62%	53.13%	14.59%	0.16%	0.49%	4.152	0.6997
有利益冲突	7831	33.01%	54.49%	12.18%	0.11%	0.20%	4.200	0.6596
过去 5 年作为 IPO 主承销商	1888	39.62%	46.29%	13.82%	0.00%	0.26%	4.250	0.7043
过去 2 年作为 SEO 主承销商	640	32.97%	53.91%	12.97%	0.16%	0.00%	4.197	0.6539
分销商	3492	30.61%	58.25%	10.74%	0.23%	0.17%	4.189	0.6344
未来两年内增发	133	38.35%	53.38%	8.27%	0.00%	0.00%	4.301	0.6153

表 4.10 显示的是证券分析师荐股评级的描述性统计量。全部样本总共有 98127 条分析师荐股评级记录，"买入"评级样本占比 31.74%，"增

持”评级样本占比53.24%，“中性”评级占比14.40%。“减持”和“卖出”评级样本合计占比0.63%。国内证券分析师发布负面评级的比例远低于国外证券分析师，这说明国内证券分析师面临的利益冲突问题更为严重。根据前面的利益冲突样本定义，进一步分组后发现无利益冲突样本为90296条，有利益冲突样本为7831条，其中过去5年作为IPO主承销商的样本有1888条，过去2年作为SEO主承销商的样本有640条，曾作为分销商的样本有3492条，未来两年内增发的样本有133条。按照数值转换机制为1=“卖出”，2=“减持”，3=“中性”，4=“增持”，5=“买入”，将分析师评级转化为数值后，平均值在4.156附近波动，标准差为0.6967。

二、投资者对荐股评级作出反应的测度方案设计

投资者如何对荐股评级作出反应？对大、小投资者进行了区分并研究他们如何解释两种类型的扭曲。测度交易反应设计如下：国泰安中国证券市场Level-1高频交易数据库提供了分笔高频和分时高频数据。Bs为买卖标识，如果Bs指标为B，则表示该笔交易时为买方主动成交，如果Bs指标为S，则表示该笔交易时为卖方主动成交。如果为空，则表示当前处于集合竞价阶段，不计算此值。作为一个净买入压力的代理变量，我们考虑三种方法进行测度。对于公司i，买方触发交易的净数量，投资者类型x，日期t被定义为以下公式：

$$NB_{i,x,t}=buys_{i,x,t}-sell_{i,x,t} \tag{4.8}$$

上市公司i，不同类型的投资者x和日期t的原始交易不平衡测度，用以下公式测度：

$$TI_{i,x,t}=\frac{buys_{i,x,t}-sells_{i,x,t}}{buys_{i,x,t}+sells_{i,x,t}} \tag{4.9}$$

通过将其减去公司年度均值，再除以公司年度标准差，将上式进行了正则化，并按投资者的类型进行了分别分组，参考Shanthikumar(2003)的研究方法，按年度进行分组主要是考虑交易行为随着时间的变动，按公司进行分组主要是考虑不同股票大小交易行为的差异。这些正则化允许

我们在不同的时间跨度和公司之间比较交易行为，并且替代了回归框架内的年度和公司固定效应。

$$TI_{i,x,t}^{abnormal}=\frac{TI_{i,x,t}-\overline{TI}_{i,x,year(t)}}{SD(TI_{i,x,year(t)})} \tag{4.10}$$

三、交易反应测度的描述性统计量

为了分析荐股评级的交易反应，我们将在荐股评级发布当日或者之后的前两天的交易行为与其他样本期区分开来。表4.11展示的是大、小投资者交易反应测度的描述性统计量。面板A显示的是样本公司每日交易次数统计值，对于大、小交易者的分类，可以采取两种方式：第一种为按每笔成交股数；第二种为按每笔成交金额进行分类。第一种方案，我们定义2000股以下为小交易，5000股以上为大交易。第二种方案，我们定义每笔成交额在20000元以下的为小交易，每笔成交额在50000元以上的为大交易。在全部样本期，小交易者每天比大交易者的交易次数要频繁得多。按成交股数划分，小交易者平均每天成交次数为520次，大交易者仅为326次。小交易者平均比大交易者成交次数要高出44%。如果按照成交金额进行划分，小交易者平均每天成交次数为602次，大交易者成交次数为290次，小交易者平均比大交易者成交次数要高出100%。按成交股数划分，小交易者比大交易者每天平均要多执行97个买方触发交易和99个更多的卖方触发交易。买方触发交易和卖方触发交易之间的平均差异比较接近，对于小笔交易是12.61，对于大笔交易则是13.59，大笔和小笔交易平均差异的中位数差异为0.23。在两天的事件期内，买方和卖方的差异显得相当高，小笔交易为42.97而大笔交易是39.44。因此，荐股评级在所有类型投资者诱发了系统性的买方压力——最初显示他们对机构投资者而言具备信息价值，我们的发现与Barber, McNichols和Truman(2001)；Jegadeesh, Kim, Krische和Lee(2004)的发现类似，大交易者的正则化后的交易不平衡轻微为负值−0.0171，如果没有正则化则轻微为正值，显示在那些高交易不平衡公司的交易的很大一部分比例是由大交易者触发的。

表 4.11 交易反应测度的描述性统计量

	均 值	中位数	标准差	最小值	最大值
面板 A 样本公司每日交易次数统计值					
按每笔成交股数分类(2000 股以下为小交易,5000 股以上为大交易)					
小交易次数	520.04	525.54	233.49	2.2	1724.33
大交易次数	325.56	231.21	314.69	1	2872.53
买入触发小交易次数	267.44	253.11	122.14	1.2	916.58
买入触发大交易次数	169.65	121.47	163.79	1.0	916.58
卖出触发小交易次数	254.93	242.13	113.04	1	819.08
卖出触发大交易次数	156.08	111.45	149.19	1.43	1433.43
买入或卖出触发小交易次数	261.19	248.28	117.85	1	916.57
买入或卖出触发大交易次数	162.87	116.31	156.81	1	1572.28
买盘—卖盘触发小交易次数	12.61	11.21	130.13	−612.63	770.76
买盘—卖盘触发大交易次数	13.59	11.45	190.63	−1332.93	1445.98
按每笔成交金额分类(20000元以下的为小交易,50000元以上的为大交易)					
小交易次数	601.70	606.71	136.55	1	1935
大交易次数	290.19	270.59	127.91	1	2883
买入触发小交易次数	308.99	306.47	78.46	1	1656
买入触发大交易次数	152.08	139.90	70.73	1	2407
卖出触发小交易次数	295.41	298.87	74.69	1	1662
卖出触发大交易次数	139.08	129.62	62.13	1	1819
买入或卖出触发小交易次数	302.21	302.67	76.58	1	1662
买入或卖出触发大交易次数	145.58	134.76	56.78	1	2407
买盘—卖盘触发小交易次数	13.60	11	146.99	−579.36	898.76
买盘—卖盘触发大交易次数	13.06	6.79	198.86	−1232.16	1503.39
面板 B 在事件期第 0 日和第 1 日两日内的交易不平衡					
	均 值	中位数	标准差	最小值	最大值
按每笔成交股数分类的买盘—卖盘触发小交易	42.97	5	323.99	−1900	4368
按每笔成交股数分类的买盘—卖盘触发大交易	39.44	10	149.91	−1927.00	2468.00
小交易不平衡的正则化	0.155	0.0573	1.019	−3.386	46.360
大交易不平衡的正则化	−0.0171	0.0513	1.372	−24.885	5.720

四、不同类型投资者对荐股评级和利益冲突超常交易反应回归结果

表 4.12 显示了不同样本、推荐评级和交易者类型交叉控制分组下的交易反应回归结果。我们将正则化的超常交易反应对不同的推荐评级水平哑变量进行回归,并研究利益冲突哑变量的交叉反应,区分了大、小交易者,针对不同类型投资者数据进行了回归。五级水平效果的系数显示无利益冲突荐股评级的反应和五个交互反应,显示如果分析师有利益冲突,会有不同的反应。在表 4.12 的第三列,我们展示了大、小投资者交易反应的差异。所有标准差都被作了异方差调整和事件期内任意相关调整。表格 4.12 的前 4 个面板,显示所有样本在主要样本期的回归结果和三个子样本:子样本 1 是排除了盈余公告日前后三日窗口期的样本。子样本 2 是排除了重新再次推荐样本。子样本 3 是既排除了盈余公告,又排除了再次推荐样本。子样本 1 允许我们从同时盈余公告效应中区分推荐评级的效应。因为 Battalio 和 Mendenhall(2005)、Shanthikumar(2003)研究发现小交易者在盈余公告第 0 天和第 1 天的反应最强烈,因此我们考虑的是围绕盈余公告前后一日时间窗口内的效应。使用盈余公告日期数据来确定重复日期。类似 Womack(1996)提及的荐股评级和盈余公告联合分布,我们发现样本中有大约 15%的分析师荐股评级事件发生在上市公司盈余公告前后的三个交易日内。子样本 2 区分出了重新再次推荐样本,这些样本的信息含量非常少,因此对交易几乎没有影响。子样本 3 则综合考虑了子样本 1 和子样本 2 的限制。

交易不平衡正则化同时也允许我们比较不同投资者类型的大小。系数显示小投资者比大投资者对正面推荐反应更强烈。对负面评级的反应和对两种类型投资而言都是类似,大投资者的反应约弱,能够反应他们获得信息的渠道越早。很难对系数的经济显著性作出解释,由于超常交易不平衡的标准差被正则化为 1,我们能将系数乘以 100 解释为标准差的百分比。例如,一个无利益冲突的买入评级将导致大交易者超常交易不平衡 11%的增加,而导致小交易者 24%的增加。

在全样本中,大交易者对分析师"买入"、"增持"荐股评级的超常交易

反应显著为正值，但系数绝对值较小，分别为 0.033 和 0.029。大交易者对“中性”评级显示出交易量增加反应，但对“减持”评级显示出交易量减少反应。特别的大交易者对“卖出”评级的反应交易量增加，而且增加的幅度最大，几乎为“买入”和“增持”评级的 7 倍。这说明相对其他评级，机构投资者对分析师的最负面评级“卖出”反应最剧烈，成交量会相应大幅增加。但机构投资者对分析师给出的正面“增持”和“买入”评级反应却并不大。机构投资者对分析师的“中性”评级反应较大，系数达到了 0.088，达到了小投资者成交量反应系数的 4 倍。这也符合之前学者的发现，机构投资者作为市场上的老练投资者，知道分析师一般不愿意发布负面评级，因此当分析师将评级从“买入”或者“增持”评级调低至“中性”评级时，机构投资者往往会将其看作是减持股票的信号。机构投资者的成交量往往会放大，这时我们发现散户对“中性”评级的反应和对“增持”的反应类似，这意味着散户对于分析师“中性”评级的理解并不正确，没有察觉出分析师“中性”评级中隐藏的负面信息。但在面临“减持”评级时，机构投资者和散户投资者反应出现了分歧，机构投资者的反应是超额成交量下降，对应系数为－0.077，散户的超额成交量却是上升，对应的系数为 0.016。机构投资者面临分析师的“减持”评级，出现了较保守的持仓护盘行为，超常成交量出现下滑。而分析师的“减持”评级对散户心理造成了恐慌，出现了超常成交量的上升。在面临“卖出”评级时，机构投资者明显受到了影响，成交量急剧放大，系数达到了 0.211，机构减持股票的迹象明显。对应的散户投资者成交量也出现了放大，但仅为机构反应的 1/3。在考虑了利益冲突和评级的联合影响后，全体样本中机构投资者对有利益冲突的分析师“减持”评级反应较大，出现了较大的成交量，对于“中性”、“增持”和“买入”评级均反应系数为负值。散户投资者除了对有利益冲突分析师的“卖出”评级成交量反应为正之外，其余全部为负，这意味着散户相对机构，并没有对有利益冲突的分析师评级向上偏差考虑进投资行为。

排除上市公司盈余公告日样本是剔除了围绕公司盈余公告发布日前后三日窗口期内的分析师样本，小投资者和大投资者的反应类似，除了对卖出评级的超常交易量为正相关外，其余大部分为负相关。即使在考虑了利益冲突后，除了有利益冲突分析师的增持样本为正值，其余大部分为负值。排除了分析师重复推荐样本是指剔除了同一家券商对相同股票的相同水平的评级重复样本，无论是大交易者还是小交易者，其超常交易量的回归系数几乎全部转为正值。意味着大、小交易者面对同一家券商对相同股票的相同水平评级的不重复样本，大部分情况下都会导致超额成交量的上升。

排除盈余公告日和重复推荐样本是指在全样本中剔除了前面两种情况的样本。面对这种类型的分析师单独荐股评级，大投资者的超额交易量反应与全样本时期非常类似，小交易者除了对“卖出”、“减持”等负面评级与全样本保持一致外，其余的评级如“中性”、“增持”和“买入”的符号全部由正值变为负值。但在面对利益冲突和荐股评级的联合影响时，两种样本的大交易者反应出现较大差异，但小交易者的反应差异并不大。

对于分析师的初次推荐样本，容易引起小交易者的重视，无论何种评级，也无论是否存在利益冲突，其超常交易量回归系数全部为正值，全部出现了增加的情况。大交易者相对而言比较理性，对发布初次推荐分析师的评级表现出不够信任的态度，对于其正面评级“买入”和“中性”，大交易者的成交量反而在缩小，但对有利益冲突分析师的评级，除了“卖出”评级成交量降低外，其余全部是增加，与小投资者高度类似。

对于分析师的重复推荐样本，机构投资者和散户投资者表现出了类似的特征，除了“减持”评级带来成交量急剧减少外，系数为－0.241，其余四种评级回归系数全部为正值，特别是机构投资者对重复推荐样本中分析师“卖出”评级带来的超常交易量增加较大，接近散户投资者的 7 倍。在考虑了利益冲突的评级样本中，中性和增持样本，大、小交易者全部为负值，但在“买入”样本中，大交易者为微弱正值，小交易者则出现负值。面对分析师的评级调高样本，机构投资者和散户投资者对分析师调高至“买入”和“增持”评级，表现出了较大的正面反应，回归系数分别达到了 0.543 和 0.956。这说明不同类型投资者对分析师的最乐观评级调高信息都存在积极的反馈，容易被分析师的过度乐观所影响。但机构投资者的反应程度大小不如散户投资者，在其他四种评级回归系数的绝对值大

表 4.12　不同样本、推荐评级和交易者类型交叉控制分组下的交易反应回归结果

	全体推荐样本			排除盈余公告日后的样本			排除重复推荐的样本			排除盈余公告日和重复推荐样本		
	大笔交易	小笔交易	小—大交易	大笔交易	小笔交易	小—大交易	大笔交易	小笔交易	小—大交易	大笔交易	小笔交易	小—大交易
卖出	0.211	0.066	−0.144	0.367	0.163	−0.204	0.125	0.067	−0.058	0.289	0.195	−0.094
t 值	1.42	0.84	−1.25	1.80*	1.55	−1.67	0.72	0.62	−0.75	1.26	1.52	−0.95
减持	−0.077	0.016	0.093	−0.112	−0.181	−0.068	−0.078	0.097	0.175	−0.046	−0.131	−0.085
t 值	−0.37	0.14	0.69	−0.41	−1.18	−1.09	−0.34	0.64	1.07	−0.15	−0.71	−0.64
中性	0.088	0.022	−0.066	0.074	−0.027	−0.101	0.043	0.017	−0.027	0.062	−0.036	−0.098
t 值	2.17**	1.06	−1.98**	1.36	−1.00	−1.68	0.90	0.54	−0.78	1.02	−1.06	−1.65*
增持	0.029	0.019	−0.009	−0.002	−0.011	−0.009	0.008	0.025	0.017	0.011	−0.011	−0.021
t 值	1.90*	1.20	−0.83	−0.05	−0.54	−0.64	0.20	0.93	0.89	0.22	−0.36	−0.66
买入	0.033	0.029	−0.004	−0.058	−0.078	−0.02	0.015	0.096	0.081	0.068	−0.014	−0.082
t 值	2.31**	1.95**	−1.48	−1.68	−1.97**	−1.76*	0.35	1.36	1.27	1.28	−1.07	−1.21
卖出×利益冲突	0.042	0.051	0.009	−0.685	−0.341	0.344	0.065	0.041	−0.025	−0.638	−0.376	0.262
t 值	0.14	0.19	0.17	−0.48	−0.58	0.68	0.075	0.07	−0.06	−0.45	−0.61	0.57
减持×利益冲突	0.929	−0.221	−1.151	−0.457	−0.775	−0.318	0.868	−0.311	−1.179	−1.532	−0.828	−0.704
t 值	0.67	−0.37	−1.99**	−0.57	−0.76	−0.61	0.62	−0.47	−1.56	−1.98**	−0.78	−0.71
中性×利益冲突	−0.151	−0.101	0.051	−0.298	−0.016	0.282	−0.052	−0.076	−0.023	−0.146	−0.017	0.129
t 值	−1.35	−1.67	2.04**	−1.83*	−0.19	1.78*	−0.42	−0.93	−0.54	−0.84	−0.18	2.57***
增持×利益冲突	−0.006	−0.043	−0.038	0.042	0.014	−0.029	0.079	0.067	−0.012	0.024	0.129	0.105
t 值	−0.10	−1.38	−1.59	0.54	0.35	−0.32	1.03	1.23	−1.02	0.25	2.20***	1.99**
买入×利益冲突	−0.067	−0.007	0.060	−0.154	0.015	0.169	−0.086	0.022	0.108	−0.261	−0.023	0.238
t 值	−0.77	−0.86	−0.88	−1.35	0.28	0.32	−0.73	0.28	1.35	−1.83**	−0.28	2.03**
样本规模	11629	23691		6832	14021		7729	11777		5148	8532	
R^2	0.0021	0.0024		0.0016	0.0005		0.0005	0.0004		0.0014	0.0013	

注：* 代表统计显著性水平为 0.1，** 代表统计显著性水平为 0.05，*** 代表统计显著性水平为 0.01。

（续表）

	初次推荐			重复推荐			评级调高			评级调低		
	大笔交易	小笔交易	小—大交易	大笔交易	小笔交易	小—大交易	大笔交易	小笔交易	小—大交易	大笔交易	小笔交易	小—大交易
卖出	0.191	0.163	−0.027	0.341	0.055	−0.286	0.123	0.324	0.201	−1.644	−1.468	0.176
t 值	0.71	1.23	−0.43	1.21	0.46	−1.32	1.32	2.25***	2.04**	−1.27	−1.79*	1.22
减持	−0.023	0.196	0.219	−0.241	−0.186	0.055	−0.057	−0.964	−0.907	−1.457	−1.686	−0.229
t 值	−0.07	1.13	2.57***	−0.53	−0.97	0.69	−0.88	−3.33***	−2.89***	−1.09	−1.99*	−1.05
中性	0.064	0.021	−0.043	0.015	0.031	0.016	−0.001	−0.312	−0.311	−1.731	−1.414	0.317
t 值	0.89	0.60	−0.55	0.17	0.96	0.35	−0.01	−1.28	−1.35	−1.36	−1.76*	2.44***
增持	−0.028	0.031	0.059	0.005	0.015	0.011	0.044	0.108	0.064	−1.639	−1.341	0.298
t 值	−0.44	1.02	1.52	0.10	0.75	0.43	0.34	1.30	1.54	−1.29	−1.67	2.23***
买入	−0.069	0.089	0.158	0.014	0.059	0.045	0.543	0.956	0.413	−1.589	−1.357	0.232
t 值	−1.12	2.14	2.36***	0.56	0.89	0.81	1.93**	2.31***	1.89*	−1.25	−1.75*	2.17**
卖出×利益冲突	−0.006	0.112	0.118	0.021	0.215	0.194	0.234	0.864	0.631	0.597	0.5741	−0.023
t 值	−0.01	0.16	0.17	0.42	0.68	0.59	0.78	1.98**	1.76*	0.64	0.50	−0.36
减持×利益冲突	0.807	0.011	−0.796	0.987	0.023	−0.964	0.124	−0.984	−1.108	−0.231	−0.810	−0.579
t 值	0.57	0.01	−1.21	0.85	0.34	−1.58*	0.26	−1.86**	−2.11**	−0.87	−0.69	−0.54
中性×利益冲突	0.122	0.052	−0.071	−0.534	−0.126	0.408	−0.667	−0.138	0.529	−0.0464	−0.315	−0.2686
t 值	0.63	0.51	−0.79	−2.09**	−1.35	1.86*	−1.67	−1.38	1.56	−0.20	−2.06**	−0.28
增持×利益冲突	0.129	0.035	−0.094	−0.087	−0.118	−0.031	−0.524	−0.183	0.341	−0.193	−0.023	0.17
t 值	0.97	0.53	−1.23	−0.97	−3.23***	−0.87	−1.48	−0.75	1.47	−0.60	−0.11	0.57
买入×利益冲突	0.125	0.171	0.046	0.004	−0.064	−0.068	0.131	0.008	−0.123	−0.284	−0.975	−0.691
t 值	0.53	1.66	0.98	0.03	−1.28	−1.35	0.53	0.05	−1.28	−1.42	−0.93	−0.62
样本规模	3656	7592		3840	11599		512	1053		612	1226	
R^2	0.0056	0.0041		0.0019	0.0014		0.0049	0.0039		0.0052	0.0096	

注：* 代表统计显著性水平为 0.1，** 代表统计显著性水平为 0.05，*** 代表统计显著性水平为 0.01。

小也可以看出，机构都小于散户投资者，这也说明机构投资者在面对分析师的调高评级时，考虑进了其中的偏差，因此反应相对散户投资者更加谨慎。在面临分析师评级调低样本时，无论是散户还是机构投资者都表现出超常交易量的急剧减少，这说明分析师的调低评级数量虽然不多，仅612条和1226条，但机构和散户对其成交量反应剧烈。如果出现调低，大部分情况下都会造成成交量的急剧缩小。这些结果的含义具备双重性。第一，荐股评级对大小投资者的交易行为具有显著影响。第二，大交易者考虑到了分析师荐股评级的上调偏差，对应地，他们将其反应调低了一个等级，例如对增持的评级，大投资者作出的反应是持有，对持有评级的反应是卖出。小投资者并没有调整他们的交易行为，但是理论上采纳了分析师的推荐评级。如果分析师有利益冲突，机构投资者对买入评级作出的正面反应明显要更低，对持有、减持和卖出的不同反应是不显著的。因此，正如无利益冲突评级，他们对中性和负面评级作出的是负面的反应。相反，如果分析师是有利益冲突的，小投资者在他们对不同分组的分析师正面评级的反应中显示出部分差异，对于排除盈余公告日后的样本和初次推荐样本，其超常交易反应为正值之外，他们对有利益冲突的买入或增持评级反应更为负面。

表4.12结果显示，如果分析师有利益冲突，机构投资者将应用一个额外的向下调整来对正面评级作出反应。小投资者则相反，没有严格区分有利益冲突和无利益冲突的荐股评级。他们是采纳了两种类型的荐股评级。

研究小结

本节我们发现分析师倾向于在向投资者发布荐股评级中存在系统性的正向偏差，体现为证券分析师荐股评级样本中负面评级的占比非常低，仅为0.63%。大交易者对分析师的中性评级和增持评级反应下调了一个级别，作出了反应，但小交易者似乎没有察觉到分析师的推荐评级中包含的系统性偏差，小交易者也没有表现出能够发现分析师背后的利益冲突。大交易者作为老练的投资者，比小交易者更能够识别分析师荐股评级的战略扭曲。我们发现散户对“中性”评级的反应和对“增持”的反应类似，这意味着散户对于分析师“中性”评级的理解并不正确，没有察觉出分析师“中性”评级中隐藏的负面信息。但在面临“减持”评级时，机构投资者和散户投资者反应出现了分歧，机构投资者的反应是超额成交量下降，对应系数为－0.077，散户的超额成交量却是上升，对应的系数为0.016。机构投资者面临分析师的“减持”评级，出现了较保守持仓护盘行为，超常成交量出现下滑。而分析师的“减持”评级对散户心理造成了恐慌，出现了超常成交量的上升。在面临“卖出”评级时，机构投资者明显受到了影响，成交量急剧放大，系数达到了0.211，机构减持股票的迹象明显。对应的散户投资者成交量也出现了放大，但仅为机构反应的1/3，在其他子样本中也存在类似的规律。本节研究结果证明散户投资者面对分析师的荐股评级时显示出过度天真，容易被分析师的声誉、过度乐观的煽动性观点所迷惑，并且过于信任证券分析师。当然，分析师的这种正向偏差的来源可能有两种：一种是过度自信；另一种是战略扭曲。过度自信的来源是分析师的无意识行为偏差，对投资者的伤害并不会太大。但如果分析师采取战略扭曲其真实观点策略，故意发布有乐观偏差的分析师评级来误导投资者，将会导致投资者利益受到严重损害。下章将对分析师研究观点的战略性扭曲和非战略性扭曲进行探索性研究，尝试研究区分这两种扭曲的方法。

第五章
分析师的战略扭曲和误导投资者行为识别研究

无论是在国外还是国内资本市场,为了牟取非法利益,“黑嘴”分析师们往往通过发布与其真实想法不符的战略扭曲的荐股评级或盈余预测来误导投资者。然而,由于分析师的真实想法属于私人信息,如果没有举报线索,监管部门和研究人员很难识别分析师究竟是属于战略误导还是能力低下。为了有效识别分析师的误导行为,本章首先要在分析师研究观点中的扭曲进行分类基础上,利用回归方法研究分析师荐股评级、盈余预测中的扭曲现象,再利用高频数据和大、小投资者的反应检验分析师利用信息不对称来误导投资者的必要条件是否成立,并对分析师战略扭曲行为的可持续性进行测度。其次,对分析师误导行为事件期财富转移测度模型进行研究和求解,在此基础上探索建立分析师战略扭曲误导投资者行为的识别经验方法和规律。

第一节　分析师研究观点的战略扭曲和非战略扭曲研究

前面章节的研究发现证券分析师会发布过于乐观的正面评级,本节试图对证券分析师荐股评级中存在的向上扭曲现象展开研究,这些扭曲可以被分为两种类型:战略扭曲和非战略扭曲。分析师发布与内心实际想法不一致的“战略扭曲”荐股评级目的是诱导中小投资者跟风购买并取悦上市公司管理层。非战略扭曲体现的是分析师对股票未来的真正过度乐观,主要因为分析师的自我选择或者过度自信。过度自信心理的产生主要是因为分析师往往都非常聪明,认为自己几乎在所有领域的造诣都高于平均水平,最近的盈余预测和股票推荐比较成功就永远不会失败,就像拿了一手好牌就认为好牌有源源不断的热手效应。理论上,我们可以使用一个简单的方法——通过对同一位分析师同时发布的荐股评级和盈余预测来区别这两种动机。持非战略扭曲观点的分析师会在推荐评级和盈余预测中表达出积极观点。持战略扭曲观点的分析师虽然在推荐评级中会发布过度乐观的股票推荐评级,但可能会发布负面的盈余预测。有两个原因导致这种简单方法无法具备普遍适用价值:原因一,并不是所有的证券分析师会在发布荐股评级的同时也会发布盈余预测。原因二,狡猾的分析师将会在荐股评级中隐藏自己对该股票真实观点的同时,在盈余预测中也显示出乐观主义的向上扭曲。如何区分分析师"战略扭曲"和"非战略扭曲"的荐股评级及其影响因素一直是学术界的难题,因为战略扭曲反映的是分析师误导背后的激励因素:分析师故意发布过度乐观的推荐评级,主要是为了讨好上市公司管理层,产生更多的投行或者金融业务,诱导中小投资者来购买上市公司股票(Michaely 和 Womack, 1999)。上市公司管理层通常会给那些给出"不利"评级的分析师进行指责,并且冻结那些不愿给出积极评级的证券分析师与上市公司管理层之间的信息沟通渠道,比如对其来公司进行现场调研的要求给予拒绝(Francis, Hanna 和 Philbrick, 1997)。

类似地,基金公司、保险公司等买方机构客户往往也会要求分析师对其重仓股票维持"正面"评级。相反,非战略性扭曲是意味着分析师真正对该股票报有过度乐观的期望和预测,过度乐观的原因可能是由于分析师长期跟踪某些公司造成的心理偏差,比如分析师对跟踪很久的股票产生了感情归属,尽管该股票达到了价格目标,但分析师往往不忍放弃跟踪,导致其过于乐观的估计公司未来,或者仅仅是分析师没有慎重全面的分析公司基本面,轻易相信某些信息(McNichols 和 O'Brien, 1997)。还有可能是由于近因主观偏见,证券分析师最近经历的事情和信息严重影响到了其主观看法,往往让其忽略很久之前就已经掌握的信息。国内外学者对分析师背后动机的相对重要性差异知之甚少。本书拟设计新研究方法对如何区分分析师过度乐观的研究成果背后动机展开探索性研究。假设分析师同时使用盈余预测和荐股评级提供投资建议。我们认为不同类型的投资者处理、甄别和使用这些分析师投资建议信息的能力依赖于沟通模式和投资者投资经验的老练程度,无论形式如何,机构投资者都容易筛选出相关的正确信息,而散户则很难分辨信息的真伪。由于分析师在面对机构投资者时进行战略扭曲的激励存在不足,因此对于分析师在何种情况下会进行战略扭曲的研究具有重要意义。我们作出以下假设,如果处理信息的能力随着听众和沟通模式的变化而变化,那么分析师最优的战略扭曲行为将会随之而改变,但非战略扭曲行为则不会。

Ulrike Malmendier 和 Devin Shanthikumar(2009)发现绝大部分的有利益冲突证券分析师和大比例的无利益冲突证券分析师针对不同类型的听众——大交易者和小交易者,采用了不同的语言方式进行表达。该发现不仅仅证明证券分析师在资本市场上发挥的重要作用,而且意味着个人投资者在管理他们自己的投资和退休储蓄方面不断增加的责任。家庭金融最新研究也开始关注个人投资者的偏差、次优决策和金融素养差异,而散户投资者面对的分析师研究报告可能是最不可信的投资建议。监管部门刻意将证券研究部门和投行业务部门分离来防范分析师的战略扭曲,但却难以防范分析师面对不同类型的投资者时采用不同的语言。前期已有一些研究分析了利益冲突是否能解释有利益冲突分析师荐股评级的向上扭曲。但这些成果的结论并没有达成一致意见。O'Brien, McNichols 和 Lin(2005)发现有利益冲突分析师比无利益冲突分析师在调低“增持”和“中性”评级的速度要慢一拍,但在调高“中性”评级方面的速度要更快。可能的原因是承销利益冲突降低了分析师将负面信息体现在荐股评级中的意愿。Ulrike Malmendier 和 Devin Shanthikumar(2009)将这种分析师对新信息更新的研究拓展到了之前没有学者关注的分析师盈余预测信息更新中,发现存在明显差异。Kolasinski 和 Kothari(2008)发现存在兼并和收购行为利益冲突的分析师也会战略扭曲其评级,并且他们提供了区分该分析师特殊样本下的战略扭曲和非战略扭曲评级方法。Cowen，Groysberg 和 Healy(2006)基于分析师所属公司是否从承销行为、经纪佣金、联合或者纯研究成果中获利来检验分析师荐股评级和盈余预测中存在的扭曲现象。与前面学者观点不一样，他们认为不是承销行为而是交易创造驱使分析师发布向上扭曲的研究报告。本节重点并不是探讨分析师行为战略性扭曲产生的不同动机，而是分析师战略性和非战略性扭曲的相对强度和可持续性。Richardson(2004)考虑到分析师在临近盈余公告日对上市公司管理层施加压力的反应，记载了年度内分析师盈余预测不断“走低”的现象，在每年年初，分析师往往会发布过度乐观的盈余预测，之后逐渐降低，到了年末盈余预测公告日前夕，分析师发布的盈余预测往往是过度悲观了。Chan，Karceski 和 Lakonishok(2003)则认为分析师战略性调低盈余预测的目的是为了避免负面的盈余惊喜，并且发现了正面盈余惊喜的证据。Baik 和 Yi(2007)则认为上市公司实际盈余往往会达到或者超越有利益冲突分析师预测值的概率要高于那些无利益冲突分析师的预测值。但前期研究并没有检验单个分析师荐股评级和盈余预测乐观主义之间的联系，也没有检验承销利益冲突在上市公司盈余公告之前对于分析师盈余预测的影响。

一、　样本数据来源及描述性统计

本书的分析师荐股评级数据和分析师年度盈余预测数据，相应的上市公司每股实际盈余数据和分析师个人信息及券商信息均来自国泰安 CSMAR 证券分析师盈余预测研究数据。在国泰安数据库中证券分析师荐股评级数据从 2000 年开始，截至 2014 年 5 月。但分析师利益冲突最严重时是股市处于泡沫阶段。我国资本市场最近的一次大泡沫起始于 2006 年年初，上证指数为 1215 点，到了 2007 年 10 月 16 日达到 6124 点的高位，随后迎来迅速的下跌，上证指数在 2008 年 10 月 28 日跌至 1664 点。因此，本书选择从 2006 年 1 月作为分析师样本的起始日期，选择 2008 年年底作为分析师样本的结束期。对应阶段的国泰安高频数据库也存在有效高频数据。与前面几节不同，在本节我们将国泰安分析师的推荐评级按照升序转化为统一格式，5＝“买入”评级，4＝“增持”评级，3＝

“中性”评级，2＝“减持”评级，1＝“卖出”评级。推荐评级的分值越高越好，分析师评级上调意味着对应的数值发生正向变化。我们使用在前期公告日和上市公司公告日期之间证券分析师发布的盈余预测。并且还对分析师的当年同期（会计年度）的荐股评级与盈余预测值进行了匹配。

二、研究设计与变量设定

我们拟采用以下步骤进行研究。首先，参考前期学者的研究方法分别比较有利益冲突和无利益冲突分析师的推荐评级和盈余预测的扭曲平均值。为了测度分析师在荐股评级和盈余预测中的扭曲，使用分析师的盈余预测或荐股评级与现有分析师盈余预测或荐股评级一致性平均值之间的差异作为代理变量。由于盈余预测值是基于每股盈余进行测度，因此用分析师盈余预测值公布当天的每股价格对其进行正则化处理获得。盈余预测值的平均值是在前一年盈余公告之后所有已公布的分析师盈余预测的均值。对于荐股评级，计算也是类似。由于荐股评级并不是适用于某个特定时期，我们使用了一系列窗口期：一个月，三个月，六个月和十二个月，本节显示的是三个月的结果。

对于利益冲突的测度，我们基于分析师所属券商是否和分析师正在推荐和预测的公司之间存在承销关系进行判断。正如前期文献所述，如果分析师所属投资银行在过去 5 年之内是 IPO 的牵头承销商或副承销商，或者在过去 2 年内是股票增发 SEO 的牵头承销商或者非牵头承销商，

表 5.1　分析师荐股评级与盈余预测描述性统计量

	荐股评级								年度盈余预测					
	样本规模	数量					5 分制转换		样本规模	均值	标准差	百分位数		
		卖出	减持	中性	增持	买入	均值	标准差				25%	50%	75%
全部样本	24363	178	83	4328	12959	6815	4.09	0.729	65664	1.02	0.941	0.48	0.77	1.24
无利益冲突	22123	174	80	3995	11703	6171	4.07	0.735	59897	1.02	0.952	0.49	0.49	1.23
有利益冲突	2240	4	3	333	1256	644	4.13	0.664	5769	0.99	0.806	0.47	0.78	1.28

则被认为分析师推荐样本是有利益冲突的。使用 CSMAR 中的首次公开上市与增发研究数据库来确定券商曾经牵头或者参与的上市公司 IPO 和 SEO 业务并与分析师发布盈余预测和荐股评级的股票和时间进行比对,据此来确定分析师的利益冲突。

我们检验了 CSMAR 国泰安分析师样本荐股评级和盈余预测的描述性统计量,如表 5.1 所示。表 5.1 的左半部分显示了全体分析师荐股评级的分布情况,并且按照利益冲突进行了分组。正如前期研究文献的发现,绝大部分的荐股评级是正面和中性的,样本中只有不到 1%的比例是"减持"评级或者"卖出"评级。有利益冲突组分析师其发布的荐股评级中"买入"和"增持"评级的比例较高,达到了 84.82%,而无利益冲突组分析师正面评级所占比例为 80.79%,这导致有利益冲突分析师评级均值要明显高于无利益冲突分析师均值。如果在样本期内,分析师所属券商从未承销过任何股票,这些分析师将被划分为"从未有利益冲突"组,这一组具备最低的正面推荐和最高比例的"减持"和"卖出"评级。

荐股评级差异受到被有利益冲突和无利益冲突分析师覆盖公司的影响。例如那些在过去 2 年内有 SEO 或者过去 5 年内有 IPO 的公司,无利益冲突荐股评级更加偏正值,均值为 4.07,而全样本的均值为 4.09,有利益冲突的样本仍然更高,均值为 4.13。

从分析师的荐股评级转向盈余预测,我们发现分布规律发生了反转。正如表 5.1 中右半部分所示,全样本的平均每股盈余预测为 1.02,预测值倾向偏正值,即使是 25%的百分位数为 0.48。与荐股评级形成鲜明对比的是,有利益冲突的分析师发布的盈余预测均值比无利益冲突分析师显著更低,有利益冲突分析师的预测均值为 0.99,而无利益冲突分析师的预测均值为 1.02。

三、基于回归框架的分析师荐股评级、盈余预测和均值差异

表 5.2 则是在 OLS 回归框架内分别对分析师荐股评级和盈余预测与对应的平均值进行了比较。列一显示的是以分析师推荐评级和荐股均值之间的差异为因变量,以利益冲突为自变量进行回归,控制了年、月、日度的固定效应。结果发现有利益冲突的荐股评级乐观主义要显著高于无

利益冲突的荐股评级乐观主义。列二显示的则是年度盈余预测类似的回归结果，我们控制了财政年度的择时效果，同时也控制了年、月、日度的固定效应。我们发现有利益冲突的预测乐观主义比无利益冲突的预测乐观主义要高，但盈余预测组的乐观程度远不如荐股评级样本组。

表 5.2　分析师荐股评级和盈余预测和平均值差异与利益冲突回归

	荐股评级	年度盈余预测
利益冲突哑变量	0.04474***	0.01799***
t 值	4.52	3.80
标准差	0.00990	0.00473
年度、月度和日度的固定效应	是	是
观测值的数量	26603	71435
R^2	0.0008	0.0043

注：* 代表统计显著性水平为 0.1，** 代表统计显著性水平为 0.05，*** 代表统计显著性水平为 0.01。

通过对有利益冲突和无利益冲突分析师荐股均值和预测均值差异的比较，我们发现只有分析师的战略性扭曲动机才能解释分析师平均意义上持续乐观荐股评级和持续悲观盈余预测并存的现象。

四、分析师择时效应的统计量和回归分析

为了进一步区分分析师背后的战略动机和非战略动机，我们考虑对分析师推荐评级和盈余预测的择时效应进行研究。O'Brien，McNichols(2005)发现有利益冲突分析师显著在调高"中性"评级时速度较快，但在调低"增持"或"中性"评级时显著要慢于无利益冲突分析师。与 O'Brien 研究样本采用的是发行新股后的首次推荐样本不同，我们选择的是 2006 年 1 月至 2008 年 11 月股市泡沫前期和后期的全样本。首先检验是否该有偏的评级更新行为会在更长的利益冲突期内存在，其次检验其是否适用于盈余预测样本。我们预期伴随着更高的推荐评级的平均扭曲，推荐评级更新的时间选择可能是非战略性的，分析师可能确实对正面消息反应更加迅速，如果这是真实情况，那么分析师的盈余预测更新速度也会变快。表 5.3 显示的是分析师的择时效应样本的描述性统计量。

表 5.3　分析师的择时效应样本描述性统计量

相同分析师相同股票的新推荐评级和新盈余预测发布之前间隔日期的平均值（括号内为中位数）

荐股评级	全体样本	卖出	按荐股评级水平分组			买入	相对更新	
			减持	中性	增持		调高	调低
无利益冲突	113.36	106.25	122.80	129.09	111.67	96.70	117.07	99.49
	(100.39)	(81)	(88.67)	(98)	(84.67)	(73)	(83)	(78.97)
有利益冲突	111.78	81	16	128.40	111.27	101.84	52.57	89.42
	(93.03)	(81)	(16)	(100.75)	(80.75)	(73.22)	(59)	(57.43)

盈余预测	全体样本	按相对平均值分组			相对更新	
		低于	等于	高于	调高	调低
无利益冲突	91.88	121.33	41.14	109.54	114.14	105.32
	(76)	(90.75)	(36)	(80.5)	101.25	95.37
有利益冲突	98.43	126.72	—	119.76	59.34	94.47
	(74.67)	(91.5)	—	(86.38)	46.39	60.74

注：“—”代表该分类中没有样本。

有利益冲突的分析师比无利益冲突的分析师更快的更新其发布的负面和中性评级，但是有利益冲突分析师比无利益冲突分析师维持他们发布的正面评级平均等待时间要持平或者略多。如果我们将评级调整划分为调高和调低两种类型，却会出现相反规律。在调低一只股票评级（负面消息）之前，有利益冲突分析师比无利益冲突分析师平均仅少等待 10 天。但在调高评级（正面消息）时，有利益冲突分析师比无利益冲突分析师足足少等 65 天，这意味着有利益冲突分析师相比无利益冲突分析师更加迫不及待地调高跟踪股票的评级。

而对于盈余预测，我们发现了一个截然不同的规律。无论是全样本、高于还是低于平均预测值，有利益冲突分析师的盈余预测更新监管几乎都高于无利益冲突分析师。从表 5.3 中可以发现，两者之间的差异仅相差 5 天，即使最大差异也不超过 10 天。

为了进一步研究分析师的择时效应，分别以荐股评级下次更新间隔日期 *days_to_update_rec* 与荐股平均值的差异 *diff_to_consensus*，盈余预测下次更新间隔日期 *days_to_update_for* 为因变量，不同类型的荐股评级及其与利益冲突的交叉影响变量、不同类型的盈余预测与实际盈余的比较值,以及其与利益冲突的交叉控制变量。建立以下方程:

$$\begin{aligned} days\_to\_update\_rec = {} & \alpha + \beta_1 SSH + \beta_2 buy + \beta_3 strongbuy \\ & + \beta_4 SSH \times affiliation + \beta_5 buy \times affiliation \\ & + \beta_6 strongbuy \times affiliation \end{aligned} \tag{5.1}$$

$$\begin{aligned} diff\_to\_consensus = {} & \alpha + \beta_1 SSH + \beta_2 buy + \beta_3 strongbuy \\ & + \beta_4 SSH \times affiliation + \beta_5 buy \times affiliation \\ & + \beta_6 strongbuy \times affiliation \end{aligned} \tag{5.2}$$

$$\begin{aligned} days\_to\_update\_for = {} & \alpha + \beta_1 above\_consensus + \beta_2 equal\_consensus \\ & + \beta_3 below\_consensus \\ & + \beta_4 above\_consensus \times affiliation \\ & + \beta_5 equal\_consensus \times affiliation \\ & + \beta_6 below\_consensus \times affiliation \end{aligned} \tag{5.3}$$

在方程中,*SSH* 变量代表负面评级,当荐股评级如果是"卖出,减持或者中性"评级时该变量为 1,否则为 0。老练投资者往往将分析师的"中性"评级看作是卖出信号。*buy* 是指分析师评级为"增持"评级时变量取值为 1,否则为 0。*strongbuy* 是指当分析师评级为"买入"评级时,变量取值为 1,否则为 0。*affiliation* 是利益冲突变量,正如前面的定义,如果分析师所属投资银行在过去 5 年之内是 IPO 的牵头承销商或副承销商,或者在过去 2 年内是股票增发 SEO 的牵头承销商或者非牵头承销商,则被认为分析师推荐样本是有利益冲突的,该变量取值为 1,否则取值为 0。*above_consensus* 变量当分析师盈余预测值高于盈余实际值时,该值取 1,否则取值为 0。*equal_consensus* 变量当分析师盈余预测值等于盈余实际值时,该值取 1,否则取值为 0。*below_consensus* 变量是指当分析师盈余预测值低于盈余实际值时,该值取 1,否则取值为 0。

在表 5.4 第一列的回归分析结果显示有利益冲突的分析师在调低买入评级之前比无利益冲突分析师要多等待 8.5 天,直到下次更新至增持评级则需要比无利益冲突分析师多出 0.5 天,但在更新"中性"、"减持"或

“卖出”评级时，则要多等待 8.7 天。正如第二列与平均值差异回归结果所示，有利益冲突的分析师的“买入”评级要比无利益冲突的分析师荐股评级更低于平均值。换句话说，有利益冲突的分析师在发布“买入”正面评级之前将会一直等待，直到平均推荐评级升高。并且只有当绝大部分的已发布评级在相同的负面评级上时，才会发布“减持”或者“卖出”评级。研究发现显示，有利益冲突的分析师的目标是不想成为“出头鸟”。他们的评级发布想方设法与跟踪该股票的大多数分析师平均保持一致。列三盈余预测样本回归结果显示下次更新间隔日期与分析师盈余预测负相关，无论其与平均值比较的大小。相对无利益冲突分析师，有利益冲突分析师在推荐评级和盈余预测更新时间的选择上和平均评级、平均预测值上显示出明显的战略性行为。

表 5.4　分析师推荐评级择时效应的回归分析

	下次更新间隔日期	与平均值的差异		下次更新间隔日期
卖出，减持，中性	39.38***	−1.52***	高于平均值	−0.211
t 值	13.95	−165.84	t 值	−0.07
增持	16.59***	−0.82***	等于平均值	−54.66
t 值	8.23	−125.01	t 值	−0.93
买入	13.78***	−0.68***	低于平均值	−0.64
t 值	7.57	−98.35	t 值	−0.16
(卖出，减持，中性)×(利益冲突)	8.71	0.129***	高于平均值×利益冲突	−11.50
t 值	1.10	5.01	t 值	−1.43
增持×利益冲突	0.502	0.020	等于平均值×利益冲突	−41.32
t 值	0.13	1.67	t 值	−0.87
买入×利益冲突	8.53*	−0.014	低于平均值×利益冲突	8.35***
t 值	1.69	−0.87	t 值	2.60
观测数量	13235	13235	观测数量	12755
R^2	0.0165	0.7179	R^2	0.0005

注：* 代表统计显著性水平为 0.1，** 代表统计显著性水平为 0.05，*** 代表统计显著性水平为 0.01。

五、 基于高频数据的大小交易者的反应测度

分析师利用信息不对称来误导投资者的必要条件是散户比机构更容

易遵循分析师的荐股评级进行股票买卖，机构比散户对分析师盈余预测的反应更加强烈。下面将检验是否存在这样的规律。

为了有效划分投资者类型，我们使用交易规模来区分大、小交易者。遵循 Lee 和 Radhakrishna(2000)年的方法，我们选择基于金额而不是基于股份的阈值，因为他们能够在区分散户和机构时最小化噪声，并且允许在小笔和大笔交易之间存在缓冲区(20000—50000 元)。Malmendier 和 Shanthikumar(2009)显示这些代理变量一直是散户和机构交易测度的有效变量，最典型散户小投资组合确保他们的单笔交易保持在 50000 元以下，并且交易规模保持稳定。但是他们的发现在 2000 年后出现了异常，散户和机构的交易区别出现了模糊。

为了有效测度交易反应，我们使用方向性交易反应(交易触发者)来捕捉交易者的买入和卖出压力。使用修订过的 Lee 和 Ready(1991)对数版本，由 Odders-White(2000)采用来确定谁触发的交易，是投资者买行为还是投资者卖行为。

投资者类型 x，公司 i 在第 t 天的不平衡原始交易额按公式(5.4)计算：

$$TI_{i,x,t}=\frac{buys_{i,x,t}-sells_{i,x,t}}{buys_{i,x,t}+sells_{i,x,t}} \tag{5.4}$$

我们将 TI 减去公司年度均值，再除以公司年度标准差，进行正则化，同时按照每种投资者的类型进行分类，得到公式(5.5)：

$$TI_{i,x,t}^{abnormal}=\frac{TI_{i,x,t}-\overline{TI}_{i,x,year(t)}}{SD(TI_{i,x,year(t)})} \tag{5.5}$$

正则化允许我们在不同公司和大小投资者之间比较超常交易次数，并且在回归框架内替代年度效应和公司固定效应。表 5.5 显示的是按小交易和大交易分类的不同类型投资者交易反应测度的样本描述性统计量。左边三列(所有日期)显示的是全样本，中间三列(荐股评级日期)显示的是分析师推荐样本，右边三列(盈余预测日期)显示的是盈余预测样本。小交易者比大交易者触发更多次数的交易，在所有日期全样本中，前者是后者的接近两倍。在盈余预测日期内卖方触发差距变得最小，但小交易者依旧比大交易者多交易超过 1 倍。无论大、小交易者，都增加了他们买入和卖出的压力。无论是使用交易量还是交易笔数，这些研究结论都保持类似。

表 5.5　投资者交易反应测度的描述性统计量

按每笔成交金额分类(20000 元以下的为小交易，50000 元以上的为大交易)	所有日期			荐股评级日期			盈余预测日期		
	均值	中位数	标准差	均值	中位数	标准差	均值	中位数	标准差
买方触发小交易次数	308.99	306.47	78.46	594.19	606.42	207.35	584.97	595.64	208.11
买方触发大交易次数	152.08	139.90	70.73	257.99	160.24	278.16	262.04	163.71	284.90
卖方触发小交易次数	295.41	298.87	74.69	593.25	608.83	199.48	584.56	601.1	201.37
卖方触发大交易次数	139.08	129.62	62.13	237.43	149.33	250.83	243.45	154.89	258.14
小额买/卖触发交易数	302.21	302.67	76.58	593.72	607.44	203.45	584.77	598.09	204.76
大额买/卖触发交易数	145.58	134.76	56.78	247.71	155.18	265.05	252.75	159.11	272.02
“买—卖”触发小额交易	13.60	11	146.99	0.94	22.36	16.86	0.41	10.68	13.77
“买—卖”触发大额交易	13.06	6.79	198.86	20.56	13.91	54.68	18.59	17.54	52.56

表 5.6 显示的是不同类型投资者对分析师荐股评级和盈余预测更新的交易反应，并且按利益冲突对分析师样本进行了分组。交易反应是用公式(5.2)中的超常交易不平衡指标 $TI_{i,x,t}^{abnormal}$ 来测度，大约是预测和推荐评级日当日或者后一日。大交易者是指单笔交易大于 50000 元的交易，小交易者是指单笔交易小于 20000 元的交易。更新变量 *Update* 对于荐股评级样本而言是指同一位分析师对同一家公司的当期荐股评级和上一期荐股评级之差；更新变量 *Update* 对于盈余预测而言是指同一位分析

师对同一家公司的当前期盈余预测值和上一期盈余预测值之差，再除以当期的股票价格。以公式(5.5)中的荐股评级交易反应 $TI_{i,x,t,rec}^{abnormal}$ 为因变量，评级更新 $Update$ 为自变量，建立以下回归方程：

$$TI_{i,x,t,rec}^{abnormal}=\alpha+\beta\times update_{rec} \tag{5.6}$$

以公式(5.5)中的盈余预测交易反应 $TI_{i,x,t,forcast}^{abnormal}$ 为因变量，盈余预测更新 $Update$ 为自变量，建立以下回归方程：

$$TI_{i,x,t,forcast}^{abnormal}=\alpha+\beta\times update_{forcast} \tag{5.7}$$

表 5.6 利益冲突、大小交易者对荐股评级和盈余预测的交易反应：回归结果

		荐股评级交易反应 $TI_{i,x,t,rec}^{abnormal}$			盈余预测交易反应 $TI_{i,x,t,forcast}^{abnormal}$		
		小交易者	大交易者	小交易者—大交易者	小交易者	大交易者	小交易者—大交易者
无利益冲突	评级/预测更新 $Update$	−0.077	−0.093	0.019	1.309	−2.39	3.622
	t 值	−1.19	−1.52	0.34	1.13	−2.19**	3.65***
	常量	0.163	0.241	−0.071	0.220	0.191	0.022
	t 值	5.02***	7.89***	−2.58***	5.36***	4.94***	0.64
	N	11857	11857	11857	11461	11461	11461
	R^2	0.0011	0.0018	0.0001	0.001	0.0038	0.0105
有利益冲突	评级/预测更新 $Update$	0.065	0.118	−0.0517	2.204	2.451	−0.149
	t 值	1.10	2.00**	−0.93	2.02**	2.21**	−0.14
	常量	0.096	0.077	0.029	0.144	0.111	0.043
	t 值	3.32***	2.68***	1.08	4.17***	3.16***	1.32
	N	1353	1353	1353	1275	1275	1275
	R^2	0.0009	0.0029	0.0006	0.0032	0.0038	0.0001

注：* 代表统计显著性水平为 0.1，** 代表统计显著性水平为 0.05，*** 代表统计显著性水平为 0.01。

从回归结果观察，对于有利益冲突分析师的推荐评级更新，小交易者和大交易者的反应系数都为正值。当对某只股票进行推荐的分析师给出的推荐评级调高时，所有的交易者都承担了更多的买入压力。但是大交易者的系数相对小交易者对有利益冲突推荐评级更新更高。除此之外，小交易者(0.096)比大交易者(0.077)具有更高的截距项，显示出小交易者在不同水平推荐评级上更多的买入压力。这些发现与 Iskoz(2002)，Malmendier 和 Shanthikumar (2007) 和 Mikhail，Walther 和 Willis (2007)的发现类似，大投资者会对分析师的荐股评级打折扣，而小投资者理论上会遵循分析师的推荐评级进行投资。Malmendier 和 Shanthikumar(2007)发现当小投资者在分析师发布"中性"评级时，不会对其作出交易反应，但在分析师给出"买入"评级时，会跟风买入。而大投资者在分析师发布"中性"评级时，会选择卖出股票，并且在分析师给出"买入"评级时，并不会跟风买入。也就是说，大交易者当分析师存在利益冲突时，会将他们对分析师发布的评级反应作向下调整。

对于无利益冲突分析师的推荐评级更新，小交易者和大交易者的反应都为负。当分析师给出的推荐评级调高时，所有交易者的买入压力会降低。大交易者买入压力的系数绝对值要大于小交易者的买入压力系数绝对值，大交易者的买入压力比小交易者下降幅度更大。除此之外，小交易者(0.163)比大交易者(0.241)具有更低的截距项，显示出小交易者在不同水平推荐评级上更小的买入压力。

对于分析师盈余预测更新，回归结果显示出与荐股评级不同的规律。无论分析师有无利益冲突，小交易者对分析师盈余预测相对精度增加的反应为正。与之形成对比的是，大交易者在有利益冲突盈余预测更新日，显著存在正面反应，斜率系数显著为正值；在无利益冲突盈余预测更新日，却显著存在负面反应，斜率系数显著为负值。如果我们将推荐评级和预测的分析限制在至少一个股票上有利益冲突和无利益冲突的分析师样本上，大交易者的反应存在非常类似的规律。总之，大投资者比小投资者对盈余预测精度的更新反应更为剧烈，而小投资者无论预测更新是正还是负，都会作出积极反应。相对荐股评级，大投资者对分析师盈余预测更新在方向上或在绝对值上的交易反应都会更剧烈。因此，与向上扭曲盈余相比，推荐评级向上扭曲具有更低的成本和更大的收益。如果分析师实施战略扭曲，这种效应将会更强。除此之外，正如上面讨论过的，上市公司管理层对分析师施加的在公司盈余公告日前降低盈余预测压力，也意味着盈余预测的扭曲也许是向负面扭曲。由于小投资者通常不处理在盈余预测更新中包含的好消息或者坏消息，通常仅仅只会对"达到或者超越"平均预测的公司作出反应。因此，差异化的推荐评级向上扭曲和盈余预测的向下扭曲暗示着一个更强的战略动机。

六、荐股评级还是盈余预测：单个分析师水平的分析

由于有利益冲突和无利益冲突的分析师荐股评级和盈余预测既在均值方面又在择时方面存在显著差异，显示出有利益冲突分析师相对无利益冲突分析师战略扭曲行为更加严重。本节通过将样本划分为有利益冲突组和无利益冲突组，研究分析师向上扭曲的主要动机是源于战略性乐观主义还是非战略性乐观主义。将个人水平的荐股评级扭曲和盈余预测扭曲综合进行研究，允许我们关注战略扭曲反应在不同组分析师，不同上市公司子样本，或者投资建议发布的不同时间子样本上的异质性，使用单个分析师分析来构建扭曲测度并且测量战略行为的异质性。

为了对同一位分析师发布的盈余预测和荐股评级之间的相关性展开研究，首先检验是否发布正面推荐评级的分析师也会发布较正面的盈余预测。通过同一位分析师的荐股评级和盈余预测直接连接来比较他们的相对"乐观主义"，分别测度其与对应均值的偏差。为了检验不同样本下分析师盈余预测乐观主义和推荐评级乐观主义之间的关系，我们使用公式(5.8)代表着全部样本；公式(5.9)代表着无利益冲突样本；公式(5.10)代表着无利益冲突/买入评级样本；公式(5.11)代表着无利益冲突/增持样本；公式(5.12)代表着有利益冲突样本；公式(5.13)代表着有利益冲突/买入评级样本；公式(5.14)代表着有利益冲突/增持样本；公式(5.15)代表着全部样本加入了有利益冲突和有利益冲突×(推荐评级乐观主义)自变量。

$$forecast\_optimism_{i,\,wholesample} = \alpha + \beta_1 rec\_optimism_{i,\,wholesample} \tag{5.8}$$

$$forecast\_optimism_{i,\,unaffliated} = \alpha + \beta_1 rec\_optimism_{i,\,unaffliated} \tag{5.9}$$

$$forecast\_optimism_{i,\,unaffliated,\,strongbuy} = \alpha + \beta_1 rec\_optimism_{i,\,unaffliated,\,strongbuy} \tag{5.10}$$

$$forecast\_optimism_{i,\,unaffliated,\,buy} = \alpha + \beta_1 rec\_optimism_{i,\,unaffliated,\,buy} \tag{5.11}$$

$$forecast\_optimism_{i,\,affliated} = \alpha + \beta_1 rec\_optimism_{i,\,affliated} \tag{5.12}$$

$$forecast\_optimism_{i,\,affliated,\,strongbuy} = \alpha + \beta_1 rec\_optimism_{i,\,affliated,\,strongbuy} \tag{5.13}$$

$$forecast\_optimism_{i,\,affliated,\,buy} = \alpha + \beta_1 rec\_optimism_{i,\,affliated,\,buy} \tag{5.14}$$

$$forecast\_optimism = \alpha + \beta_1 rec\_optimism + \beta_2 affiliation + \beta_3 affiliation \times rec\_optimism \tag{5.15}$$

表5.7显示的是分析师盈余预测乐观主义和推荐评级乐观主义之间的关系。例如，在预测同一天或者前一天发布的荐股评级时，表5.7还包含了年度的固定效果。使用分析师盈余预测乐观主义作为因变量，荐股评级乐观主义、利益冲突及两者的交叉影响因子作为自变量进行回归。分析师盈余预测乐观主义是指分析师盈余预测减去平均盈余预测再除以预测期的股票价格。荐股评级乐观主义是指荐股评级减去前三个月内的平均评级。利益冲突哑变量是当分析师所属券商在过去和该公司存在IPO或者SEO承销关系。

对于全体样本和无利益冲突的子样本，我们发现了显著的正系数。对于有利益冲突分析师，并没有向我们期望那样出现负系数，荐股评级乐观主义系数也显著为正值。有利益冲突分析师评级相对均值越为正（越乐观），相同分析师对相同股票发布的盈余预测相对均值越为正值（越乐观）。如果排除固定效应，也能观察到无利益冲突和有利益冲突的截距项类似，都为负值。有利益冲突的盈余预测和荐股评级差异显示有利益冲突的分析师显著受到战略动机的影响，显示出比无利益冲突分析师更大的乐观主义倾向。通过进一步的分组回归发现，有利益冲突分析师的盈余预测和荐股评级乐观主义之间的关系在“买入”和“增持”评级中存在较大差异，“增持”评级回归系数显示为1.413，比“买入”评级组的回归系数几乎高三倍，显示出有利益冲突分析师在存在荐股评级的乐观主义时会引起其盈余预测行为中更高的乐观主义。值得注意的是，从有利益冲突的分析师样本数量分布看，“增持”评级为 1117 条要高于“买入”376 条。类似地，无利益冲突样本中，“增持”评级样本的系数为 0.833，高于“买入”评级组的 0.668。但有利益冲突组正面评级样本显示出更高的向上扭曲。最后一列回归结果显示在给定水平荐股评级下，有利益冲突分析师比无利益冲突分析师发布了更低的盈余预测。该差异较大，对于一个推荐评级乐观主义的标准偏差增加，无利益冲突分析师增加了他们的平均预测，相对平均值而言减少了悲观主义；有利益冲突分析师相反，减少了其盈余预测，增加了悲观主义。在控制异质性条件下，表 5.7 的结果支持了前面通过比较平均有利益冲突和无利益冲突扭曲得到的结论。

分析师样本按照利益冲突可以分为三类。一类是分析师所属券商和其研究的公司之间没有任何利益冲突。该分析师发布的所有研究报告都不存在利益冲突。另一类是分析师所属券商和其研究的公司之间存在利益冲突。该分析师发布的所有研究报告都存在利益冲突。第三类是分析师发布的研究报告中，只有部分公司与所属券商之间存在利益冲突，其余公司与所属券商之间不存在利益冲突，第三类情况更符合分析师的实际情况。因此在表 5.8 中，我们以第三种类型分析师为样本，发现盈余预测乐观主义和推荐评级乐观主义回归结果进一步减少了异质性，并且仅仅考虑了在发布盈余预测时，既有利益冲突又无利益冲突的那些分析师。也就是具备至少一个有利益冲突的荐股评级或盈余预测和一个无利益冲突的荐股评级或盈余预测的分析师样本。通过单独区分无利益冲突和有利益冲突扭曲，可以检验不断变化的激励是否使得相同分析师战略性行为发生变化。我们发现在全样本中推荐评级乐观主义系数为显著正值 0.401，但无利益冲突组的系数为 0.359，显著为正，明显低于有利益冲突组的系数 0.560，这意味着有利益冲突分析师的一个单位荐股评级乐观主义变动带来的盈余预测乐观主义变动，要比无利益冲突分析师高出 56%。表 5.8 中的结果显示有利益冲突荐股评级乐观主义的系数实际与表 5.7 中几乎完全一致。因此，有利益冲突和无利益冲突行为之间的差异变得更强了，最后一列回归结果显示从利益冲突得到的激励足够强到导致给定分析师行为的显著变化。

表 5.7　分析师盈余预测乐观主义和推荐评级乐观主义之间的关系

	全部样本	无利益冲突	无利益冲突/买入评级	无利益冲突/增持评级	有利益冲突	有利益冲突/买入评级	有利益冲突/增持评级	全部样本
截距项	−1.599	−1.578	−1.958	−1.401	−1.752	−1.981	−1.585	−1.578
t 值	−84.33***	−78.49***	−22.35***	−55.06***	−30.90***	−8.40***	−19.93***	−77.93***
推荐评级乐观主义	0.470	0.4609	0.668	0.833	0.565	0.500	1.413	0.461
t 值	14.49***	13.54***	5.69***	9.80***	5.35***	1.53	4.77***	13.44***
有利益冲突	—	—	—	—	—	—	—	−0.175
t 值	—	—	—	—	—	—	—	−3.03***
有利益冲突（推荐评级乐观主义）	—	—	—	—	—	—	—	0.104
t 值	—	—	—	—	—	—	—	0.98
年度固定效应	Yes	Yes	Yes	Yes	Yes	Yes	Yes	Yes
观测值数量	16576	14538	3769	8046	2038	376	1117	16576
R^2	0.0125	0.0125	0.0085	0.0118	0.0139	0.0044	0.02	0.0131

注：* 代表统计显著性水平为 0.1，** 代表统计显著性水平为 0.05，*** 代表统计显著性水平为 0.01。

表 5.8 有利益冲突和无利益冲突分析师盈余预测乐观主义和推荐评级乐观主义回归结果

	全体样本	无利益冲突	有利益冲突	全部样本
截距项	−1.558	−1.506	−1.732	−1.506
t 值	−61.87***	−53.81***	−30.73***	−52.40***
推荐评级乐观主义	0.401	0.359	0.560	0.360
t 值	8.92***	7.31***	5.29***	7.12***
有利益冲突	—	—	—	−0.227
t 值	—	—	—	−3.81***
有利益冲突(推荐评级乐观主义)	—	—	—	0.201
t 值	—	—	—	1.82**
年度固定效应	Yes	Yes	Yes	Yes
观测值数量	8559	6564	1995	8559
R^2	0.0092	0.0081	0.0138	0.0113

注：* 代表统计显著性水平为 0.1，** 代表统计显著性水平为 0.05，*** 代表统计显著性水平为 0.01。

通过对分析师预测精度的研究，我们发现排除了信息优势，有利益冲突的分析师并不比无利益冲突的分析师预测得更加准确，这与 Dugar 和 Nathan(1995)早期的发现相符。我们使用两种方法来测度盈余预测精度(乐观主义)。一是绝对预测误差，预测值减去实际值再用股价进行正则化。二是相对预测误差排名。测度的是在给定时间段内，跟踪某只股票的全体分析师最新预测的排名，并且用跟踪该公司的全部分析师数量进行正则化，排名的范围从 0 到 1。第一种方法是使用全体预测，第二种方法仅仅使用盈余公告日之前发布的最新预测。我们发现有利益冲突的分析师盈余预测精度在使用第一种方法时，显著的显示出更低的精度，但使用第二种方法时，不显著的显示出更低的精度。将样本限制在既有利益冲突又无利益冲突的分析师，我们发现在使用方法 1 时，有或者没有利益冲突在预测精度中没有显著性差异，使用方法 2 显著降低了精度。有利益冲突分析师在公告之前是否大幅度扭曲其研究，牺牲了其最新预测的精度？

公告之前的盈余预测和荐股评级乐观主义的负相关显示有利益冲突分析师存在两面派行为。正如上面所讨论的，强战略扭曲预测了一个负相关，而不是没有相关或者较低正相关，由于迫于管理层压力在靠近盈余公告期时降低盈余预测值。为了进一步检验这个解释,我们检验了分析师最新盈余预测在盈余公告之前是高于还是低于实际盈余。如果有利益冲突的分析师战略性的发布较低的盈余预测,而让上市公司管理层达到正向盈余惊喜的效果,他们负面盈余误差的可能性将变得更高。通过使用 Logit 模型,如果盈余预测值高于实际盈余值,则因变量取值为 1,否则取值为 0。以正向预测误差指标哑变量为因变量对利益冲突的类型,下一次盈余公告时间、盈余预测精度(乐观主义)进行回归。在最后两列中,我们重复分析了两段时间区间。2006 年 1 月作为分析师样本的起始日期,选择 2008 年年底作为分析师样本的结束期。由于在牛市后期分析师的利益冲突问题被证监会密集查出,因此选择 2006 年 1 月至 2007 年 1 月 1 日前为牛市前期,选择该区间为研究特定时间段。

表 5.9 分析师盈余预测:正盈余预测偏差

	全样本期	牛市前期
	1	2
有利益冲突	−0.008	−0.0248
t 值	−2.42**	−1.25
预测日距离年度盈余公告的时间	0.0004	0.00035
t 值	43.31***	2.24**
相对盈余预测平均值的乐观主义除以股价	0.0032	0.00874
t 值	5.66***	2.62***
截距项	0.766	0.796
t 值	178.25***	25.99***
观测值数量	38968	2216
R^2	0.0503	0.0059

注:* 代表统计显著性水平为 0.1, ** 代表统计显著性水平为 0.05, *** 代表统计显著性水平为 0.01。

通过表 5.9 的回归结果,我们发现有利益冲突的分析师更愿意发布低于现实的最终预测,在全样本期中显著,在牛市前期则不显著。该结果在全样本期中券商作为 IPO 主承销商的分析师样本也是显著的。即使在增添了用盈余预测表达的乐观主义控制变量时,该结果仍然是类似的,但统计显著性会变得更低。即使相同偏离了平均值,有利益冲突分析师发布的预测值也会特别偏低。有利益冲突的分析师过于悲观的盈余预测是被战略性的用来讨好上市公司管理层。在牛市前期盈余乐观主义的影响要高于全样本期。预测日距离年度盈余公告的时间越远，正盈余预测偏差越大，但两者的影响系数都不高，差距也不明显。

七、分析师战略扭曲行为可持续性的测度

分析师层面的推荐评级和盈余预测乐观主义相关性显示：平均而言，有利益冲突分析师的战略动机强烈影响了他们发布的投资建议，存在两面派现象。对于无利益冲突分析师，战略扭曲并不能支配其他决定因子，难以在数据中被检测出来。除了使用平均值，本节我们使用推荐评级和盈余预测行为之间的差异来构建个人水平的战略扭曲测度。对于给定分析师，该测度是特定的，在特定时间覆盖了特定公司，对于有利益冲突和无利益冲突分析师而言都是有意义的。这些测度允许我们更容易观测分析师之间战略扭曲的分布和异质性，并且允许检验分析师不同股票之间战略扭曲的可持续性。如果我们发现了战略扭曲的可持续性，对于荐股评级和预测乐观主义的比较相当于提供了评估分析师的有用测度方法。

我们开发了两种方法来测度战略扭曲，一个原始方法是基于荐股评级乐观主义和盈余预测乐观主义的差异，另一个是基于荐股评级和“盈余预测暗示”评级的差异。第一种方法提供的是基于原始数据的客观观点。第二种方法在研究荐股评级和盈余预测之间关系方面更加成熟，但需要特定的假设。第二种方法参考了股价—盈余—增长估值模型（PEG），Bradshaw（2004）发现分析师使用 PEG 模型将他们的盈余和长期增长预测转化为荐股评级，并且显示 PEG 模型存在和荐股评级之间的显著关系。因此，PEG 模型可以被用做建立分析师盈余预测和荐股评级之间的联系。PEG 模型使用百分比表示的分析师长期增长预测作为每股盈余预测的乘数因子。但与 Bradshaw（2004）使用的目标价格/当前价格比不同，我们使用的是 EPS 预测值/上年实际值。按照以下规则建立暗示评级，预测 EPS 和上年 EPS 实际值决定了暗示的荐股评级：如果 EPS 预测值/上年实际值＞1.5，则是“强烈买入”评级；1＜EPS 预测值/上年实际值≤1.5，则是“买入”评级；0.75＜EPS 预测值/上年实际值≤1，则是“中性”评级；0.5＜EPS 预测值/上年实际值≤0.75，则是“减持”评级；

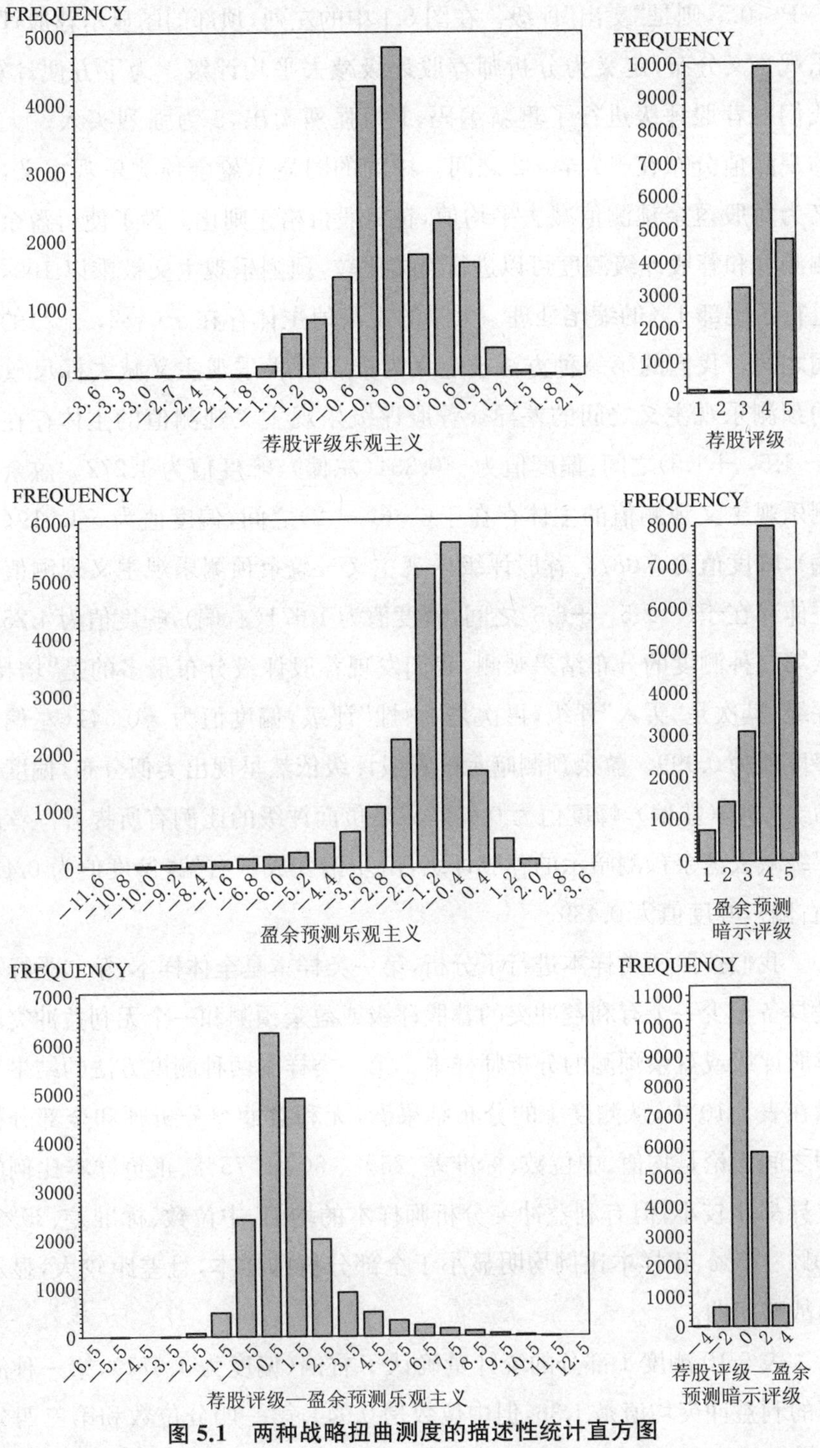

图 5.1　两种战略扭曲测度的描述性统计直方图

T/P≤0.5,则是“卖出”评级。在图 5.1 中的左列,顶部的图显示荐股评级乐观主义分布,定义为分析师荐股评级减去平均评级。为了方便计算,我们对荐股评级进行了重新编码,1 为强烈卖出,5 为强烈买入。大量的观测值分布在－2 至＋2 之间。中间的图显示盈余预测乐观主义,定义为每股盈余预测值减去平均值,被每股价格正则化。为了使得盈余预测测度和荐股评级测度可以进行直接比较,预测乐观主义被乘以 100,并进行了尾部 1%的缩尾处理。大量的观测值主体存在于(－2, ＋2)的区间之间。我们的第一种方法被定义为推荐评级乐观主义减去标尺放大的预测乐观主义之间的差异。荐股评级乐观主义观测值的主体存在于(－1.5, ＋1.5)之间,偏度值为－0.334(左偏),峰度值为 1.272。盈余预测乐观主义观测值的主体存在于(－6, ＋2)之间,偏度值为－1.919(左偏),峰度值为 5.087。荐股评级乐观主义—盈余预测乐观主义观测值的主体存在于(－2.5, ＋6.5)之间,偏度值为 1.671(右偏),峰度值为 4.254。从第二种测度的分布结果观测,我们发现荐股评级分布最多的是“增持”评级,其次是“买入”评级,再次是“中性”评级,偏度值为－0.541(左偏),峰度值为 0.999。盈余预测暗示的荐股评级依然呈现出类似分布,偏度值为－0.909(左偏),峰度值为 0.409,只是负面评级的比例有所提升。荐股评级减去盈余预测暗示的荐股评级,由左偏变成了右偏,偏度值为 0.436(右偏),峰度值为 0.439。

我们按照两类样本进行了分析,第一类样本是全体样本,第二类样本是具备至少一个有利益冲突的荐股评级或盈余预测和一个无利益冲突的荐股评级或盈余预测的分析师样本。第一类样本两种测度方法的结果显示在表 5.10 中,从测度 1 的分布结果看,无利益冲突分析师和全部分析师之间无论是均值、中位数、标准差、25%、50%、75%、正负样本比例的差异都比较小,但有利益冲突分析师样本的均值、中位数、标准差、25%、50%、75%、正样本比例均明显小于全部分析师样本,且差距较大,显示出战略扭曲。

表 5.10 测度 1 部分的统计量确认了右偏(偏度为 1.671),第一种测度的利益冲突均值是 1.36,但中位数是 0.944,第一四分位数和第三四分

表 5.10　全体样本分析师战略扭曲的测度

	观测数	均值	中位数	标准差	25%	50%	75%	负数%	正数%
测度 1:荐股评级乐观主义减去标准化的预测乐观主义									
全部分析师	18817	1.419	0.997	2.362	0.283	0.997	1.935	16.67	83
无利益冲突分析师	16311	1.427	1.007	2.395	0.286	1.007	1.949	16.73	83.05
有利益冲突分析师	2502	1.360	0.944	2.136	0.271	0.944	1.846	17.19	82.81
测度 2:荐股评级减去预测暗示荐股评级									
全部分析师	18064	0.241	0	1.157	−1	0	1	25.66	35.82
无利益冲突分析师	15675	0.236	0	1.167	−1	0	1	26.07	35.78
有利益冲突分析师	2389	0.276	0	1.089	0	0	1	22.94	36.12

表 5.11　既有利益冲突又无利益冲突分析师战略扭曲的测度

	观测值	均值	中位数	标准差	25%	50%	75%	负数%	正数%
测度 1:荐股评级乐观主义减去标准化的预测乐观主义									
全部分析师	10007	1.377	0.979	2.324	0.284	0.978	1.914	16.90	82.94
无利益冲突分析师	7549	1.389	0.997	2.396	0.291	0.997	1.928	16.78	82.98
有利益冲突分析师	2458	1.340	0.935	2.089	0.266	0.935	1.828	18.10	86.81
测度 2:推荐评级减去预测暗示荐股评级									
全部分析师	9506	0.244	0	1.151	−1	0	1	25.41	35.34
无利益冲突分析师	7163	0.235	0	1.17	−1	0	1	26.17	35.17
有利益冲突分析师	2343	0.272	0	1.088	0	0	1	23.05	35.89

位数是0.271和1.846。总之,82.8%的荐股评级—盈余预测比较结果是严格的正值,显示了主要的战略扭曲。与前面的结果相一致,无利益冲突分析师的很大一部分都存在向上的战略扭曲行为,导致了一个比有利益冲突分析师更高的均值扭曲。在测度2部分也存在类似的现象,无利益冲突和有利益冲突分析师的战略扭曲值均值为正值,但有利益冲突分析师(0.276)比无利益冲突分析师(0.236)显示出更高的战略扭曲。

在表5.11中显示的是既有利益冲突又无利益冲突分析师战略扭曲的测度,通过进一步的缩小样本,我们发现表5.10中的规律依然存在。无论采用测度1还是测度2,分析师样本中的战略扭曲依然存在,但采用测度1,有利益冲突分析师的扭曲程度不如无利益冲突分析师;采用测度2,我们发现有利益冲突分析师扭曲程度要高于无利益冲突分析师。究其原因,测度1采用的是分析师个体相对群体平均值的测度,因此误差可能较大。测度2采用的直接是研究报告中的荐股评级和EPS预测值和实际值,误差较小,更符合分析师的预测工作现实。

研究小结

本节主要对分析师荐股评级和盈余预测中存在的向上扭曲动机进行了研究。我们发现当对某只股票进行推荐的分析师给出的推荐评级调高时,所有的交易者都承担了更多的买入压力。但是大交易者的系数相对小交易者对有利益冲突推荐评级更新更高。有利益冲突的分析师在发布"买入"正面评级之前将会一直等待,直到平均推荐评级升高。并且只有当绝大部分的已发布评级在相同的负面评级上时,才会发布"减持"或者"卖出"评级。相对无利益冲突分析师,有利益冲突分析师更倾向发布更加正面的荐股评级,但我们发现有利益冲突的分析师更愿意发布低于现实的最终预测,在全样本期中显著,在牛市前期则不显著。这种现象可能源自有利益冲突分析师为了配合上市公司管理层的"盈余下降"策略。有利益冲突分析师评级相对均值而言越为正(越乐观),相同分析师对相同股票发布的盈余预测相对均值而言越为正值(越乐观)。对于有利益冲突分析师的推荐评级更新,小交易者和大交易者的反应系数都为正值。

第二节　分析师误导行为事件期财富转移测度模型与求解

前面一节虽然揭示了分析师研究成果中存在战略扭曲行为的测度方法，但该方法主要使用的是回归理论，发现的规律仅仅适用于平均意义上的分析师样本，在证券分析师的实际监管业务中直接应用存在一定的障碍。尤其是面对海量的分析师研究成果时，如何识别存在战略扭曲行为分析师的特定个体一直是监管部门的重要难题。资本逐利的本性决定了"黑嘴"分析师是资本市场的一棵屡禁不绝的毒草，分析师涉及的市场操纵、信息欺诈、内幕交易等投机违法行为往往伴生着市场的发展并不断进化，具备长期性和顽固性的特点。

与针对分析师立法的较快发展相比，我国证券监管机构对分析师违法行为的监管却停留在被动监管体制内：投资者举报→监管机构人工调查→移交法院处理。2007 年中国证监会对武汉新兰德朱汉东的巨额处罚就源自一位资深投资者的举报；2009 年对海通证券叶志刚的处罚源自其前女友的举报。由于分析师误导行为的动因复杂且隐蔽性强，就目前的监管技术而言，面对海量分析师研究报告时，如果没有投资者举报分析师，监管部门则要花费大量的人力、物力、财力去做调查取证。2003 年美国证监会多名调查官与上千名分析师进行了单独面谈，仅对高盛公司分析师的邮件和文档的检查数量则超过了 80000 封，由于取证成本过高，仅调查了 12 家主要券商后就停止了调查。对举报线索的依赖，严重制约了证券监管部门对分析师误导行为的监管效能和监管深度。近几年中国证监会加强了对"黑嘴"分析师的监管，处理了一批"黑嘴"分析师，并公开披露了通过司法调查确认的分析师误导行为，这为我们研究"黑嘴"分析师误导行为的特征和后果提供了宝贵的样本。

国外已有研究人员对分析师背后的利益冲突和激励扭曲展开过研究。Hong 和 Kubik(2003)研究发现，出于职业发展的考虑，同时也为了吸引外界关注，证券分析师倾向于发布过度乐观的研究报告，以有利于他们未来在得到薪资的增长或者在更好的投资银行获得跳槽机会。Cowen

等(2006)研究发现分析师与雇主之间的利益关系容易使得分析师的激励机制发生扭曲。与其他分析师相比,独立性较差的分析师(如承销商或投资银行所雇佣的分析师)更愿意发布乐观的分析报告以迎合雇主的需要。Mola 和 Guidolin(2009)的研究表明当共同基金增加某只股票在投资组合中的投资比例时,与他们关系密切的分析师会适时调高该股票的投资评级。

Malmendiera 和 Shanthikumar(2007)研究得出证券分析师更倾向于发布乐观的投资建议,尤其是隶属于证券承销商的分析师,并且个人投资者更倾向于按照分析师投资建议进行交易。机构投资者对于分析师推荐买入缺乏成交量反应,对于分析师给出的推荐"中性"评级,机构投资者往往有卖出股票倾向,他们只有对分析师给出"买入"才会买入股票;个人投资者一般很信赖分析师的"买入"或"增持"评级,都会买入股票,对于推荐"中性"评级则没有成交量反应。De Franco, Gus, Hai Lu, Florin P.Vasvari(2007)利用 TAQ 美国股市高频交易数据研究了美国 2001 年互联网泡沫期间被查出的证券分析师丑闻事件,通过大数据计算发现泡沫期间存在明显的分析师误导投资者行为,分析师故意发布乐观的投资建议误导了小投资者买入所推荐的股票,让机构投资者以高价将所持有股票卖给不明真相的个人投资者,造成个人投资者普遍的利益损失,产生明显的财富转移效应。Lily Fang, Ayako yasuda(2009)对声誉机制作为约束分析师研究报告质量的机理进行了研究,发现尽管个人声誉和券商声誉都和更高质量的盈余预测相关,但两者之间的防范利益冲突的约束效果存在差异,分析师的个人声誉是有效地预防利益冲突的手段和机制,但单独的券商声誉并不能有效地约束分析师的利益冲突。曹胜和朱红军(2011)发现总体上分析师很乐观的向投资者推荐所在券商自营业务重仓持有的股票,长期非独立分析师的"买入"评级会带来更差的超额回报,表明自营证券引起的分析师独立性问题一定程度上误导了投资者。

从长期看,每一位分析师,特别是明星分析师都会珍惜并积累自己的声誉,但在市场狂热期巨大的金钱利益诱惑下,分析师面临着短期变现声誉的冲动,出现发布扭曲的盈余预测。对于这种证券分析师没有基于市场状态而故意发布的扭曲预测行为,传统的理论观点无法作出完整清晰的解释和判断,证券分析师是故意战略性误导投资者还是因为能力不足而乐观估计误导投资者也较难区分,迫切需要利用更有效的方法识别出证券分析师战略性误导行为。在西方学界,关于证券分析师误导投资者行为已开展过一些有成果的研究,在国内已有学者对内幕交易行为识别开展过研究(张宗新,2007),但关于证券分析师误导行为识别的研究却非常少,特别是基于高频数据的证券分析师监管研究成果,课题组在国内还未检索到,国内外相关研究刚刚起步,本节将对其开展探索性研究。

一、 样本选择及描述性统计

1. 样本选择

本书将证券分析师出现误导投资者行为的原因归纳为两类:一是经验不足,能力低下导致判断失误;二是违背职业道德,利益关联影响研究的独立性,发布与内心真实想法不一致的荐股评级,战略性误导投资者。我国证券市场已查处过几起证券分析师战略性误导投资者的违法行为。2007 年,刚刚浙江大学硕士毕业一年不到、名不见经传的原联合证券医药证券分析师宋华峰因违规炒股及发布误导性信息,使得广济药业股票遭到爆炒,短短 12 个交易日内上涨超过 110%。宋华峰从 2007 年 4 月 17 日开始的一个月内连续发布吸引市场眼球的四份广济药业调研报告、深度报告、更新报告、盈利预测报告误导投资者,蓄意吸引投资者,导致股价暴涨,跟风的投资者损失惨重。若不是宋华峰从业经验不足,利用自己名字开户的账户提前买入广济药业股票获利十余万元,宋华峰很有可能不会引起证券监管部门的注意。“宋华峰案”揭示了即使是初出茅庐的证券分析师误导行为都可能会引发股票价格的剧烈波动。

与资历较浅的分析师宋华峰不同,2006 年 9 月至 2009 年 4 月期间隶属于知名券商海通证券的研究部门,同时也是《新财富》2006 届机械行业最佳分析师第一名的资深首席分析师叶志刚,在他署名的研究报告公开发表的前一阶段,使用其操纵的多个他人股票账户,屡次抢先买入自己研究成果中所推荐的“云内动力”、“ST 中鼎”等多只股票,并在研究报告公开发布不久后全部出售,属于典型的“抢帽子”操纵。若不是叶志刚前女友的举报信息，叶志刚的误导投资者行为非常隐蔽，很难被监管部门发现和查处。在中国证监会2012年1月21日公布的对海通证券原机械行业首席分析师叶志刚行政处罚决定书中，明确指出了叶志刚推荐的十只股票存在提前买入，误导中小投资者买入后再卖出的行为，这十只股票将作为本节研究的黑色样本，参见表5.12。我们对分析师误导行为的识别主要也是通过开发出识别方法和识别模型从分析师叶志刚2006年9月至2009年4月期间推荐的61只股票中，首先尽可能准确的筛选出有误导投资者嫌疑的股票，其次再以较高的概率筛选出这十只股票的部分样本或者全部样本。

表5.12　被中国证监会明确查明存在误导行为的叶志刚推荐公司样本

编号	股票名称	股票代码	所属行业
1	G机电/上海机电	600835	机械
2	厦工股份	000157	机械
3	中联重科	600815	机械
4	华仪电气	600290	机械
5	云内动力	000903	机械
6	ST中鼎/中鼎股份	000887	机械
7	鑫茂科技	000836	机械
8	宗申动力	001696	机械
9	科达机电	600499	机械
10	山推股份	000680	机械

我们将证券分析师推荐评级的误导行为划分为扭曲真实想法的战略性误导和能力不足的非战略性误导两种，研究的重点是识别出证券分析师是否存在战略性误导投资者行为。

结合前面部分基于高频数据不同类型投资者对分析师荐股评级的交易反应研究经验和规律，从证券市场微观结构角度，观察在样本组和控制组分析师荐股评级发布后，研究大交易者和小交易者之间对样本组分析师和控制组分析师推荐的不同股票，买卖股票行为特征是否存在差异。同时计算大交易者和小交易者的盈利和亏损情况是否具备规律性，是否存在小交易者向大交易者持续的财富转移现象。根据中国证监会对海通证券分析师叶志刚的处罚决定中的时间范围,设定研究样本的时间区间为2006年9月1日至2009年4月30日。在此事件期间,叶志刚总共发布了61条股票推荐,涉及23家机械行业上市公司股票。其中61次推荐评级中仅有3次是中性评级,其余都是“买入”或“增持”评级,2006年9月—2009年4月期间,叶志刚推荐评级样本详见表5.13,我们将被中国证监会处罚的叶志刚推荐评级样本整理出来,合计39条,详见表5.14。叶志刚在此期间发布的荐股评级61条中,有39条评级涉嫌误导投资者,仅从推荐次数比例上看,高达63.93%,具有非常严重的误导倾向。

由于诸如行业、规模因子可能会影响机构和个人投资者的组成结构,为控制其他潜在影响研究结论的因子,还需建立配比公司事件样本作为控制组。控制组样本公司必须满足以下标准:控制组样本的时间区间保持与样本组事件期一致,但控制组样本在事件期内连续停牌时间不超过三天和被处理公司在相同交易所上市交易;流通大股东中有机构投资者;总资产与被处理公司在同一个五分位组和相同行业(按中国证监会行业分类);和被处理公司在分析师集体一致性推荐评级(平均值)差异最大且差异小于等于1,例如从“买入”调低到“增持”或从“增持”调低到“中性”。规模五分位数是按照同行业事件期年初的总市值进行排序。如果多于一家公司满足该标准,选择分析师群体平均推荐评级与被处理的叶志刚推荐公司最接近的样本作为控制组。如果没有公司符合该标准,将放松细分行业限制,直到找到一家对应的样本公司。如果同一家公司有多于一个样本期被推荐,配比选定的公司事件观测样本。在控制组样本选取中,我们从原始样本中剔除曾经被证监会行政处罚过的样本,确保控制组样本为“纯净样本”,按照前述规则选取了61条样本数据,涉及27家上市公司股票作为误导样本的控制组,样本组和控制组推荐评级样本参见表5.14。我们采用CSMAR数据库中的中国股票市场高频交易数据、中国证券市场交易数据库和中国证券分析师研究数据库作为本节研究的数据来源,其中高频交易数据记录了每只股票固定在时间间隔内(一般是4—12秒)的买入触发或卖出触发的交易明细。

表 5.13 2006 年 9 月—2009 年 4 月叶志刚推荐评级样本

股票代码	时间	评级	标准化评级	编码 k	股票代码	时间	评级	标准化评级	编码 k
600835	2006/9/15	买入	1	1	000887	2008/1/29	买入	1	32
600685	2006/10/19	买入	1	2	600302	2008/2/15	增持	2	33
000528	2006/10/30	买入	1	3	000680	2008/2/18	买入	1	34
000680	2006/11/13	买入	1	4	000852	2008/3/11	买入	1	35
000903	2007/4/19	增持	2	5	000887	2008/3/11	买入	1	36
600031	2007/6/19	买入	1	6	000836	2008/3/18	买入	1	37
600290	2007/6/26	买入	1	7	600320	2008/3/24	买入	1	38
000680	2007/7/3	买入	1	8	002147	2008/4/3	中性	3	39
600290	2007/8/1	买入	1	9	000887	2008/4/7	买入	1	40
002147	2007/8/15	买入	1	10	600499	2008/4/14	买入	1	41
600761	2007/8/21	买入	1	11	000680	2008/4/15	买入	1	42
000836	2007/8/27	买入	1	12	600685	2008/4/17	买入	1	43
600290	2007/8/27	买入	1	13	600815	2008/4/18	买入	1	44
000680	2007/8/31	买入	1	14	000680	2008/4/29	买入	1	45
000887	2007/9/14	买入	1	15	600815	2008/5/13	买入	1	46
000157	2007/10/9	买入	1	16	600528	2008/5/28	买入	1	47
600685	2007/10/11	买入	1	17	000836	2008/6/6	买入	1	48
600320	2007/10/12	买入	1	18	000887	2008/6/25	买入	1	49
600290	2007/10/16	买入	1	19	600582	2008/6/27	买入	1	50
600499	2007/10/19	买入	1	20	600685	2008/7/1	买入	1	51
600499	2007/10/24	买入	1	21	000887	2008/7/10	买入	1	52
600815	2007/10/24	买入	1	22	000887	2008/7/30	买入	1	53
000887	2007/10/25	买入	1	23	000157	2008/8/15	增持	2	54
600815	2007/10/29	买入	1	24	002147	2008/9/9	买入	1	55
600290	2007/11/19	买入	1	25	000425	2008/9/18	增持	2	56
600835	2007/11/26	买入	1	26	000680	2008/10/21	买入	1	57
600761	2007/12/12	增持	2	27	000528	2008/10/28	中性	3	58
002147	2007/12/14	买入	1	28	000680	2008/11/3	增持	2	59
000157	2008/1/4	买入	1	29	001696	2008/12/12	买入	1	60
002111	2008/1/15	中性	3	30	001696	2009/3/23	买入	1	61
000039	2008/1/24	增持	2	31					

表 5.14　叶志刚误导样本组股票和控制组股票

样本组股票代码	时　间	控制组股票代码	编码 k	样本组股票代码	时　间	控制组股票代码	编码 k
600835	2006/9/15	600495	1	000887	2008/1/29	000589	32
000680	2006/11/13	600843	4	000680	2008/2/18	600843	34
000903	2007/4/19	601798	5	000887	2008/3/11	000599	36
600290	2007/6/26	600268	7	000836	2008/3/18	000938	37
000680	2007/7/3	000666	8	000887	2008/4/7	000589	40
600290	2007/8/1	600312	9	600499	2008/4/14	600526	41
000836	2007/8/27	600797	12	000680	2008/4/15	600843	42
600290	2007/8/27	600468	13	600815	2008/4/18	600984	44
000680	2007/8/31	000666	14	000680	2008/4/29	600843	45
000887	2007/9/14	000599	15	600815	2008/5/13	600984	46
000157	2007/10/9	600710	16	000836	2008/6/6	000938	48
600290	2007/10/16	600312	19	000887	2008/6/25	000589	49
600499	2007/10/19	600526	20	000887	2008/7/10	000589	52
600499	2007/10/24	600526	21	000887	2008/7/30	000589	53
600815	2007/10/24	600984	22	000157	2008/8/15	600710	54
000887	2007/10/25	000589	23	000680	2008/10/21	600843	57
600815	2007/10/29	600843	24	000680	2008/11/3	600843	59
600290	2007/11/19	600312	25	001696	2008/12/12	000800	60
600835	2007/11/26	600495	26	001696	2009/3/23	000800	61
000157	2008/1/4	600710	29				

二、 研究方案和财富转移测度模型

本研究作出以下假设：(1)面对证券分析师的战略性误导行为，机构投资者风险意识要高于个人投资者，个人投资者净买入的股票数量大于机构投资者净买入的股票数量，并且机构投资者投资收益要高于个人投资者；(2)对股票买卖规模划定中，划定小额交易被视为个人投资者触发的交易，划定的大额交易被视为机构投资者触发的交易；(3)证券分析师战略性误导投资者行为并不仅仅是简单的个人行为，背后还有机构投资者(证券公司自营投资部门、公募基金、私募基金、财务投资公司等)与其合谋操纵股票价格。

我们先通过计算个人投资者为主的小额交易净买入量和机构投资者为主的大额交易净买入量以及净买入差异，对计算结果进行配对 t 检验，找出具有一致性和能够反映误导行为深层次特征，进一步分析证券分析师战略性误导行为伴随的财富转移效果大小。

借鉴 Lee 和 Ready(1991)的基本模型和研究经验，我们使用净买入($NetBuy$)测量买者触发交易和卖者触发交易的差异。测度小额净买入和大额净买入的两种方法如下：

$$SmallNetBuy_{it}=\frac{SmallBuy_{it}-SmallSell_{it}}{SmallBuy_{it}+SmallSell_{it}+LargeBuy_{it}+LargeSell_{it}} \tag{5.16}$$

$$LargeNetBuy_{it}=\frac{LargeBuy_{it}-LargeSell_{it}}{SmallBuy_{it}+SmallSell_{it}+LargeBuy_{it}+LargeSell_{it}} \tag{5.17}$$

$SmallBuy_{it}$是上市公司 i 第 t 日被划分为小额交易的买方触发全部股票数量，$LargeBuy_{it}$是上市公司 i 第 t 日被划分为大额交易的买方触发全部股票数量，$SmallSell_{it}$是上市公司 i 第 t 日被划分为小额交易的卖方触发全部股票数量，$LargeSell_{it}$是上市公司 i 第 t 日被划分为大额交易的卖方触发全部股票数量。我们还使用了第三种测度方法——“净买入之差”$NetBuyDifference_{it}$[公式(5.16)和公式(5.17)之差]定义如公式(5.18)，检验的是个人投资者小额交易行为和机构投资者大额交易行为之间的净买入差异：

$$NetBuyDifference_{it}=\frac{(SmallBuy_{it}-SmallSell_{it})-(LargeBuy_{it}-LargeSell_{it})}{SmallBuy_{it}+SmallSell_{it}+LargeBuy_{it}+LargeSell_{it}} \tag{5.18}$$

在计算个人投资者和机构投资者的净买入指标时，没有现成并可靠的小额交易者阈值与大额交易者阈值可以用来区分个人投资者为主体触发的小额交易和以机构投资者为主体触发的大额交易。因此，必须要根据经验多组阈值情景假设进行计算，观察这些阈值中是否可以反映出样本组中存在的战略性误导行为特征，从中找出能够合理划分交易规模的阈值。

借鉴 Gus De Franco(2007)的经验,其曾经使用基于日交易规模和日收盘价来划分的净买入数量测度方法,估计个人投资者和机构投资者的利润金额,分别计算小规模和大规模交易者对于分析师抢帽子操纵推荐股票交易的收益(*Gain*),按照公式(5.19)计算:

$$Gain = \sum_{t=1}^{N}(Buy_t - Sell_t)(P_N - P_t) \tag{5.19}$$

Buy_t 为落入交易规模类别的买盘触发股票交易总数量,$Sell_t$ 是落入交易规模类别的卖盘触发股票交易总数量,N 是被处理公司事件期窗口的最后一天,P_N 和 P_t 分别是公司在第 N 日和第 t 日的收盘价格,每一类投资者基于他们每天是净买者还是净卖者,建立该股票的交易头寸。在第 0 日,投资者的交易头寸为 0,每天交易头寸会基于该类投资者在当日是净卖者还是净买者进行调低或调高。在第 t 日的交易头寸收益金额计算,基于第 $t-1$ 日的交易头寸乘以第 $t-1$ 日至 t 日的价格的变化,*Gain* 为动态交易头寸的利润金额,一直计算到事件期结束。

三、大、小交易者划分阈值确定

在高频数据处理和研究中小投资者和机构投资者的净买入行为时,因为没有现成的划分中小投资者作为主体触发的小额交易的小额交易阈值和机构投资者作为主体触发的大额交易的大额交易阈值可用,所以必须根据经验假设多组阈值情景进行计算。

国际上多位研究资本市场参与者对盈余信息反应的学者已经对小投资者和大投资者的划分阈值进行过详尽研究,如 Bhattacharya(2001),Lee 和 Radhakrishna(2000),Barclay,Hendershott 和 McCormick(2003),Bhattacharya 等(2004),Mikhail,Walther 和 Willis(2007),Malmendier 和 Shanthikumar(2004, 2005),Gus De Franco(2007)等。国际学者的大小投资者阈值划分方法一般分为三种类型:第一种为按照单笔成交股数划分;第二种为按照单笔成交金额划分;第三种为既按照单笔成交股数又按照单笔成交金额划分。

观察这些阈值所反映的样本组中存在战略性误导行为的特征:在分析师荐股评级信息发布前期,分析师往往会提前将正面的荐股评级通知机构投资者，由于机构投资者或内幕交易者存在信息获取时间上的优势，在分析师发布荐股评级前，往往会提前买入，大额交易者的净买入大于净卖出即 $LargeNetbuy > 0$，而不知情的中小投资者会在分析师荐股评级发布之前卖出，小额交易者的净买入小于净卖出 $SmallNetbuy < 0$；在分析师推荐评级信息发布后期，分析师的主要任务是掩护机构和内幕交易者出货，小额交易者的净买入大于净卖出即 $SmallNetbuy > 0$，大额交易者的净买入小于净卖出即 $LargeNetbuy < 0$，从中找出最能够合理划分交易规模的阈值。

值得注意的是，Chakravarty(2001)发现机构投资者为主要知情交易者，交易往往集中在中等规模这一类；为避免卖出交易行为暴露，机构倾向于将大额卖出指令分解成小额卖出以伪装和掩盖知情卖出行为。因此，大笔卖出指令发生的概率要低于大笔买入指令的概率，一些机构的卖出指令更有可能被误划分成中等规模和小规模交易类型。因此，大笔净买入测度有可能出现正偏，而小笔净买入测度则会出现负偏。基于高频数据的研究结论对区分机构和个人投资者的交易规模标准和阀值精度依赖程度很高；如果阀值过粗导致不能确定投资者类型，检验结果的说服力将被削弱。因此我们研究使用多组可替代投资者类型划分阈值估计方案，来确定交易是否为个人投资者还是机构投资者。

综合经验，我们设计了以下 6 种阈值方案，在后面一节将基于已经被中国证监会处理的叶志刚样本，分别对叶志刚样本进行测试，选择最优方案。方案 1(小交易者＜单笔 500 股，大交易者＞10000 股)；方案 2(小交易者＜单笔 5000 元，大交易者＞35000 元)；方案 3(小交易者＜单笔 7000 元，大交易者＞30000 元)；方案 4(小交易者＜单笔 30000 元，大交易者＞150000 元)；方案 5(小交易者＜单笔 150000 元，大交易者＞1000000 元)；方案 6(小交易者＜单笔 5000 元和 500 股，大交易者＞35000 元)。

四、误导行为识别监管系统瞄准效率、稳定性和操作规律研究

分析师误导事件研究窗口，在理论上的可选方案可以采用两种类型："变量窗口"和"固定窗口"。"变量窗口"严格根据分析师误导事件的事实

起始时间，最符合分析师误导行为的实际发生情况。但是“变量窗口”的确定必须确切知晓分析师误导事件的开始日期和结束日期。由于中国证监会在叶志刚行政处罚案件信息披露中并没有确切的公布叶志刚每次误导投资者的起始和结束时间，因此“变量窗口”在我们的研究中没有使用。我们重点转向了使用“固定窗口”研究方法。鉴于分析师误导投资者行为在事件期后五个月可能具备最强烈的财富转移效应(Gus De Franco，2007)，为了更清晰地观测分析师的荐股前后微观层面上大小投资者净买入和净卖出的变动，我们将固定窗口拟设定为事件后期和事件前期多种长度交易日，事件后期窗口分别为[0, 0]，[0, +1]，[0, +3]，[0, +5]，[0, +10]，[0, +20]，[0, +40]，[0, +60]，[0, +80]，[0, +100]。事件前期窗口分别为[−1, 0]，[−3, 0]，[−5, 0]，[−10, 0]，[−20, 0]，[−40, 0]，[−60, 0]，[−80, 0]，[−100, 0]，其中一周的交易日为5日，一个月交易日为20天，一个季度为60天。由于分析师和机构合谋的误导行为往往不是一个交易日就能实现，但每个连续不同交易日大小投资者的净买入方向会出现正负变动，影响我们的综合判断。因此我们计算了不同长度窗口期内被推荐股票日度 *SmallNetbuy* 和日度 *LargeNetbuy* 的平均值作为小投资者和大投资者在固定时间窗口内净买入指标测度值。参见公式5.20和公式5.21，其中当 k 取值为0时，均值分母仍然为1。

$$\overline{SmallNetBuy_{i(0,\,k)}}=\frac{\sum\limits_{k=0,\,1,\,3,\,5,\,10,\,20,\,40,\,60,\,80,\,100} SmallNetBuy_{i(0,\,k)}}{k} \tag{5.20}$$

$$\overline{LargeNetBuy_{i(0,\,k)}}=\frac{\sum\limits_{k=0,\,1,\,3,\,5,\,10,\,20,\,40,\,60,\,80,\,100} LargeNetBuy_{i(0,\,k)}}{k} \tag{5.21}$$

在大部分误导窗口期，如果研究发现在平均意义上，对分析师推荐都作出反应的积极交易个人投资者比积极交易的机构投资者损失更多，则认为分析师误导投资者行为背后存在个人投资者向机构投资者的财富转移效应。

在每一个不同窗口，如果是推荐前期，统计“大投资者净买入 $\overline{LargeNetBuy_{i(0,k)}} > 0$，小投资者净卖出 $\overline{SmallNetBuy_{i(0,k)}} < 0$”的股票样本；如果是推荐后期，统计“大投资者净卖出 $\overline{LargeNetBuy_{i(0,k)}} < 0$，小投资者净买入 $\overline{SmallNetBuy_{i(0,k)}} > 0$”的股票样本。我们认为这些都属于疑似误导样本。我们以[0，0]，[0，+1]，[0，+3]，[−1，0]，[−3，0]窗口期为例，列举了以方案 2 为阈值划分标准对多个窗口期叶志刚疑似误导的样本统计结果，详情见表 5.15—5.19。我们不难发现，出现误导倾向的被荐股股票可能会多次出现。例如在表 5.15 中股票 000680 出现了两次，股票 600685 也出现了两次，对应的推荐时间却并不相同。

我们将事件前期和事件后期所有不同长度固定窗口期有误导嫌疑的股票代码汇总至表 5.20。考虑到前面的财富转移原理，分析师和机构必须在推荐发布前低价买入发布后高价卖出才能获利，作为交易对手的中小投资者的交易必然是发布前低价卖出后高价买入。因此，必须同时考虑跨时间前后的事件区间才能完整观察微观层面的财富转移。分别统计在七个固定事件长度窗口[−5，+5]、[−10，+10]、[−20，+20]、[−40，+40]、[−60，+60]、[−80，+80]、[−100，+100]累计窗口期同时符合由中小投资者向大投资者财富转移条件的股票，具体数据参见表 5.21 至表 5.27。由于叶志刚被中国证监会确定的误导样本已知，因此我们给出了两种误导识别概率作为判断阈值系统瞄准效率的标准。

误导识别概率 I：识别出的疑似样本中属于证监会确认误导样本除以疑似样本。

误导识别概率 II：识别出的疑似样本中误导样本除以证监会确认的全体误导样本。

假设 1：误导识别概率 I 越高和误导识别概率 II 越高，监管模型误导行为识别的瞄准效率也就越高。

表 5.15 [−3,0]窗口期出现小投资者净卖出，大投资者净买入的样本统计(方案 2)

smallnetbuy	largenetbuy	netbuydifference	样本编号	股票代码	推荐日期
−3.22584E-05	0.23098032	−0.23101	31	000039	2008/1/24
−0.000194612	0.09747141	−0.09767	16	000157	2007/10/9
−0.00033848	0.046033701	−0.04637	4	000680	2006/11/13
−9.47226E-06	0.124121822	−0.12413	14	000680	2007/8/31
−9.78805E-05	0.081441737	−0.08154	12	000836	2007/8/27
−0.001197427	0.189798585	−0.191	39	002147	2008/4/3
−8.86748E-07	0.105060137	−0.10506	6	600031	2007/6/19
−0.00112674	0.113818886	−0.11495	25	600290	2007/11/19
−0.00579691	0.002804767	−0.0086	33	600302	2008/2/15
−0.005527141	0.085958184	−0.09149	50	600582	2008/6/27
−5.22836E-05	0.096527808	−0.09658	17	600685	2007/10/11
−4.11169E-05	0.038073699	−0.03811	51	600685	2008/7/1
−0.001138838	0.180484169	−0.18162	1	600835	2006/9/15

表 5.16 [−1,0]窗口期出现小投资者净卖出，大投资者净买入的样本统计(方案 2)

smallnetbuy	largenetbuy	netbuydifference	样本编号	股票代码	推荐日期
−0.000228378	0.022810514	−0.023038892	31	000039	2008/1/24
−3.57266E-05	0.249938115	−0.249973841	54	000157	2008/8/15
−0.001412514	0.028064172	−0.029476686	3	000528	2006/10/30
−0.000129761	0.266029887	−0.266159647	4	000680	2006/11/13
−4.88954E-05	0.036480478	−0.036529373	14	000680	2007/8/31
−0.000559574	0.279325935	−0.279885509	53	000887	2008/7/30
−0.000284919	0.039632092	−0.03991701	30	002111	2008/1/15
−1.59254E-05	0.126992388	−0.127008313	6	600031	2007/6/19
−0.016460048	0.072595113	−0.089055162	13	600290	2007/8/27
−0.000330326	0.075737394	−0.07606772	25	600290	2007/11/19
−4.19476E-07	0.047245724	−0.047246144	18	600320	2007/10/12
−0.001861142	0.014081354	−0.015942496	44	600815	2008/4/18

表 5.17　[0, 0]窗口期出现大投资者净卖出，小投资者净买入的样本统计(方案 2)

smallnetbuy	largenetbuy	netbuydifference	样本编号	股票代码	推荐日期
0.000199025	－0.081261284	0.081460309	12	000836	2007/8/27
0.000648088	－0.036232644	0.036880732	35	000852	2008/3/11
0.000152869	－0.005140638	0.005293507	36	000887	2008/3/11
0.020215576	－0.038495755	0.058711332	55	002147	2008/9/9
0.005891768	－0.02741248	0.033304247	7	600290	2007/6/26
0.000370734	－0.11841388	0.118784614	46	600815	2008/5/13

表 5.18　[0,＋1]窗口期出现大投资者净卖出，小投资者净买入的样本统计(方案 2)

smallnetbuy	largenetbuy	netbuydifference	样本编号	股票代码	推荐日期
0.000199025	－0.081261284	0.081460309	12	000836	2007/8/27
0.000648088	－0.036232644	0.036880732	35	000852	2008/3/11
0.000152869	－0.005140638	0.005293507	36	000887	2008/3/11
0.020215576	－0.038495755	0.058711332	55	002147	2008/9/9
0.005891768	－0.02741248	0.033304247	7	600290	2007/6/26
0.000370734	－0.11841388	0.118784614	46	600815	2008/5/13

表 5.19　[0,＋3]窗口期出现大投资者净卖出，小投资者净买入的样本统计(方案 2)

smallnetbuy	largenetbuy	netbuydifference	样本编号	股票代码	推荐日期
0.000459776	－0.00094728	0.001407056	57	000680	2008/10/21
0.000284765	－0.026906388	0.027191153	12	000836	2007/8/27
0.004639654	－0.014810132	0.019449786	7	600290	2007/6/26
0.000301791	－0.071434156	0.071735948	46	600815	2008/5/13

表 5.20　累计窗口期叶志刚疑似误导样本统计合计(阈值方案 2:小交易者<0.5 万元,大交易者>3.5 万元)

[−100, 0]	[−80, 0]	[−60, 0]	[−40, 0]	[−20, 0]	[−10, 0]	[−5, 0]	[−3, 0]	[−1, 0]	[0, 0]	[0, +1]	[0, +3]	[0, +5]	[0, +10]	[0, +20]	[0, +40]	[0, +60]	[0, +80]	[0, +100]
000039	000039	000039	000039	000039	000039	000039	000039	000039	000836	000836	000680	000680	000680	000680	000157	000157	000157	000157
000157	000157	000157	000157	000157	000157	000157	000157	000157	000852	000852	000836	000836	000836	000836	000680	000680	000680	000425
000425	000425	000425	000425	000528	000528	000528	000680	000528	000887	000887	600290	000852	000852	000852	000836	000836	000836	000680
000528	000528	000528	000528	000680	000680	000680	000680	000680	002147	002147	600815	000887	000887	000887	000852	000852	000852	000836
000680	000680	000680	000680	000836	000836	000836	000836	000680	600290	600290		002147	002147	002147	600290	600290	600290	000852
000836	000836	000836	000836	000887	000887	000887	002147	000887	600815	600815		600290	600290	600290	600499	600499	600499	600290
000852	000852	000852	000887	001696	001696	002111	600031	002111				600815	600815	600499	600815	600815	600815	600499
000887	000887	000887	001696	002111	002111	002147	600290	600031					600835	600815	600835	600835	600835	600761
001696	001696	001696	002111	002147	002147	600031	600302	600290						600835				600815
002111	002111	002111	002147	600031	600031	600169	600582	600290										600835
002147	002147	002147	600031	600169	600169	600290	600685	600320										
600031	600031	600031	600169	600290	600290	600302	600685	600815										
600169	600169	600169	600290	600302	600302	600320	600835											
600290	600290	600290	600302	600320	600320	600582												
600302	600302	600302	600320	600499	600582	600685												
600320	600320	600320	600528	600582	600685	600815												
600528	600528	600528	600582	600685	600815	600835												
600582	600582	600582	600685	600815	600835													
600685	600685	600685	600815	600835														
600815	600815	600815	600835															
600835	600835	600835																

注:如果是推荐前期,统计“大投资者净买入,小投资者净卖出的股票;如果是推荐后期,统计“大投资者净卖出,小投资者净买入”的股票。

表 5.21 [－5, ＋5]累计窗口期叶志刚样本累计窗口识别结果(阈值方案 2:小交易者＜0.5 万元,大交易者＞3.5 万元)

推荐事件前期样本		推荐事件后期样本		前期、后期均出现样本合计		是否误导样本	识别概率 I:(识别出样本中属于误导样本比率)	识别概率 II:(识别出样本中误导样本占总误导样本比率)
大投资者净买入,小投资者净卖出		大投资者净卖出,小投资者净买入		前期大投资者净买入,小投资者净卖出;后期大投资者净卖出,小投资者净买入				
疑似误导股票代码	不同窗口期出现累计频率	疑似误导股票代码	不同窗口期出现累计频率	疑似误导股票代码	不同窗口期出现累计频率			
000039	3	000680	1	000680	7	是	100%	10%
000157	2	000836	4	000836	5	是	100%	20%
000528	1	000852	2	000887	4	是	100%	30%
000680	6	000887	2	002147	4	否	75%	30%
000836	1	002147	2	600290	8	是	80%	40%
000887	2	600290	3	600815	6	是	83.33%	50%
002111	1	600815	5					
002147	2							
600031	3							
600169	1							
600290	5							
600302	2							
600320	1							
600582	2							
600685	2							
600815	1							
600835	2							

表 5.22　[－10, ＋10]窗口期叶志刚样本累计窗口识别结果(阈值方案 2:小交易者<0.5 万元,大交易者>3.5 万元)

推荐事件前期样本		推荐事件后期样本		前期、后期均出现样本合计		是否误导样本	识别概率 I:(识别出样本中属于误导样本比率)	识别概率 II:(识别出样本中误导样本占总误导样本比率)
大投资者净买入,小投资者净卖出		大投资者净卖出,小投资者净买入		前期大投资者净买入,小投资者净卖出;后期大投资者净卖出,小投资者净买入				
疑似误导股票代码	不同窗口期出现累计频率	疑似误导股票代码	不同窗口期出现累计频率	疑似误导股票代码	不同窗口期出现累计频率			
000039	4	000680	1	000680	10	1	100%	0.1
000157	2	000836	5	000836	7	1	100%	0.2
000528	2	000852	2	000887	7	1	1005	0.3
000680	9	000887	2	002147	5	0	75%	0.3
000836	2	002147	2	600290	10	1	80%	0.4
000887	5	600290	3	600815	7	1	83.3%	0.5
001696	1	600815	6	600835	4	1	85.71%	0.6
002111	2	600835	1					
002147	3							
600031	3							
600169	1							
600290	7							
600302	2							
600320	2							
600582	3							
600685	3							
600815	1							
600835	3							

表 5.23 ［−20，＋20］窗口期叶志刚样本累计窗口识别结果(阈值方案 2:小交易者＜0.5 万元,大交易者＞3.5 万元)

推荐事件前期样本		推荐事件后期样本		前期、后期均出现样本合计		是否误导样本	识别概率 I:(识别出样本中属于误导样本比率)	识别概率 II:(识别出样本中误导样本占总误导样本比率)
大投资者净买入,小投资者净卖出		大投资者净卖出,小投资者净买入		前期大投资者净买入,小投资者净卖出;后期大投资者净卖出,小投资者净买入				
疑似误导股票代码	不同窗口期出现累计频率	疑似误导股票代码	不同窗口期出现累计频率	疑似误导股票代码	不同窗口期出现累计频率			
000039	4	000680	1	000680	12	是	100%	10%
000157	3	000836	5	000836	8	是	100%	20%
000528	2	000852	2	000887	7	是	100%	30%
000680	11	000887	2	002147	6	否	75%	30%
000836	3	002147	2	600290	12	是	80%	40%
000887	5	600290	3	600499	2	是	83.33%	50%
001696	1	600499	1	600815	8	是	85.71%	60%
002111	3	600815	6	600835	5	是	87.5%	70%
002147	4	600835	2					
600031	3							
600169	1							
600290	9							
600302	2							
600320	2							
600499	1							
600582	3							
600685	3							
600815	2							
600835	3							

表 5.24　[－40，＋40]窗口期叶志刚样本累计窗口识别结果(阈值方案 2:小交易者<0.5 万元,大交易者>3.5 万元)

推荐事件前期样本		推荐事件后期样本		前期、后期均出现样本合计		是否误导样本	识别概率 I:(识别出样本中属于误导样本比率)	识别概率 II:(识别出样本中误导样本占总误导样本比率)
大投资者净买入,小投资者净卖出		大投资者净卖出,小投资者净买入		前期大投资者净买入,小投资者净卖出;后期大投资者净卖出,小投资者净买入				
疑似误导股票代码	不同窗口期出现累计频率	疑似误导股票代码	不同窗口期出现累计频率	疑似误导股票代码	不同窗口期出现累计频率			
000039	4	000157	1	000157	4	是	100%	10%
000157	3	000680	1	000680	13	是	100%	20%
000425	1	000836	5	000836	9	是	100%	30%
000528	3	000852	2	000887	10	是	100%	40%
000680	12	000887	2	002147	6	否	80%	40%
000836	4	002147	2	600290	13	是	83.33%	50%
000887	8	600290	3	600499	3	是	85.71%	60%
001696	1	600499	2	600815	8	是	87.5%	70%
002111	4	600815	6	600835	7	是	88.89%	80%
002147	4	600835	4					
600031	3							
600169	2							
600290	10							
600302	3							
600320	3							
600499	1							
600528	1							
600582	3							
600685	4							
600815	2							
600835	3							

表 5.25 [−60，+60]窗口期叶志刚样本累计窗口识别结果(阈值方案 2:小交易者<0.5 万元,大交易者>3.5 万元)

推荐事件前期样本		推荐事件后期样本		前期、后期均出现样本合计		是否误导样本	识别概率 I:(识别出样本中属于误导样本比率)	识别概率 II:(识别出样本中误导样本占总误导样本比率)
大投资者净买入,小投资者净卖出		大投资者净卖出,小投资者净买入		前期大投资者净买入,小投资者净卖出;后期大投资者净卖出,小投资者净买入				
疑似误导股票代码	不同窗口期出现累计频率	疑似误导股票代码	不同窗口期出现累计频率	疑似误导股票代码	不同窗口期出现累计频率			
000039	4	000157	2	000157	6	是	100%	10%
000157	4	000680	1	000680	15	是	100%	20%
000425	2	000836	5	000836	9	是	100%	30%
000528	4	000852	2	000887	13	是	100%	40%
000680	14	000887	2	002147	6	否	80%	40%
000836	4	002147	2	600290	13	是	83.33%	50%
000887	11	600290	3	600499	4	是	85.71%	60%
001696	1	600499	3	600815	8	是	87.5%	70%
002111	4	600815	6	600835	10	是	88.89%	80%
002147	4	600835	6					
600031	3							
600169	2							
600290	10							
600302	3							
600320	3							
600499	1							
600528	1							
600582	3							
600685	5							
600815	2							
600835	4							

表 5.26　[－80，＋80]窗口期叶志刚样本累计窗口识别结果(阈值方案 2:小交易者＜0.5 万元,大交易者＞3.5 万元)

推荐事件前期样本		推荐事件后期样本		前期、后期均出现样本合计		是否误导样本	识别概率 I：（识别出样本中属于误导样本比率）	识别概率 II：（识别出样本中误导样本占总误导样本比率）
大投资者净买入，小投资者净卖出		大投资者净卖出，小投资者净买入		前期大投资者净买入，小投资者净卖出；后期大投资者净卖出，小投资者净买入				
疑似误导股票代码	不同窗口期出现累计频率	疑似误导股票代码	不同窗口期出现累计频率	疑似误导股票代码	不同窗口期出现累计频率			
000039	4	000157	3	000157	7	1	100%	10%
000157	4	000680	1	000680	16	1	100%	20%
000425	2	000836	5	000836	9	1	100%	30%
000528	4	000852	2	000887	14	1	100%	40%
000680	15	000887	2	002147	6	0	80%	40%
000836	4	002147	2	600290	13	1	83.33%	50%
000887	12	600290	3	600499	4	1	85.71%	60%
001696	2	600499	3	600815	9	1	87.5%	70%
002111	5	600815	6	600835	12	1	88.89%	80%
002147	4	600835	8					
600031	3							
600169	3							
600290	10							
600302	3							
600320	3							
600499	1							
600528	1							
600582	3							
600685	7							
600815	3							
600835	4							

表 5.27 [－100, ＋100]窗口期叶志刚样本累计窗口识别结果(阈值方案 2:小交易者<0.5 万元,大交易者>3.5 万元)

推荐事件前期样本		推荐事件后期样本		前期、后期均出现样本合计		是否误导样本	识别概率 I:(识别出样本中属于误导样本比率)	识别概率 II:(识别出样本中误导样本占总误导样本比率)
大投资者净买入,小投资者净卖出		大投资者净卖出,小投资者净买入		前期大投资者净买入,小投资者净卖出;后期大投资者净卖出,小投资者净买入				
疑似误导股票代码	不同窗口期出现累计频率	疑似误导股票代码	不同窗口期出现累计频率	疑似误导股票代码	不同窗口期出现累计频率			
000039	4	000157	4	000157	8	是	100%	10%
000157	4	000425	1	000425	3	否	50%	10%
000425	2	000680	1	000680	20	是	66.67%	20%
000528	4	000836	5	000836	9	是	75%	30%
000680	19	000852	2	000887	14	是	80%	40%
000836	4	000887	2	002147	6	否	66.67%	40%
000887	12	002147	2	600290	13	是	71.43%	50%
001696	3	600290	3	600499	5	是	75%	60%
002111	6	600499	3	600815	9	是	77.78%	70%
002147	4	600815	6	600835	14	是	80%	80%
600031	3	600835	10					
600169	3							
600290	10							
600302	3							
600320	3							
600499	2							
600528	1							
600582	3							
600685	9							
600815	3							
600835	4							

表 5.28　单个窗口期叶志刚疑似误导样本统计(阈值方案 3:小交易者<0.7 万元,大交易者>3 万元)

[−100,0]	[−80,0]	[−60,0]	[−40,0]	[−20,0]	[−10,0]	[−5,0]	[−3,0]	[−1,0]	[0,0]	[0,+1]	[0,+3]	[0,+5]	[0,+10]	[0,+20]	[0,+40]	[0,+60]	[0,+80]	[0,+100]
000528	000039	000157	000425	000039	000157	000680	000157	000157	000836	000836	000836	000680	000680	000680	000157	600499	600835	000425
000680	000528	000528	000528	000157	000528	000887	000680	000528	000852	000852	600290	000836	000836	600499	600499	600835		600761
000852	000680	000680	000680	000680	000680	002147	000836	000836	600290	600290	600815	600815	600815	600835	600835			600835
000887	000852	000852	000836	000836	000836	600031	002147	000887	600815	600815			600835					
001696	000887	000887	000887	000887	000887	600169	600302	600031										
002111	001696	600685	001696	002111	002111	600290	600582	600290										
600582	002111	600835	002111	002147	002147	600320	600685	600320										
	600169		002147	600290	600290	600582	600835	600815										
	600815		600290	600320	600320	600685		600835										
			600302	600685	600582	600835												
			600320	600815	600685													
			600528		600815													
			600582															

注:如果是推荐后期,统计“大投资者净卖出,小投资者净买入”的股票;如果是推荐前期,统计“大投资者净买入,小投资者净卖出”的股票。

表 5.29 [－5，＋5]窗口期叶志刚样本累计窗口识别结果(阈值方案 3:小交易者＜0.7 万元,大交易者＞3 万元)

推荐事件前期样本		推荐事件后期样本		前期、后期均出现样本合计				
大投资者净买入，小投资者净卖出		大投资者净卖出，小投资者净买入		前期大投资者净买入,小投资者净卖出；后期大投资者净卖出,小投资者净买入		是否误导样本	识别概率 I：(识别出样本中属于误导样本比率)	识别概率 II：(识别出样本中误导样本占总误导样本比率)
疑似误导股票代码	不同窗口期出现累计频率	疑似误导股票代码	不同窗口期出现累计频率	疑似误导股票代码	不同窗口期出现累计频率			
000157	2	000680	2	000680	4	是	100%	40%
000528	1	000836	4	000836	6	是	100%	40%
000680	2	000852	2	600290	5	是	100%	40%
000836	2	600290	3	600815	9	是	100%	40%
000887	3	600815	8					
002147	2							
600031	2							
600169	1							
600290	2							
600302	1							
600320	3							
600582	2							
600685	2							
600815	1							
600835	3							

表 5.30 [−10, +10]窗口期叶志刚样本累计窗口识别结果(阈值方案 3:小交易者<0.7 万元,大交易者>3 万元)

推荐事件前期样本		推荐事件后期样本		前期、后期均出现样本合计		是否误导样本	识别概率 I:(识别出样本中属于误导样本比率)	识别概率 II:(识别出样本中误导样本占总误导样本比率)
大投资者净买入,小投资者净卖出		大投资者净卖出,小投资者净买入		前期大投资者净买入,小投资者净卖出;后期大投资者净卖出,小投资者净买入				
疑似误导股票代码	不同窗口期出现累计频率	疑似误导股票代码	不同窗口期出现累计频率	疑似误导股票代码	不同窗口期出现累计频率			
000157	3	000680	4	000680	9	是	100%	50%
000528	2	000836	5	000836	8	是	100%	50%
000680	5	000852	2	600290	8	是	100%	50%
000836	3	600290	3	600815	11	是	100%	50%
000887	5	600815	9	600835	4	是	100%	50%
002111	1	600835	1					
002147	3							
600031	2							
600169	1							
600290	5							
600302	1							
600320	4							
600582	3							
600685	3							
600815	2							
600835	3							

表 5.31 [−20，+20]窗口期叶志刚样本累计窗口识别结果(阈值方案 3:小交易者<0.7 万元,大交易者>3 万元)

推荐事件前期样本		推荐事件后期样本		前期、后期均出现样本合计		是否误导样本	识别概率 I:(识别出样本中属于误导样本比率)	识别概率 II:(识别出样本中误导样本占总误导样本比率)
大投资者净买入,小投资者净卖出		大投资者净卖出,小投资者净买入		前期大投资者净买入,小投资者净卖出;后期大投资者净卖出,小投资者净买入				
疑似误导股票代码	不同窗口期出现累计频率	疑似误导股票代码	不同窗口期出现累计频率	疑似误导股票代码	不同窗口期出现累计频率			
000039	1	000680	5	000680	12	是	100%	50%
000157	4	000836	5	000836	9	是	100%	50%
000528	2	000852	2	600290	10	是	100%	50%
000680	7	600290	3	600815	13	是	100%	50%
000836	4	600499	1	600835	5	是	100%	50%
000887	7	600815	9					
002111	2	600835	2					
002147	4							
600031	2							
600169	1							
600290	7							
600302	1							
600320	5							
600582	3							
600685	4							
600815	4							
600835	3							

表 5.32　[−40, +40]窗口期叶志刚样本累计窗口识别结果(阈值方案 3:小交易者<0.7 万元,大交易者>3 万元)

推荐事件前期样本		推荐事件后期样本		前期、后期均出现样本合计		是否误导样本	识别概率 I:(识别出样本中属于误导样本比率)	识别概率 II:(识别出样本中误导样本占总误导样本比率)
大投资者净买入,小投资者净卖出		大投资者净卖出,小投资者净买入		前期大投资者净买入,小投资者净卖出;后期大投资者净卖出,小投资者净买入				
疑似误导股票代码	不同窗口期出现累计频率	疑似误导股票代码	不同窗口期出现累计频率	疑似误导股票代码	不同窗口期出现累计频率			
000039	1	000157	1	000157	5	是	100%	60%
000157	4	000680	5	000680	13	是	100%	60%
000425	1	000836	5	000836	10	是	100%	60%
000528	3	000852	2	600290	11	是	100%	60%
000680	8	600290	3	600815	13	是	100%	60%
000836	5	600499	2	600835	7	是	100%	60%
000887	9	600815	9					
001696	1	600835	4					
002111	3							
002147	5							
600031	2							
600169	1							
600290	8							
600302	2							
600320	6							
600528	1							
600582	4							
600685	4							
600815	4							
600835	3							

表 5.33 [−60, +60]窗口期叶志刚样本累计窗口识别结果(阈值方案 3:小交易者<0.7 万元,大交易者>3 万元)

推荐事件前期样本		推荐事件后期样本		前期、后期均出现样本合计		是否误导样本	识别概率 I:(识别出样本中属于误导样本比率)	识别概率 II:(识别出样本中误导样本占总误导样本比率)
大投资者净买入,小投资者净卖出		大投资者净卖出,小投资者净买入		前期大投资者净买入,小投资者净卖出;后期大投资者净卖出,小投资者净买入				
疑似误导股票代码	不同窗口期出现累计频率	疑似误导股票代码	不同窗口期出现累计频率	疑似误导股票代码	不同窗口期出现累计频率			
000039	1	000157	1	000157	6	是	85.71%	60%
000157	5	000680	5	000680	16	是	85.71%	60%
000425	1	000836	5	000836	10	是	85.71%	60%
000528	4	000852	2	600290	11	是	85.71%	60%
000680	11	600290	3	600815	13	是	85.71%	60%
000836	5	600499	3	600835	10	是	85.71%	60%
000852	1	600815	9	000852	3	否	14.29%	60%
000887	14	600835	6					
001696	1							
002111	3							
002147	5							
600031	2							
600169	1							
600290	8							
600302	2							
600320	6							
600528	1							
600582	4							
600685	5							
600815	4							
600835	4							

表 5.34　[−80, +80]窗口期叶志刚样本累计窗口识别结果(阈值方案 3:小交易者<0.7 万元,大交易者>3 万元)

推荐事件前期样本		推荐事件后期样本		前期、后期均出现样本合计		是否误导样本	识别概率 I:(识别出样本中属于误导样本比率)	识别概率 II:(识别出样本中误导样本占总误导样本比率)
大投资者净买入,小投资者净卖出		大投资者净卖出,小投资者净买入		前期大投资者净买入,小投资者净卖出;后期大投资者净卖出,小投资者净买入				
疑似误导股票代码	不同窗口期出现累计频率	疑似误导股票代码	不同窗口期出现累计频率	疑似误导股票代码	不同窗口期出现累计频率			
000039	2	000157	1	000157	6	是	85.71%	60%
000157	5	000680	5	000680	17	是	85.71%	60%
000425	1	000836	5	000836	10	是	85.71%	60%
000528	5	000852	2	600290	11	是	85.71%	60%
000680	12	600290	3	600815	14	是	85.71%	60%
000836	5	600499	3	600835	12	是	85.71%	60%
000852	2	600815	9	000852	4	否	14.29%	60%
000887	16	600835	8					
001696	2							
002111	4							
002147	5							
600031	2							
600169	2							
600290	8							
600302	2							
600320	6							
600528	1							
600582	4							
600685	5							
600815	5							
600835	4							

表 5.35 [−100, +100]窗口期叶志刚样本累计窗口识别结果(阈值方案 3:小交易者<0.7 万元,大交易者>3 万元)

推荐事件前期样本		推荐事件后期样本		前期、后期均出现样本合计		是否误导样本	识别概率 I:(识别出样本中属于误导样本比率)	识别概率 II:(识别出样本中误导样本占总误导样本比率)
大投资者净买入,小投资者净卖出		大投资者净卖出,小投资者净买入		前期大投资者净买入,小投资者净卖出;后期大投资者净卖出,小投资者净买入				
疑似误导股票代码	不同窗口期出现累计频率	疑似误导股票代码	不同窗口期出现累计频率	疑似误导股票代码	不同窗口期出现累计频率			
000039	2	000157	1	000157	6	是	75%	60%
000157	5	000425	1	000680	21	是	75%	60%
000425	1	000680	5	000836	10	是	75%	60%
000528	6	000836	5	600290	11	是	75%	60%
000680	16	000852	2	600815	14	是	75%	60%
000836	5	600290	3	600835	14	是	75%	60%
000852	3	600499	3	000852	5	否	75%	60%
000887	18	600761	1	000425	2	否	75%	60%
001696	3	600815	9					
002111	5	600835	10					
002147	5							
600031	2							
600169	2							
600290	8							
600302	2							
600320	6							
600528	1							
600582	5							
600685	5							
600815	5							
600835	4							

表 5.36　不同阈值方案的识别概率比较

大小投资者阈值划分方法	方案 1 小交易者＜单笔 500 股，大交易者＞10000 股	方案 2 小交易者＜单笔 5000 元，大交易者＞35000 元	方案 3 小交易者＜单笔 7000 元，大交易者＞30000 元	方案 4 小交易者＜单笔 30000 元，大交易者＞150000 元	方案 5 小交易者＜单笔 150000 元，大交易者＞1000000 元	方案 6 小交易者＜单笔 5000 元和 500 股，大交易者＞35000 元
[－5，＋5]窗口期						
识别概率 I：	100％	83.33％	100％	85.71％	60％	83.33％
识别概率 II：	50％	50％	40％	60％	30％	50％
[－10，＋10]窗口期						
识别概率 I：	83.33％	85.71％	100％	75％	62.5％	85.71％
识别概率 II：	50％	60％	50％	60％	50％	60％
[－20，＋20]窗口期						
识别概率 I：	85.71％	87.5％	100％	77.78％	66.67％	87.5％
识别概率 II：	60％	70％	50％	70％	60％	70％
[－40，＋40]窗口期						
识别概率 I：	85.71％	88.89％	100％	70％	54.55％	88.89％
识别概率 II：	60％	80％	60％	70％	60％	80％
[－60，＋60]窗口期						
识别概率 I：	85.71％	88.89％	85.71％	70％	54.55％	88.89％
识别概率 II：	60％	80％	60％	70％	60％	80％
[－80，＋80]窗口期						
识别概率 I：	85.71％	88.89％	85.71％	70％	46.15％	88.89％
识别概率 II：	60％	80％	60％	70％	60％	80％
[－100，＋100]窗口期						
识别概率 I：	85.71％	80％	75％	58.3％	50％	80％
识别概率 II：	60％	80％	60％	70％	70％	80％

表 5.23 至表 5.28 显示的是采用叶志刚样本采取阈值方案 3 的计算过程。我们参考前述监管识别模型，使用前节定义的 6 种阈值方案结合 7 种前后固定窗口期对分析师叶志刚的 61 条样本进行了识别，得到了不同阈值方案在不同窗口期下的两种识别概率结果汇总在表 5.36 中。方案 3 的识别概率 I 在前 4 个窗口期都保持了 100％的识别率，识别概率 II 也从 40％稳步提升至最大值 60％。但在第 5 个窗口[－60，＋60]开始，方案 3 的识别概率 I 开始下降。方案 2 的识别概率 II 都保持在较高的水平，高达 80％。识别概率 I 在[－40，＋40]窗口期高达 88.89％，在

[－60，＋60]、[－80，＋80]中仍然保持不变，到了[－100，＋100]窗口期识别概率I才降至80%。方案1、方案4、方案5的识别概率均不如方案2和方案3。方案2明显优于方案3，方案6是在方案2小交易者基于交易额判断基础上增加了基于交易股数判断条件，实际结果和原方案没有变化。由于计算窗口越长，高频数据计算工作量也会增加，因此我们选择方案2在[－40，＋40]窗口期作为实际误导识别的操作方案。

表5.37　事件期固定窗口的样本组控制组交易分析(方案2)

	样本组	控制组	样本组减控制组
面板A推荐日[0，＋1]观测值			
$\overline{SmallNetBuy_{i(0,\,1)}}$	0.000427	0.01568	－0.01525
t 值	0.44	2.30**	－1.93*
$\overline{LargeNetBuy_{i(0,\,1)}}$	0.08593***	0.02328	0.06265*
t 值	3.95	1.16	1.85
$\overline{Netbuydifference}$	－0.08551***	－0.00759	－0.07792***
t 值	－3.88	－0.42	－2.87
面板B[－40，＋40]区间内日度平均观测值			
$\overline{SmallNetBuy_{i(-40,\,+40)}}$	0.00018**	0.00844	－0.00826
t 值	2.18	3.74***	－2.57***
$\overline{LargeNetBuy_{i(-40,\,+40)}}$	0.05480	0.05157	0.00323
t 值	7.53***	4.62***	5.04***
$\overline{Netbuydifference}$	－0.05452	－0.04313	－0.01139
t 值	－7.55***	－4.29***	－4.58***

为了研究样本组的特征和其他分析师样本特征之间的成交特征差异，我们选择了[0，＋1]分析师推荐评级发布事件期和[－40，＋40]误导识别期两个固定窗口，样本组和控制组之间大投资者净买入$\overline{LargeNetBuy_{i(0,\,1)}}$，小投资者净买入$\overline{SmallNetBuy_{i(0,\,1)}}$和净买入差$\overline{Netbuydifference}$之间的差异。结果如表5.37所示，我们发现样本组和控制组之间存在较大的显著差异。这从另一角度说明分析师在发布推荐评级时择时和择股能力将直接决定大、小交易者平均净买入的差异，选择股票的不同加上选择时机的不同，必然会造成大、小交易者收益的显著差异。

为了观察证券分析师误导行为背后的财富转移效应，结合收益计算公式 5.19 我们按照方案 2 计算了大、小投资者在推荐后 1 天、3 天、5 天、10 天、20 天、40 天、60 天的收益情况。为了进行直观比较，我们同时计算了样本组和控制组大、小交易者投资收益，参见表 5.38 和表 5.39。从表 5.38 中不难发现在有误导行为的分析师推荐后 1 天、3 天、5 天和 10 天，小交易者的总和收益 $Gain$、均值收益 $\overline{Gain}$、市场调整后的综合收益 $Mkt\text{-}Adj\ Gain$、市场调整后的均值收益为负，产生了亏损；而大交易者的总和收益和市场调整后收益全部为正，实现了盈利，这也证明了分析师误导行为背后的确存在财富转移现象，进一步支持了我们基于财富转移测度的识别理论和模型。小交易者经过市场调整后的收益率在推荐后第 1 天、3 天、5 天为负，第 10 天和第 20 天后为正，接着又变为负值。表 5.39 显示控制组在推荐后第 3 天、5 天显示出财富转移现象，其余窗口中并没有出现有规律的财富转移现象。

五、误导行为识别系统对 20 位分析师的识别结果

为了测试上述误导识别系统的识别能力，我们从 2006—2008 年新财富最佳机械行业分析师中挑选了郭亚凌、胡丽梅、董亚光、刘荣 4 位分析师，又从国泰安分析师数据库中随机挑选了 16 位分析师，参考其在 2006 年 9 月至 2009 年 4 月期间(中国证监会确认的叶志刚误导事件期)的所有荐股评级。基于我们的识别模型和识别方法进行了计算，得到了 20 位分析师推荐评级中的疑似误导样本进行识别的结果，参见表 5.41。通过表 5.41 的结果，我们发现分析师的荐股评级中普遍存在误导现象，但误导的严重程度分析师之间相差很大。疑似误导股票占总股票比例最大值达到了 72.22%，是中金公司的白宏炜，最低值是海通证券的邱春城，仅为 9.09%。疑似误导推荐占总样本比例最高值为 84.27%，仍然是中金公司的白宏炜。明星分析师的两个误导比例指标都普遍较高，但刘荣和赵金厚的误导比例指标偏低。这说明明星分析师群体大部分都存在中等误导的嫌疑。个别明星和非明星分析师的指标甚至超过了被中国证监会查处的叶志刚，存在严重误导嫌疑，例如董亚光、段炼炼、张小嘎、白宏炜、金宇、刘江啸。从整体上看，明星分析师的平均误导概率要高于非明星分析师。

表 5.38 样本组大、小交易者的投资收益(方案 2)

事件窗口	交易规模	原始收益			市场调整后收益		
		总和 *Gain*	均值 $\overline{Gain}$	*t* 值	总和 *Mkt-Adj Gain*	均值 *Mkt-Adj* $\overline{Gain}$	*t* 值
推荐后 1 天	*Small*	−199432.221	−22159.136		−110825.076	−12313.897	
	Large	1799725.027	199969.447		652494.719	72499.413	
推荐后 3 天	*Small*	−235530.451	−13854.732		−100719.864	−5924.698	
	Large	−1507734.314	−88690.254		16201598.83	953035.225	
推荐后 5 天	*Small*	−160905.504	−8939.195		−39569.728	−2198.318	
	Large	7175773.584	398654.088		55676297.01	3093127.612	
推荐后 10 天	*Small*	−182504.548	−8690.693		159265.596	7584.076	
	Large	−331605701.3	−15790747.68		17863361.135	850636.245	
推荐后 20 天	*Small*	24996.454	1136.202		123254.939	5602.497	
	Large	−2224801942	−101127361		−2026973241	−92135147.31	
推荐后 40 天	*Small*	5233236.062	237874.366		4427739.168	201260.871	
	Large	52913120.254	2405141.829		−5632616461	−256028020.9	
推荐后 60 天	*Small*	−3534932.962	−160678.771		9554337.733	434288.079	
	Large	5526359668.4	251198166.74		−14230918435	−646859928.8	

表 5.39　控制组大、小交易者的投资收益(方案 2)

事件窗口	交易规模	原始收益			市场调整后收益		
		总和 *Gain*	均值 $\overline{Gain}$	*t* 值	总和 *Mkt-Adj Gain*	均值 *Mkt-Adj* $\overline{Gain}$	*t* 值
推荐后 1 天	*Small*	148795.61	2565.44		514707.08	8874.26	
	Large	2935472.65	50611.59		1167133.76	20122.99	
推荐后 3 天	*Small*	−1534042.52	−26449.01		−3543790.75	−61099.84	
	Large	12242631.64	211079.85		14115993.67	243379.20	
推荐后 5 天	*Small*	−35275565.16	−608199.40		−14681543.87	−253130.07	
	Large	18557817.02	319962.36		19181639.04	330717.91	
推荐后 10 天	*Small*	29255475.58	878348.82		17856235.54	315986.43	
	Large	17568475.86	542687.36		28756842.04	468756.13	
推荐后 20 天	*Small*	−283812193.9	−4893313.69		−120591046.5	−2079155.97	
	Large	−385174433.1	−6640938.50		−282214684.9	−4865770.43	
推荐后 40 天	*Small*	−2081358089	−35885484.29		−537623542.3	−9269371.42	
	Large	−3363031031	−57983293.63		−487224227	−8400417.71	
推荐后 60 天	*Small*	−3811014260	−65707142.42		−2957024532	−50983181.59	
	Large	−5945899605	−102515510.4		−1394072474	−24035732.31	

表 5.40 2006—2008 年新财富最佳机械行业分析师

分析师姓名	券　　商	排名	行业	排名年份	是否明星
郑贤玲	中信建投	1	机械	2006	是
胡丽梅	申银万国	2	机械	2006	是
高新宇	申银万国	2	机械	2006	是
叶志刚	海通证券	3	机械	2006	是
黄锦超	海通证券	3	机械	2006	是
顾耀强	海通证券	3	机械	2006	是
胡　松	海通证券	3	机械	2006	是
詹文辉	海通证券	3	机械	2006	是
郭亚凌	中信证券	1	机械	2007	是
刘　荣	招商证券	2	机械	2007	是
叶志刚	海通证券	3	机械	2007	是
詹文辉	海通证券	3	机械	2007	是
龙　华	海通证券	3	机械	2007	是
虞　光	海通证券	3	机械	2007	是
董亚光	国金证券	1	机械	2008	是
张仲杰	国金证券	1	机械	2008	是
张　昊	国金证券	1	机械	2008	是
郭亚凌	中信证券	2	机械	2008	是
薛小波	中信证券	2	机械	2008	是
张锦灿	国泰君安	3	机械	2008	是
叶志刚	海通证券	4	机械	2008	是
龙　华	海通证券	4	机械	2008	是
赵晨曦	海通证券	4	机械	2008	是
刘　荣	招商证券	5	机械	2008	是
刘启元	招商证券	5	机械	2008	是

表 5.41　对 20 位分析师推荐评级中的疑似误导样本进行识别的结果

编号	分析师姓名	券　商	行　业	是否明星	疑似误导股票	疑似误导股票数	总股票数	疑似误导股票占总股票比例	疑似误导推荐数	总样本数	疑似误导推荐占总样本比例
0	叶志刚	海通证券	机械	是	000157，000680，000836，000887，002147，600290，600499，600815，600835	9	23	39.13%	40	61	65.57%
1	郭亚凌	中信证券	机械	是	000157，000528，000680，002272，600169	5	13	38.46%	17	34	50.00%
2	高晓春	中信建投	机械	否	000680，000852，600072，600150，600320，600806	6	22	27.27%	33	86	38.37%
3	平劲伟	上海证券	机械	否	000528，600114，600320，600761，600765，600815	6	19	31.58%	26	51	50.98%
4	胡丽梅	申银万国	机械	是	000039，000157，002021，600031	4	9	44.44%	11	24	45.83%
5	董亚光	国金证券	机械	是	000157，000528，600031，600169	4	10	40.00%	31	44	70.45%
6	刘荣	招商证券	机械	是	000039，002122，600031，600038，600118，600806	6	32	18.75%	26	85	30.59%
7	杜冬松	平安证券	医药	否	000790，000963，002007	3	15	20.00%	8	24	33.33%
8	段炼炼	长江证券	医药	否	000028，002038，600267，600521	4	9	44.44%	34	42	80.95%
9	张小嘎	东方证券	电子	是	002106，600037，600110，600690，600870，600880	6	14	42.86%	34	54	62.96%
10	刘磊	中信证券	电力设备	是	002202，600089，600312，600580	4	14	28.57%	9	33	27.27%

（续表）

编号	分析师姓名	券　商	行　业	是否明星	疑似误导股票	疑似误导股票数	总股票数	疑似误导股票占总股票比例	疑似误导推荐数	总样本数	疑似误导推荐占总样本比例
11	白宏炜	中金公司	房地产	是	000002，000024，000069，000402，000608，000616，600007，600325，600383，600533，600639，600663，600820	13	18	72.22%	75	89	84.27%
12	罗鹊	申银万国	医药生物	是	000538，002007，002022，600267，600276，600436，600511	7	15	46.67%	27	48	56.25%
13	金宇	中金公司	文化	是	000793，000839，600037，600088，600183，600460，600551，600563，600584，600825，600831，600832，600880	13	22	59.09%	91	143	63.64%
14	赵金厚	申银万国	农林牧渔	是	600467	1	7	14.29%	2	10	20.00%
15	孙木子	安信证券	汽车	否	600991	1	5	20.00%	1	11	9.09%
16	刘立喜	东北证券	汽车	否	000800，600104，600482	3	12	25.00%	13	34	38.24%
17	刘吉林	德邦证券	化工	否	000683，600028	2	9	22.22%	2	10	20.00%
18	刘江啸	国金证券	电器设备	否	002028，002123，600202，600406	3	7	42.86%	15	20	75.00%
19	秦燕	第一创业	造纸业	否	000488，002067，600283，600323，600649	5	12	41.67%	9	19	47.37%
20	邱春城	海通证券	电子	否	600183	1	11	9.09%	6	25	24.00%

研究小结

通过本节的研究，我们创新性地提出了一套较完整的分析师误导识别模型和识别方法。该方法可以利用计算机技术结合证券高频大数据，以一种低成本、高效率的方式筛选出具有较高误导嫌疑的分析师线索，交给证券监管部门，再进行人工调查。该方法将大幅度提高对证券分析师监管的监管效率。本研究是探索性研究，也存在一些未来可以改进的地方，例如本研究仅使用了相对披露信息较完整的叶志刚误导行政处罚样本，但由于国泰安分析师数据库中并没有被证监会处理的汪建中分析师荐股数据，行政处罚规定中对汪建中何时发布的股票推荐没有详细陈述，导致无法使用。未来这套识别方法可以在获得中国证监会更加精确和详尽的分析师误导案例信息披露后得到进一步改进。单个分析师样本的识别在最新配置的 PC 机平台上平均计算时间要超过 9 个小时，未来的研究还应该改善本系统基于 SAS 的多核并行计算方法，缩短海量金融数据计算时间，真正实现证券监管部门对分析师误导行为的实时监管。研究结果显示，与机构合谋的误导投资者行为在分析师中普遍存在，有些分析师还特别严重，但由于缺乏举报线索，使得很多分析师安然无事，如果没有知情者的举报，叶志刚隐藏在分析师群体中相对也是安全的，但举报线索不是天天有，利用金融工程技术提供误导线索加强对分析师误导行为的监管刻不容缓。

第六章
职业声誉机制与改善我国分析师监管研究

大量研究显示卖方分析师研究中存在利益冲突。从个人角度，分析师面临着牺牲长期声誉换取短期利益的两难选择：如果发布误导性研究报告，分析师冒着放弃远期职业生涯的风险，但短期内将获得大量承销相关的经济利益。由于声誉高的明星分析师损失的长期利益更大，传统声誉机制认为这些明星分析师将会回避短期的机会主义。由于券商也参与了明星评选，因此也存在类似的长期声誉和短期机会主义的权衡。重复博弈理论认为机构有激励来构建和保留其声誉，这种激励将有助于高声誉机构监管单个分析师。明星分析师评价体制的核心是基金经理手中拥有的明星分析师投票权，无论是以往的明星分析师还是非明星分析师，都希望得到基金经理的投票。在分析师的研究成果独立性受制于基金经理的分仓权力和明星分析师评选投票权时，基金经理在基金业绩年末排名时也可能有求于分析师的正面评级。本章首先研究声誉机制能否抑制分析师研究质量下降，其次研究明星分析师和明星基金经理在年末排名中是否存在声誉互换现象。

第一节　声誉机制能抑制分析师研究质量下降吗？
——基于盈余预测精度和偏差的研究

本研究将集中研究下面两个问题：(1)当新股发行高峰到来时，短期机会主义带来的利润远远超过平时，这种分析师长期声誉和短期机会主义的权衡是否会失衡？短期的巨大利益是否会诱惑高声誉的证券分析师和券商机构发布低质量的研究成果？(2)个人声誉和机构声誉在减轻分析师利益冲突问题方面是否具备同样的效果？实证研究中，我们主要检验是否高声誉的卖方分析师相对低声誉分析师能够产生更高质量的预测？并且他们的研究质量差异是否随着时间、利益冲突的变化而变化？通过分析分析师研究质量差异随着时间变化的方式，可以揭示声誉对分析师利益冲突产生的后果是否存在抑制作用。我们假设利益冲突是随着当年承销市场规模增大而变得严重，随着承销市场规模的减小而逐渐降低。

前期研究人员的相关文献已经检验了声誉和研究质量之间的静态关系。Stickel(1992)发现明星分析师将产生更准确的盈余预测，并认为声誉和绩效之间存在正相关。Jackson(2005)使用澳大利亚的证据交易数据，发现预测精度更高的分析师获得了未来更高的声誉。Fang 和 Yasuda (2008)发现明星分析师推荐的股票比那些非明星分析师获得了显著更高的超额收益，特别是科技股。Cowen 等人(2003)考虑了机构声誉的影响，发现在高声誉机构的分析师倾向于发布更低乐观的盈余预测。Fang 和 Yasuda(2008)则发现在高声誉机构工作的分析师的荐股评级比在低声誉机构工作的分析师能够获得更高的超额收益。Fang 和 Yasuda (2009)研究了有利益冲突和无利益冲突分析师盈余预测质量是否会随着利益冲突的严重程度而存在差异。Scharfstein 和 Stein(1990)；Zwiebel (1995)；Hong，Kubik 和 Solomon(2000)；Welch(2000)；Bernhardt，Campello 和 Kutsoati(2006)；Ottaviani 和 Sorensen(2006)；Clark 和 Subramanian(2005)；Dasgupta 和 Prat(2006)等学者发现明星分析师倾向跟踪那些大公司和名气更高的公司，明星分析师往往是分析师群体中的领导者而不是跟随者，分析师群体中存在羊群现象。他们还对分析师的职业发展进行了研究。与已有研究发现的声誉和研究质量之间存在的正相关结果不同，本节主要研究声誉机制是否能够降低分析师的利益冲突，能否起到一种“天然的监管效果”，抑制分析师误导投资者的行为，提高分析师研究报告的质量。假如分析师声誉仅仅代表的是一种“技能”，我们不期望高声誉分析师和低声誉分析师的研究质量差异会随着利益冲突的变化而发生变化。通过关注分析师研究质量的动态变化，来研究这个还未被关注的重要学术问题。研究通过分析两种不同类型的声誉：分析师个人声誉和券商的机构声誉来检验其对分析师研究质量约束的有效性和局限性。本研究的结果首先确认了之前的文献发现，无论是分析师个人声誉还是券商机构声誉都与研究质量正相关。明星分析师和在明星机构中工作的分析师比其他分析师作出更精确、更少过度乐观的盈余预测。我们还发现明星机构中工作的非明星分析师（仅具备机构声誉并不具备个人声誉）当面临利益冲突时，相对其他分析师，盈余预测的质量表现更差。与之形成鲜明对比的是，本研究发现明星机构中明星分析师的相对盈余预测质量在面临承销金额快速上升时也出现了成倍的提升。这个统计和经济上显著的结果暗示个人声誉在减轻利益冲突方面是有实际效果的。

一、 研究假设与研究代理变量

1. 研究相关假设

本节设定三个不同的假设来回答声誉机制是否像理论所表明的可以降低分析师的利益冲突。前期研究认为利益冲突问题来源于承销相关的经济收入，这种利益冲突通常在 IPO 市场繁荣时更显严重。因此，利益冲突的严重性往往伴随着新股发行市场承销金额出现上升和下降。声誉是否能够扮演一个约束机制，取决于在繁荣期不断上升的利益冲突如何改变不同类型的分析师的长期利益和短期利益权衡。假设一：如果在 IPO 市场繁荣期，短期利益的上升能够系统影响有声誉分析师和无声誉分析师，那么他们之间的研究质量差异将保持不变。这种情况下，声誉除了能够显示其能力或技能之外，没有任何约束利益冲突的效果，我们称之为“声誉—能力”假设。假设二：相反，如果上升的短期利益诱惑变得如此之大，由于无声誉分析师相对有声誉分析师的违法成本更低，那些无声誉的分析师在股市 IPO 发行高峰时，更容易出现机会主义行为。这也会导致有声誉和无声誉分析师之间的研究质量差距加大。我们称之为“声誉—约束”假设。假设三：如果在狂热市场的牛市中再加上股市 IPO 的繁荣叠加效应，短期经济利益对于有声誉分析师而言也变得很大，充满诱惑时，这些分析师则会选择变现他们的“声誉”资产，在股市高峰时他们的研究质量将出现下降。我们称之为“声誉—变现”假设。

2. 研究代理变量的设定

为了检验我们的假设，需要对以下指标进行测度。(1)分析师个人声誉和分析师所属机构声誉。(2)分析师利益冲突的严重程度。(3)分析师的研究质量。参考前期文献，本研究使用我国《新财富》杂志的“明星分析师”评选结果作为分析师个人声誉的测度，同时使用《新财富》杂志推出的“最具市场影响力机构”作为分析师所属券商机构的声誉测度。为了测度利益冲突的严重程度，本研究使用新股市场整体的承销总金额作为代理变量，当新股市场在扩张时，大量的承销费用将使得利益冲突变得更加严重。之所以没有选用特定机构的股票承销总量，而使用市场范围的承销交易总量作为指标，主要目的是保证横截面上所有分析师面对的外部诱惑压力都是一致的。使用两种方法来测度分析师的研究质量是为了消除异方差，将盈余预测精度(误差绝对值)和盈余预测偏差(误差实际值)除以公司前一年末的每股账面价值。按照公式(6.1)定义盈余预测精度：

$$Error_{i,j,t,n}=\frac{|EPSForecast_{i,j,t,n}-ActualEPSReported_{j,t-1}|}{BookValueEquity_{j,t-1}} \tag{6.1}$$

这里，i 表示分析师，j 指上市公司，t 是财政年度，n 是指分析师 i 在第 t 年对公司盈余作出的第 n 次预测。类似地，盈余预测偏差定义如公式(6.2)：

$$Bias_{i,j,t,n}=\frac{(EPSForecast_{i,j,t,n}-ActualEPSReported_{j,t-1})}{BookValueEquity_{j,t-1}} \tag{6.2}$$

二、样本选择及描述性统计

我国分析师声誉和券商声誉的主要来源是《新财富》杂志自 2003 年

起开始的每年度"最佳分析师"评选活动和"最具市场影响力研究机构"评选活动。表6.1显示的是分析师样本入选《新财富》杂志明星分析师的描述性统计量。从表6.1中的统计结果不难发现,我们的分析师样本中总共有2928位不同的证券分析师,只有337位曾经登录过《新财富》杂志明星分析师榜单,所占比例约为11.51%。其中,占比最大的是上榜1次的明星分析师,合计有173人曾上过"最佳分析师"榜单,有64人曾连续两次上过"最佳分析师"榜单,有39人曾连续3次上过"最佳分析师"榜单,有4位明星分析师曾上过8次"最佳分析师"榜单。

表6.1　分析师样本入选"新财富"明星分析师的描述性统计

"新财富"明星分析师上榜次数	频　率	百分比
0	2591	88.49%
1	173	5.91%
2	64	2.19%
3	39	1.33%
4	25	0.85%
5	17	0.58%
6	13	0.44%
7	2	0.07%
8	4	0.14%
分析师总人数	2928	100.00%
明星分析师人数	337	11.51%
非明星分析师人数	2591	88.49%

表6.2显示的是明星和非明星分析师覆盖率、推荐平均频率和盈余预测数描述性统计量,覆盖率是指分析师跟踪的不同公司数量,我们发现分析师跟踪的不同公司数量从2003年至2011年一直在增加,明星分析师和非明星分析师的差异在2005、2006年曾经缩小,但进入2010年和2011年后,差异不断增大,明星分析师覆盖的不同公司接近20家,非明星分析师覆盖的不同公司达到13家。推荐平均频率是指分析师对其跟踪的公司,一年内平均发布推荐评级的次数。2003年明星分析师平均次数仅为2.14次,到2011年增加到每家公司明星分析师平均推荐次数为6.26次。2003年,非明星分析师平均推荐次数为1.78次,到2011年,非

表 6.2 明星分析师和非明星分析师覆盖率、推荐平均频率和盈余预测数描述性统计量

年份	覆盖率			平均频率			盈余预测数		
	非明星	明星	t 值	非明星	明星	t 值	非明星	明星	t 值
2003	2.79	4.36	−3.04***	1.78	2.14	−2.15**	5.23	10.91	−4.41***
2004	2.40	4.51	−6.64***	2.33	2.69	−2.85***	5.89	12.44	−6.96***
2005	4.00	4.66	−1.81*	2.80	3.08	−1.78*	12.24	15.44	−2.14**
2006	4.53	4.74	−0.48	3.17	3.72	−3.88***	16.04	18.73	−1.28
2007	4.91	5.84	−2.23**	3.65	4.20	−3.25***	18.91	25.68	−3.50***
2008	7.07	9.30	−3.59***	4.23	6.41	−10.59***	33.84	61.27	−7.49***
2009	7.48	11.26	−4.81***	3.94	5.40	−7.36***	32.65	65.67	−8.2***
2010	10.17	16.54	−6.02***	4.02	5.43	−9.12***	46.50	101.07	−9.04***
2011	13.42	19.92	−4.15***	4.30	6.26	−11.38***	65.19	134.33	−7.43***

表 6.3 明星分析师和非明星分析师总市值、波动率和杠杆率的描述性统计量

年份	总市值			波动性			杠杆率		
	非明星	明星	t 值	非明星	明星	t 值	非明星	明星	t 值
2003	6936805.25	9114767.34	−0.78	0.00159	0.00162	−0.21	0.43	0.42	0.57
2004	6103398.99	9247214.78	−1.43	0.00197	0.00199	−0.14	0.44	0.46	−0.77
2005	4405235.20	6966459.53	−1.59	0.0020	0.00197	0.75	0.48	0.47	0.28
2006	7753052.95	12600946.86	−1.70	0.00259	0.00263	−0.79	0.50	0.47	2.0**
2007	30039149.29	54914805.12	−1.51	0.0030	0.00306	−0.46	0.48	0.47	0.74
2008	9184315.51	14405757.46	−1.36	0.0031	0.00299	1.41	0.48	0.47	1.41
2009	14646691.01	23427458.61	−1.97**	0.00247	0.00246	0.46	0.53	0.47	0.75
2010	12523075.53	15809709.37	−1.49	0.00253	0.00257	−0.81	0.43	0.40	2.06**
2011	8445846.41	10841865.23	−1.58	0.00259	0.00260	−0.33	0.42	0.39	2.58***

注：* 代表统计显著性水平为 0.1，** 代表统计显著性水平为 0.05，*** 代表统计显著性水平为 0.01。

明星分析师平均推荐次数为4.31次。从分析师盈余预测数看，增加的幅度最明显，明星分析师盈余预测数从2003年的10.91次增加至2011年的134次，非明星分析师盈余预测数也出现了迅速上涨，2003年平均为5.23次，到2011年平均为46.50次。从表6.3我们不难发现，明星分析师的工作量从统计意义上显著要高于非明星分析师，意味着要评选为明星分析师，个人首先必须要付出巨大的努力。

表6.3比较的是明星分析师和非明星分析师跟踪公司的总市值、波动率和杠杆率描述性统计量。从总市值上看，明星分析师跟踪公司的平均总市值往往都大于非明星分析师，也就是说，明星分析师比非明星分析师更青睐跟踪和推荐大盘股。从被推荐股票的波动性和公司杠杆率看，明星分析师和非明星分析师推荐公司之间的差距并不大。

三、声誉和分析师盈余预测质量之间的静态关系

本节主要从个人声誉和机构声誉两个层面，研究声誉和分析师盈余预测质量之间的关系，建立以下Fama-MacBeth(1973)横截面回归方程，参见方程(6.3)：

$$
\begin{aligned}
ForecastQuality_{i,j,n} = \alpha &+ Star_i\beta_1 + \ln(experience)\beta_2 \\
&+ \ln(coverrage)_i\beta_3 + \ln(distance)_{i,j,n}\beta_4 \\
&+ FirmSize_j\beta_5 + Leverage_j\beta_6 \\
&+ Volatility_j\beta_7 + FirmFixedEffects_j\beta_j \\
&+ \varepsilon_{i,j,n} \qquad (6.3)
\end{aligned}
$$

在方程(6.3)中，因变量 $ForecastQuality_{i,j,n}$ 是分别指公式(6.1)或者公式(6.2)中定义的盈余预测精度或者盈余预测偏差，我们感兴趣的声誉变量则是指 $Star_i$，如果分析师被评选为当年的《新财富》杂志年度最佳分析师则该值为1，否则为0。同理，如果分析师所属券商被评选为当年《新财富》年度最有影响力研究机构，则 $Starbroker_i$ 取值为1，否则为0。在所有的控制变量中，ln(*experience*)是分析师研究的经验自变量，是指该分析师在国泰安数据库中跟踪并首次发布盈余预测或者荐股评级的年份至今间隔年数再取自然对数值。$\ln(coverrage)_i$ 是指分析师 i 在第 t 年跟踪覆

盖上市公司数量的自然对数，$\ln(distance)_{i,j,n}$则是指分析师盈余预测发布日和上市公司盈余公告日之间间隔天数的自然对数，$FirmSize$ 则是指上市公司在年度末总市值的自然对数，$Leverage_j$ 杠杆率是指上市公司在年度末债务和资产的比率，$Volatility_j$ 则是指在分析师预测前 120 天，公司收益相对市场指数收益的剩余标准差，为了观测可能存在的不随时间变动的公司特征，回归方程中还放入了公司固定效应变量 $FirmFixedEffects_j$。美国学者相关研究中定义科技股为五个行业，即硬件业、软件业、半导体业、网络业、通讯设备业。对应中国的上市公司行业分类指引，则全部划分入信息技术业 G，对应有 G81，G83，G85，G87，因此选取对应的上市公司行业分类指引，将这些样本划分为科技股。

表 6.4 展示的是分析师个人声誉和盈余预测质量之间的关系，也就是方程（6.10）的 Fama-MacBeth（1993）回归结果，由于因变量 $ForecastQuality_{i,j,n}$是分别指公式（6.1）或者公式（6.2）中定义的盈余预测精度或者盈余预测偏差，因此在表 6.4 中分别用两列数据进行表示。我们发现在全样本组样本中，*Star* 明星分析师哑变量的系数为正值，这意味着明星分析师的盈余预测精度在全样本中要低于非明星分析师。但在科技股样本中，*Star* 的系数全部为负值，明星分析师对于科技股的盈余预测精度要高于非明星分析师。其他系数的回归结果则显示，$\ln(experience)$系数为正值，且绝对值接近 0，意味着分析师对某只股票跟踪的经验越丰富，越容易出现盈余预测误差和偏差都微弱增大的情况。但在科技股样本中，符合我们的预期，预测经验越丰富，分析师盈余预测误差和偏差都会出现下降。在分析师覆盖指标中，分析师全样本符合我们的期望，$\ln(coverage)$系数全部为正值，意味着分析师同时跟踪的样本数量越大，其预测的误差绝对值和实际值都会越大。但在科技股样本中 $\ln(coverage)$的系数为负值。在预测期限指标中，全样本组、科技股组都表现出了一致性，$\ln(distance)$系数全部为正值，也符合我们的希望，分析师预测区间越长，其预测误差绝对值和实际值都会变大。从公司规模指标上看，全样本组、科技股组的系数全部为正值，公司的规模越大，分析师预测误差也就越大。从杠杆率指标分析，全样本杠杆率系数为正值，但科技股样

表 6.4 分析师个人声誉与盈余预测质量

	面板 A 盈余预测精度（误差绝对值）		面板 B 盈余预测偏差（误差实际值）	
	参数估计值	*t* 值	参数估计值	*t* 值
	全样本		全样本	
Star	0.00357	1.184	0.00640	1.789*
ln(*experience*)	0.00025	0.034	0.00368	0.431
ln(*coverage*)	0.00203	0.642	0.00050	0.172
ln(*distance*)	0.03844	7.721***	0.03410	6.161***
FirmSize	0.00071	0.257	−0.00447	−1.195
Leverage	0.08428	2.268***	0.06254	1.935*
Volatility	7.55800	4.682***	3.43042	1.327
Constant	−0.19276	−4.062***	−0.12432	−2.361**
FirmFixedEffects	存在		存在	
R^2	0.061		0.087	
N	21251		21251	
	科技股		科技股	
Star	−0.00765	−1.399	−0.01050	−1.135
ln(*experience*)	−0.01128	−0.882	−0.00654	−0.520
ln(*coverage*)	−0.00474	−1.537*	−0.00227	−0.551
ln(*distance*)	0.03623	7.330***	0.03264	5.675***
FirmSize	0.00054	0.079	−0.00158	−0.206
Leverage	−0.02700	−0.283	−0.00478	−0.046
Volatility	7.23824	1.849*	10.30270	1.985**
Constant	−0.12850	−3.048***	−0.12613	−2.564***
FirmFixedEffects	存在		存在	
R^2	0.078		0.09	
N	3231		3231	

注：* 代表统计显著性水平为 0.1，** 代表统计显著性水平为 0.05，*** 代表统计显著性水平为 0.01。

本杠杆率为负值，对于科技股而言，企业杠杆率越高，分析师预测误差越低，精度越高。全部样本组则存在相反的规律。无论是全样本还是科技股样本，其波动率系数全部为较大的正值，例如 7.558，意味着股票波动率越高，分析师盈余预测的误差会增大。

与公式(6.3)类似，我们将分析师声誉指标 *Star* 替换为券商声誉指标 $Starbroker_i$，按照方程(6.4)进行回归得到表 6.5 分析师所属机构声誉与盈余预测质量之间的回归结果。

$$
\begin{aligned}
ForecastQuality_{i,j,n} = \alpha &+ Starbroker_i\beta_1 + \ln(experience)\beta_2 \\
&+ \ln(coverage)_i\beta_3 + \ln(distance)_{i,j,n}\beta_4 \\
&+ FirmSize_j\beta_5 + Leverage_j\beta_6 \\
&+ Volatility_j\beta_7 + FirmFixedEffects_j\beta_j \\
&+ \varepsilon_{i,j,n} \qquad (6.4)
\end{aligned}
$$

表 6.5　分析师所属机构声誉与盈余预测质量

	面板 A 盈余预测精度（误差绝对值）		面板 B 盈余预测偏差（误差实际值）	
	参数估计值	*t* 值	参数估计值	*t* 值
	全样本		全样本	
Starbroker	−0.00779	−1.779*	−0.00419	−0.869
ln(*experience*)	0.00295	−0.103	0.00247	0.262
ln(*coverage*)	0.00296	0.747	0.00164	0.429
ln(*distance*)	0.03816	8.336***	0.033860	6.428***
FirmSize	0.00181	0.507	−0.00354	−0.779
Leverage	0.07880	2.354**	0.058032	2.031**
Volatility	6.61332	4.228***	3.053582	0.915
Constant	−0.19644	−3.990***	−0.12894	−2.345**
FirmFixedEffects	存在		存在	
R^2	0.051		0.078	
N	21251		21251	
	科技股		科技股	
Starbrokern	−0.00017	−0.101	0.00002	0.008
ln(*experience*)	−0.01459	−1.247	−0.00536	−0.606
ln(*coverage*)	−0.00507	−1.761*	−0.00319	−0.889
ln(*distance*)	0.03684	7.747***	0.03255	5.667***
FirmSize	−0.00075	−0.108	−0.00304	−0.384
Leverage	−0.01807	−0.190	0.00483	0.047
Volatility	6.40861	1.797*	9.71947	2.193**
Constant	−0.12178	−2.729***	−0.11565	−2.141**
FirmFixedEffects	存在		存在	
R^2	0.062		0.098	
N	3231		3231	

注：* 代表统计显著性水平为 0.1，** 代表统计显著性水平为 0.05，*** 代表统计显著性水平为 0.01。

由于因变量 $ForecastQuality_{i,j,n}$ 是分别指公式(6.1)或者公式(6.2)中定义的盈余预测精度或者盈余预测偏差,因此在表 6.5 中分别用两列数据进行表示。从回归结果看,我们发现全样本中,无论是误差绝对值还是误差实际值的 *Starbroker* 回归系数均为负数,这符合我们的期望,分析师所在研究机构的声誉越高,预测误差就越小,预测精度也就越高。全样本中的分析师经验 ln(*experience*)、分析师覆盖的股票数目 ln(*coverage*)、分析师预测的间隔时间 ln(*distance*)、公司规模 *FirmSize*、杠杆率 *Leverage* 和波动率 *Volatility* 的回归系数符号均与表 6.5 中类似。但在科技股样本中,盈余预测误差实际值的券商声誉、杠杆率的回归系数为正值。

总之,本节的回归结果基本上支持部分样本(科技股)下分析师声誉和分析师研究质量的正相关关系,支持了全部样本下和科技股样本下券商声誉和分析师研究质量之间的正向关系。但是静态的 Fama-MacBeth 回归并不能反映声誉对利益冲突的影响,只能支持"声誉—能力假设"。声誉如何影响分析师随着时间变化的利益冲突,必须用一种动态方法进行分析。

四、券商声誉对利益冲突的影响效果

为了研究券商声誉能否减轻分析师卖方研究背后的利益冲突,我们使用时间序列回归法,并在回归方程中加入了券商声誉和利益冲突指标乘积的综合变量进行回归,券商声誉 *Starbroker* 是指分析师所属券商是否被评选为《新财富》杂志的年度"最具市场影响力研究机构",如果被评选上,我们认为该券商具备较高的市场声誉,*Starbroker* 指标的取值为 1,否则取值为 0。*conflict* 指标是分析师利益冲突代理变量,我们使用由中国证券业协会统计的年度分析师所属券商的年度承销业务量排名作为代理变量。由于 2005 年至今,中国证券业协会提供的参加券商年度承销金额的排序结果最多券商数目为 87 家,排序 rank 指标由高到低为 1 至 87。我们认为券商排名越靠前,分析师背后的利益冲突也就越高,为了从排名数值上体现出该规律,*conflict* 指标的计算我们使用公式 100-*rank* 进行换算,换算后,券商利益冲突越大,*conflict* 指标值也就越高。

$$
\begin{aligned}
ForecastQuality_{i,j,n} = \alpha &+ Starbroker_i \beta_1 \\
&+ Starbroker_i \times conflict \beta_2 \\
&+ \ln(experience)\beta_3 \\
&+ \ln(coverage)_i \beta_4 \\
&+ \ln(distance)_{i,j,n} \beta_5 \\
&+ FirmSize_j \beta_6 + Leverage_j \beta_7 \\
&+ Volatility_j \beta_8 + FirmFixedEffects_j \beta_j \\
&+ \varepsilon_{i,j,n}
\end{aligned} \tag{6.5}
$$

在方程(6.5)中，我们感兴趣的关键变量是券商声誉变量 *Starbroker* 和分析师利益冲突变量 *conflict* 的乘积交叉变量 $Starbroker_i \times conflict$。根据“声誉—变现”假设，在高声誉券商工作的证券分析师如果是大量承销相关业务奖金的利益相关者，往往会在股票发行高峰时选择将其所属券商相关的声誉资本进行变现。“声誉—变现”假设预测交叉乘积变量 $Starbroker_i \times conflict$ 的系数为正值，系数为正值意味着在股票发行高峰年份，高声誉券商所属分析师将会发布更加不准确和更加有偏的盈余预测。与之相反，“声誉—约束”假设则预测交叉乘积变量 $Starbroker_i \times conflict$ 的系数会出现负值，在股票发行高峰年份，在高声誉券商工作的分析师业绩的表现要高于在低声誉券商工作的分析师业绩。如果券商的状态简单地反应的是分析师的能力，“声誉—能力”假设预测交叉乘积变量为零效果。方程(6.5)的回归结果展示在表 6.6 中，面板 A 和面板 B 显示的是因变量 $ForecastQuality_{i,j,n}$，是分别为公式(6.1)或者公式(6.2)中定义的盈余预测精度或者盈余预测偏差。在全样本股票基础上，我们根据分析师的声誉分成了三组样本：全样本分析师、明星分析师、非明星分析师，回归结果如表 6.6 所示。从分析师的盈余预测误差绝对值看，全样本分析师、明星分析师、非明星分析师的券商声誉变量 *Starbroker* 均为负值，这意味着券商声誉越高，其所属分析师的盈余预测误差绝对值越小，也就是预测精度越高，这符合我们的期望。但明星分析师样本的系数 −0.02447 绝对值比非明星分析师样本的系数 −0.03340 要低，在相同券商声誉变动下，明星分析师盈余预测误差减小的幅度要低于非明星分析师，换句话说，非明星分析师可能会作出预测精度更加高的盈余预测。与此同时，$Starbroker \times conflict$ 的系数全部为正值，说明回归结果支持“声誉—变现”假设。从分析师覆盖股票数量指标 ln(*coverage*)看，在面板 A 中，ln(*coverage*)系数全部为负值，意味着分析师覆盖的公司数量越多，误差绝对值越小，盈余预测精度越高，这不符合我们的预期。但在面板 B 中，ln(*coverage*)系数出现变化，除了明星分析师系数为负值外，其余全部为正值。从公司规模变量 *FirmSize* 回归系数上看，明星分析师样本回归系数为负，其他样本组为正值。对于明星分析师而言，跟踪的公司规模越大，作出盈余预测的精度(误差绝对值越小)越高。但在面板 B 盈余预测偏差回归结果中，所有的 *FirmSize* 回归系数全部为负值，可能是由于公司规模越大，越容易受到市场关注，信息披露越规范，分析师研究的难度越低，盈余预测误差实际值越小，越有可能出现向下偏差。*Leverage* 是企业杠杆率，无论是在面板 A 还是面板 B 中，*Leverage* 系数均为正值，被跟踪公司的杠杆率越高，分析师预测的难度越大，预测误差绝对值越大，预测精度也就越低。我们发现明星分析师预测误差绝对值对于杠杆率指标的敏感程度要远远高于全样本和非明星分析师，这意味着明星分析师在面对杠杆率更高的公司进行盈余预测时，预测精度会下降得更快。从公司波动率指标看，系数均为正值，且明星分析师系数均高于全样本和非明星分析师，该波动率指标 *Volatility* 的结果分析与杠杆率指标 *Leverage* 规律类似。

分析美国、中国的分析师误导历史案例后不难发现，出现分析师误导行为的股票往往会集中在市盈率较高的科技股中。由于技术进步、产业政策调整甚至国外遭到热捧的科技股对国内相关产业链中科技股的关联影响，例如近年遭受国内市场爆炒的“苹果”供货商概念科技股、“特斯拉”电动汽车相关供应商概念科技股等。技术发展和突破的不确定性为科技股的未来成长性增加了不确定性，这也往往扩大了投资者的想象空间，科技股的估值也存在较大难度，分析师群体对某只股票的分歧可能较大，而且分析师在研究科技股时，往往面临更加明显的利益冲突，这也为分析师误导投资者创造了可能性。为了细分这种影响，我们将科技股单独提取出来，利用公式(6.5)研究科技股样本存在的券商声誉对股票利益冲突的影响。科技股样本的选择，由于美国定义科技股为5个行业，硬件业、软件业、半导体业、网络业、通讯设备业。对应中国证监会颁布的上市公司行业分类指引，则全部划分入信息技术业G，对应有行业代码为G81，G83，G85，G87的股票，因此科技股样本选择以上代码股票。基于科技股样本和公式(6.5)得到回归结果如表6.7所示。

我们发现科技股全样本分析师、明星分析师的券商声誉变量*Starbroker*系数均为负值，这意味着券商声誉越高，全样本分析师和明星分析师的盈余预测绝对误差值越小，预测精度也就越高，但非明星分析师并没有出现这种规律，无论是在面板A还是面板B中，其*Starbroker*系数均为正值，这意味着对于非明星分析师而言，券商声誉越高，其对科技股盈余预测的偏差无论是绝对值还是实际值都会越大。从交叉变量$Starbroker \times conflict$进行分析后，我们发现与全样本股票的表6.6中$Starbroker \times conflict$全部系数为正值不同；对于科技股样本而言，回归系数并没有全部为正值，说明回归结果仅仅是部分支持“声誉—变现”假设。非明星分析师样本的$Starbroker \times conflict$系数均为负值，说明非明星分析师回归结果是支持“声誉—约束”假设的。在股票发行高峰年份，在高声誉券商工作的非明星分析师业绩的表现要高于在低声誉券商工作的非明星分析师业绩。从研究经验$\ln(experience)$系数观察，与表6.6的结果类似，几乎全部为负值，这符合我们的预期，分析师跟踪某只股票的年限越长，经验越丰富，盈余预测绝对误差值和实际误差值都会越小，预测精度也会越高。从分析师覆盖的股票数量看，$\ln(coverage)$系数全部为负值，说明分析师同时跟踪的股票数量越多，其精力越分散，预测偏差无论是绝对值还是实际值都会增大。从预测期限看，$\ln(distance)$的系数无论在表6.6还是表6.7中均全部为正值，这意味着随着预测期限的跨度越长，无论何种类型的分析师预测误差都会增大，预测精度随之下降。科技股样本中公司规模*FirmSize*的回归系数全部为负值，意味着分析师跟踪的科技股公司规模越大，作出盈余预测的精度(误差绝对值越小)越高。分析师更容易对较大规模的科技股公司作出更准确的盈余预

表 6.6　券商声誉对于全样本股票利益冲突的影响效果

	面板 A 盈余预测精度(误差绝对值)						面板 B 盈余预测偏差(误差实际值)					
	分析师全样本		明星分析师		非明星分析师		全样本		明星分析师		非明星分析师	
	系数	t 统计量	系数	t 统计量	系数	t 统计量	系数	t 统计量	系数	t 统计量	系数	t 统计量
	全样本股票						全样本股票					
Starbroker	−0.03382	−2.16**	−0.02447	−2.13**	−0.03340	−1.56	−0.02116	−1.34	−0.00587	−0.48	−0.02763	−1.28
Starbroker × *conflict*	0.00035	2.01**	0.00026	2.10**	0.00029	1.22	0.00018	1.41	0.00005	0.38	0.00029	1.22
ln(*experience*)	−0.00306	−1.51	0.00021	0.12	−0.00609	−2.31**	−0.00554	−2.71***	−0.00223	−1.22	−0.00865	−3.26***
ln(*coverage*)	−0.00520	−4.04***	−0.01268	−10.41***	−0.00361	−2.25**	0.00045	0.34	−0.01146	−8.80***	0.00316	1.96***
ln(*distance*)	0.04379	40.19***	0.04744	46.83***	0.04260	31.28***	0.03951	35.88***	0.04503	41.56***	0.03802	27.70***
FirmSize	0.00094	1.13	−0.00091	−1.18	0.00074	0.71	−0.00422	−5.03***	−0.00219	−2.69***	−0.00532	−5.09***
Leverage	0.03743	10.63***	0.11459	23.26***	0.02954	7.20***	0.02795	7.86***	0.08431	16.01***	0.02231	5.40***
Volatility	11.37361	14.06***	18.44791	25.32***	9.06241	8.90***	9.18526	11.24***	17.37206	22.30***	6.54271	6.38***
Intercept	−0.18021	−16.44***	−0.21071	−20.43***	−0.16711	−12.20***	−0.13558	−12.24***	−0.19415	−17.61***	−0.11542	−8.36***
FirmFixed-Effects	存在		存在		存在		存在		存在		存在	
N	206643		45567		161076		206643		45567		161076	
R^2	0.010		0.0764		0.0075		0.0078		0.0579		0.0057	

注：* 代表统计显著性水平为 0.1，** 代表统计显著性水平为 0.05，*** 代表统计显著性水平为 0.01。

表 6.7　券商声誉对于科技股利益冲突的影响效果

	面板 A 盈余预测精度(误差绝对值)						面板 B 盈余预测偏差(误差实际值)					
	分析师全样本		明星分析师		非明星分析师		全样本		明星分析师		非明星分析师	
	系数	t 统计量	系数	t 统计量	系数	t 统计量	系数	t 统计量	系数	t 统计量	系数	t 统计量
	科技股票						科技股票					
Starbroker	−0.01188	−1.08	−0.04107	−2.54***	0.01465	0.92	0.00662	0.54	−0.02912	−1.62	0.03942	2.21**
Starbroker × *conflict*	0.00016	1.32	0.00047	2.60***	−0.00014	−0.78	−0.00002	−0.13	0.000336	1.69	−0.00036	−1.86*
ln(*experience*)	−0.00201	−1.17	−0.01061	−2.61***	−0.00052	−0.26	−0.00161	−0.83	−0.01122	−2.49***	0.00066	0.31
ln(*coverage*)	−0.00861	−9.36***	−0.00731	−3.53***	−0.00972	−9.24***	−0.00368	−3.57***	−0.00271	−1.18	−0.00464	−3.92***
ln(*distance*)	0.04449	51.02***	0.04762	22.02***	0.04348	45.59***	0.04532	46.37***	0.04811	20.04***	0.04447	41.48***
FirmSize	−0.00122	−1.63	−0.00111	−0.54	−0.00107	−1.33	−0.00289	−3.45***	−0.00026	−0.11	−0.00331	−3.68***
Leverage	−0.03693	−8.01***	−0.01898	−1.65	−0.04141	−8.23***	−0.03123	−6.04***	−0.03515	−2.75***	−0.03032	−5.36***
Volatility	2.96302	5.48***	1.56693	1.36	3.35342	5.46***	3.01832	4.98***	2.08574	1.63	3.28039	4.75***
Intercept	−0.11264	−12.87***	−0.12820	−5.69***	−0.10657	−11.16***	−0.13218	−13.48***	−0.16143	−6.45***	−0.12397	−11.54***
FirmFixed-EffectsW	存在		存在		存在		存在		存在		存在	
N	13693		2812		10881		13693		2812		10881	
R^2	0.1819		0.1619		0.1889		0.1514		0.1368		0.1562	

注：* 代表统计显著性水平为 0.1，** 代表统计显著性水平为 0.05，*** 代表统计显著性水平为 0.01。

测，也就意味着分析师往往难以利用大盘科技股来误导投资者。对杠杆率指标 *Leverage* 进行分析后，我们发现与表 6.6 中的全部股票样本结果一系数为正值完全相反，科技股样本的 *Leverage* 系数值全部变为负值，被跟踪科技股公司的杠杆率越高，分析师预测的难度越小，预测误差绝对值越小，预测精度也就越高。波动率指标 *Volatility* 系数与表 6.6 中一致，全部为正值，也就是说，分析师对波动率越高的科技股进行盈余预测，其预测误差的绝对值和实际值都会变大。

五、分析师声誉对利益冲突的影响效果

为了研究分析师声誉能否减轻分析师卖方研究报告背后的利益冲突，我们使用时间序列回归法，并在回归方程中加入了分析师声誉和利益冲突指标乘积的综合变量进行回归，分析师声誉 *Star* 是指分析师是否被评选为《新财富》杂志的年度“最佳行业分析师”，如果被评选上，我们认为该分析师具备较高的个人声誉，*Star* 指标的取值为 1，否则取值为 0。回归方程参见公式(6.6)：

$$
\begin{aligned}
ForecastQuality_{i,j,n} = \alpha &+ Staranalyst_i \beta_1 \\
&+ Staranslyst_i \times conflict \beta_2 \\
&+ \ln(experience)\beta_3 + \ln(coverage)_i \beta_4 \\
&+ \ln(distance)_{i,j,n} \beta_5 \\
&+ FirmSize_j \beta_6 + Leverage_j \beta_7 \\
&+ Volatility_j \beta_8 + FirmFixedEffects_j \beta_j \\
&+ \varepsilon_{i,j,n}
\end{aligned}
\tag{6.6}
$$

关于利益冲突的定义和计算与前面一节类似，并且分析师声誉和利益冲突的交叉变量定义为两者的乘积，根据“声誉—变现”假设，在高声誉券商工作的证券分析师如果是大量承销相关业务奖金的利益相关者，往往会在股票发行高峰时选择将其所属券商相关的声誉资本进行变现。“声誉—变现”假设在分析师个人声誉再次作出类似预测的，交叉乘积变量 $Star_i \times conflict$ 的系数为正值，系数为正值意味着在股票发行高峰年份，高声誉分析师将会发布更加不准确和更加有偏的盈余预测。同

样地,符合“声誉—约束”假设和“声誉—能力”对应的系数分别为负值和零。表 6.8 和表 6.9 显示的分别是分析师声誉对于全样本股票利益冲突的影响效果和分析师声誉对科技股样本股票利益冲突的影响效果。面板 A 和面板 B 分别代表回归方程的因变量为公式(6.8)中定义的盈余预测误差的绝对值 $Error_{i,j,t,n}$ 和公式(6.9)中定义的盈余预测误差的实际值 $bias_{i,j,t,n}$。我们发现分析师声誉和利益冲突交叉乘积关键变量 $Staranalyst_i \times conflict$ 的系数全部为正值,意味着该回归结果全部支持“分析师声誉—变现”假设,在股票发行高峰年份,高个人声誉的分析师将会发布更加不准确和更加有偏的盈余预测。但分析师个人声誉指标 $Staranalyst$ 在因变量为盈余预测误差绝对值时(面板 A 中),系数全部为负值,这说明分析师个人声誉越高,盈余预测误差绝对值也就越小,预测精度就会越高。但在面板 B 中,全样本和明星券商样本的 $Staranalyst$ 回归系数为正值,非明星样本系数为负值。这说明高声誉券商明星分析师个人声誉越高,盈余预测误差实际值也就越大,存在误导投资者的可能性。在表 6.9 科技股的回归结果中,$Staranalyst$ 变量的回归系数全部为负值,这说明科技股样本分析师声誉回归结果支持了分析师个人声誉越高,预测误差越小的规律。而且与表 6.8 类似,表 6.9 中科技股样本的关键变量 $Staranalyst_i \times conflict$ 的系数全部为正值,意味着该回归结果再一次支持了“分析师声誉—变现”假设。表 6.8 和表 6.9 中分析师研究经验变量值 $\ln(experience)$ 系数全部为负值,这支持了我们的判断,分析师对某只股票预测的经验越丰富,预测偏差越小,精度越高。从表 6.8 的回归结果看,面板 A 中的分析师覆盖股票指标 $\ln(coverage)$ 全部为负值,但在面板 B 中系数全部变为正值,这说明分析师预测误差绝对值会随着分析师覆盖股票的数量增大而变小;分析师预测误差实际值会随着分析师覆盖股票的数量增大而变大。而在表 6.9 的科技股样本中,则不存在这种现象,$\ln(coverage)$ 回归系数全部为负值。表 6.8 和表 6.9 中关于预测期限 $\ln(distance)$ 的回归结果全部为正值,这和上一节的回归结果保持一致:分析师预测期限越长,预测偏差的绝对值和实际值都会越大,预测精度越低。从表 6.8 公司规模指标 $FirmSize$ 回归结果进行分析,我们

表 6.8 分析师声誉对于全样本股票利益冲突的影响效果

	面板 A 盈余预测精度(误差绝对值)						面板 B 盈余预测偏差(误差实际值)					
	券商全样本		明星券商		非明星券商		券商全样本		明星券商		非明星券商	
	系数	t 统计量	系数	t 统计量	系数	t 统计量	系数	t 统计量	系数	t 统计量	系数	t 统计量
	全样本股票						全样本股票					
Staranalyst	−0.00831	−0.56	−0.00364	−0.11	−0.00969	−0.59	0.00068	0.05	0.01016	0.31	−0.00267	−0.16
Staranalyst × *conflict*	0.00023	1.40	0.00024	0.67	0.00023	1.24	0.00012	0.70	0.00002	0.06	0.00015	0.81
ln(*experience*)	−0.00523	−2.56***	−0.00471	−1.03	−0.00473	−2.11**	−0.00706	−3.42***	−0.01017	−2.21**	−0.00573	−2.52***
ln(*coverage*)	−0.00533	−4.12***	−0.00618	−1.87*	−0.00504	−3.73***	0.00025	0.19	0.00323	0.97	−0.00049	−0.36
ln(*distance*)	0.04337	39.73***	0.04292	16.31***	0.04351	37.51***	0.03914	35.50***	0.03821	14.43***	0.03941	33.59***
FirmSize	0.00091	1.10	−0.00015	−0.07	0.00082	0.93	−0.00424	−5.08***	−0.00436	−2.14**	−0.00457	−5.12***
Leverage	0.03732	10.60***	0.07438	5.89***	0.03252	9.43***	0.02779	7.81***	0.06056	4.77***	0.02361	6.76***
Volatility	11.21591	13.86***	7.83842	4.05***	12.32086	14.29***	9.05065	11.07***	8.92349	4.58***	9.06779	10.39***
Intercept	−0.17932	−16.33***	−0.17961	−6.74***	−0.17921	−15.38***	−0.13393	−12.08	−0.15025	−5.60***	−0.12871	−10.91***
FirmFixed-Effects	存在		存在		存在		存在		存在		存在	
N	206643		52925		153718		206643		52925		153718	
R^2	0.0102		0.0070		0.0123				0.0055		0.0093	

注：* 代表统计显著性水平为 0.1，** 代表统计显著性水平为 0.05，*** 代表统计显著性水平为 0.01。

表 6.9　分析师声誉对于科技股利益冲突的影响

	面板 A 盈余预测精度(误差绝对值)						面板 B 盈余预测偏差(误差实际值)					
	券商全样本		明星券商		非明星券商		券商全样本		明星券商		非明星券商	
	系数	*t* 统计量	系数	*t* 统计量	系数	*t* 统计量	系数	*t* 统计量	系数	*t* 统计量	系数	*t* 统计量
			科技股票						科技股票			
Staranalyst	−0.02938	−3.07***	−0.03736	−2.64***	−0.02625	−2.07**	−0.01674	−1.56	−0.03037	−1.92*	−0.01242	−0.87
Staranalyst × *conflict*	0.00039	3.68***	0.00046	2.97***	0.00037	2.55**	0.0002327	1.92*	0.00035	1.99**	0.00019	1.18
ln(*experience*)	−0.00284	−1.64	−0.00655	−2.03**	−0.00163	−0.80	−0.00198	−1.02	−0.00645	−1.79*	−0.00072	−0.31
ln(*coverage*)	−0.00892	−9.56***	−0.00995	−5.60***	−0.00865	−7.88***	−0.00380	−3.63***	−0.00757	−3.81***	−0.00283	−2.30**
ln(*distance*)	0.04438	50.77***	0.04628	26.32***	0.04383	43.53***	0.04530	46.22***	0.04737	24.11***	0.04471	39.57***
FirmSize	−0.00104	−1.39	−0.00114	−0.77	−0.00104	−1.20	−0.00275	−3.28***	0.00032	0.19	−0.00368	−3.79***
Leverage	−0.03801	−8.23***	−0.03431	−3.77***	−0.03925	−7.33***	−0.03194	−6.17***	−0.04928	−4.85***	−0.02741	−4.57***
Volatility	2.83628	5.24***	2.19973	2.08***	3.03417	4.83***	2.95631	4.87***	2.62281	2.22***	3.05664	4.34***
Intercept	−0.11222	−12.80***	−0.11476	−6.55***	−0.11102	−10.96***	−0.13198	−13.43***	−0.14689	−7.51***	−0.12637	−11.12***
FirmFixed-Effects	存在		存在		存在		存在					
N	13693		3266		10427		13693		3266		10427	
R^2	0.1829		0.2038		0.1775		0.1514		0.1740		0.1462	

注：* 代表统计显著性水平为 0.1，** 代表统计显著性水平为 0.05，*** 代表统计显著性水平为 0.01。

不难发现面板A中券商全样本分析师和非明星券商的分析师系数回归值为正值，其余分组为负值。在表6.9中除了面板B的明星券商分析师样本组为正值外，大部分分组也全部为负值。这说明回归结果大部分支持分析师跟踪的公司规模越大，盈余预测误差绝对值和实际值越小，预测精度越高的规律。在公司杠杆率指标 *Leverage* 的回归结果中，表6.8和表6.9呈现出完全相反的结果，科技股样本的 *Leverage* 系数值全部变为负值，被跟踪科技股公司的杠杆率越高，分析师预测的难度越小，预测误差绝对值越小，预测精度也就越高，这也与上一节的发现相一致。从波动率指标 *Volatility* 的回归结果分析，全样本和科技股样本的回归系数全部为正值，但科技股的 *Volatility* 指标回归系数要远远小于全样本股。这说明虽然科技股的波动率往往会高于普通股票的波动率，但跟踪科技股公司的分析师对科技股所作的盈余预测精度受到股票波动率的影响相对全样本股票而言较小。

研究小结

本节主要是检验高声誉和低声誉分析师的盈余预测质量差异是否随着利益冲突的严重程度变化而变动。我们使用《新财富》杂志的"明星分析师"评选结果作为个人声誉的测度，同时使用《新财富》杂志推出的"最具市场影响力机构"作为机构的声誉测度。从静态关系上看，在没有引入利益冲突变量进行分析时，Fama-MacBeth(1973)横截面回归方程个人声誉回归结果显示全样本组样本中，明星分析师的盈余预测精度在全样本中要低于非明星分析师。但在科技股样本中，明星分析师对于科技股的盈余预测精度要高于非明星分析师。Fama-MacBeth(1973)横截面回归方程机构声誉回归结果支持部分样本(科技股)下分析师声誉和分析师研究质量的正相关关系，支持全部样本下和科技股样本下券商声誉和分析师研究质量之间的正向关系。在通过引入利益冲突变量并结合分析师个人声誉和机构声誉进行分组控制后，我们发现尽管个人声誉和机构声誉都意味着更准确的盈余预测，但他们面对利益冲突时，其预测有效性存在较大差异。在全样本股票中，券商声誉回归结果支持了"声誉—变现"假设。在高声誉券商工作的证券分析师如果是大量承销相关业务奖金的利益相关者，往往会在股票发行高峰时选择将其所属券商相关的声誉资本进行变现。同时发现利益冲突的严重性对跟踪科技股的顶级券商非明星分析师盈余预测绩效存在显著正面影响，但是对跟踪科技股的顶级券商明星分析师盈余预测绩效存在显著负面影响。机构声誉是一个有效约束分析师利益冲突导致误导行为的机制，但个人声誉似乎并不存在这种影响。本研究可以检验尽管个人声誉和机构声誉都和更高质量的盈余预测有关，但他们降低利益冲突影响分析师研究质量的效果可能存在较大差异，机构声誉在减轻利益冲突对分析师研究质量方面的负面影响可能具备更高的效果，而仅靠个人声誉则无法达到。

第二节　明星分析师与明星基金经理存在声誉互换吗？

证券分析师作为专业的资本市场研究人士，主要工作是向投资者提供包含盈余预测和荐股评级信息的研究报告。已有国内研究显示，中国证券分析师的增持荐股评级能够获得正超额收益率，具备参考价值（王征等，2006）；分析师通过收集信息资料，发布荐股评级报告，向资本市场传递有价值的信息（朱红军等，2008）；证券分析师的盈利预测修订能够提供给投资者除公开信息之外的公司相关的增量信息，改善了股票市场信息效率（朱红军等，2007）。但也有研究指出分析师发布的信息存在系统性偏差，分析师通常偏好于发布正面的荐股评级，其“买入”、“增持”正面评级的比例远远大于“卖出”、“减持”负面评级（Francis 和 Philbrick，1993；Easterwood 和 Nutt，1999；O'Brien et al.，2005；Mola 和 Guidolin，2009；曹胜、朱红军，2011）。究其原因，分析师并非处于独立的职业环境，其研究报告受到利益相关各方的复杂影响，面临着多重利益冲突和压力。在此基础上，一些学者对证券分析师研究成果偏差的产生动机展开了研究，主要来源归因于以下几个方面：分析师所属券商为获得上市公司的承销业务（原红旗、黄倩茹，2007）；券商争取获得机构投资者的交易佣金和分仓收入（Mola 和 Guidolin，2009）；与上市公司管理层保持良好的私人关系以获取更优质信息(赵良玉等,2013);券商的证券投资自营业务经营业绩(曹胜等,2011)。这些研究都为证券监管部门理解分析师利益冲突行为及制定监管措施提供了丰富的理论和实证证据。在利益冲突对分析师行为产生负面影响的同时,职业声誉却对分析师的行为产生重要的正面影响,会对分析师的不端行为产生长期约束,分析师在残酷竞争中,会想方设法地积累声誉和维护高声誉,成为市场明星。同样,声誉理论也适用于分析师研究成果的主要服务对象——基金经理。在满足为所属机构(分析师对应券商,基金经理对应基金管理公司)谋取经济利益目标的同时,如何成为市场明星也是分析师和基金经理基于个人职业发展规划的重要目标,能够为个人带来合法的巨大经济利益。分析师和基金经理如何利用手中的资源和影响力实现公私双重目标?每年年底是明星分析师评选和明星基金经理评选的关键时刻,他们的行为之间是否存在某种默契?

从 2003 年年底起,国内财经杂志《新财富》启动了明星分析师的年度评选活动,逐渐发展成为分析师行业内的最高荣誉,对上榜分析师的经济收入和职业发展产生了深远的影响,由于该评价体制的核心是基金经理手中拥有的明星分析师投票权,无论是以往的明星分析师还是非明星分析师,都希望得到基金经理的投票。

在分析师的研究成果独立性受制于基金经理的分仓权力和明星分析师评选投票权时,基金经理也可能有求于分析师。每年年末,基金经理之间都会上演一场基于基金业绩的"基金排名战",排名越靠前的基金,其基金经理将成为市场明星,一夜之间成为市场热捧和投资机构挖人的重点对象。在每年年末,为争取到更好的业绩名次,基金经理们都使出了浑身解数,演绎出"重仓股行情"。此时基金经理往往希望市场影响力较大的明星分析师对其重仓股票维持正面评级或者调高其投资评级。基于分析师、基金经理、券商、证券交易所、基金公司之间的关系,我们得到明星分析师和明星基金经理利益冲突关系,其中虚线内为本节研究的重点,如图 6.1 所示。

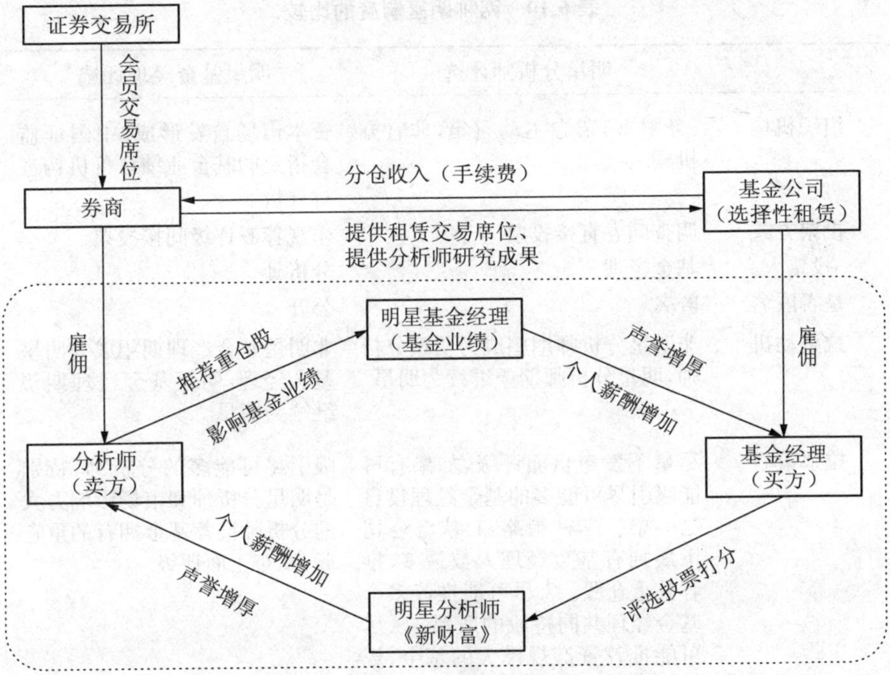

图 6.1　明星分析师和明星基金经理利益冲突关系

为了更清楚的理解两种明星制度之间的异同点，我们从组织机构、选票方式、投票人、是否匿名、拉票动机、拉票策略、所属机构利益、私人利益多个角度对两种制度进行了对比，参见表 6.10。

本节旨在研究分析师与基金经理之间源于个人声誉利益冲突的相互制约关系，检验其能否达到互利共赢。本节的主要贡献为，国内外的研究绝大部分都是将分析师行为与基金行为分开探讨，而本研究通过分析师对基金重仓的股票评级与基金净值增长率(12 月)两者之间的关联分析，为探索分析师和基金经理之间是否存在隐蔽性更强的利益冲突来源提供了新思考角度和实证证据。本节成果对于改善我国证券分析师监管和基金经理监管实践，保护中小投资者利益具有重要的参考价值。

本节的结构如下：第二部分是文献评述和研究假设，第三部分是研究方法和样本，第四部分是实证结果和分析，第五部分是关于明星分析师与明星基金经理“年末默契”的进一步探讨，第六部分是稳健性检验，第七部

表 6.10 两种明星制度的比较

	明星分析师评选	明星基金经理评选
组织机构	《新财富》杂志主动召集，非官方机构	资本市场自发形成，中国证监会指定的基金业绩评价机构进行评价
投票方式	调查问卷直接投票	乐观荐股评级间接投票
投票人	基金经理	分析师
是否匿名	匿名	公开
拉票动机	非明星分析师期望成为明星分析师，明星分析师期望继续为明星	非明星基金经理期望成为明星基金经理，明星基金经理期望继续为明星
拉票策略	尽量不发布负面评级，如果有可能吸引尽可能多的基金经理投自己一票。三种策略：1.基金公司下属拥有基金经理人数最多，推荐其重仓股。2.尽可能推荐多个基金经理共同持股的股票。3.尽可能推荐资产规模大的基金，规模越大，投票权重越大。	吸引尽可能多的分析师，特别是明星分析师和市场影响力大的分析师推荐基金拥有的重仓股，发布正面评级。
所属机构	券商	基金公司
所属单位利益	为券商争取更多的分仓收入和佣金收入	提高基金公司业绩，获得更多的利润，为基金投资者服务
私人利益	获得明星分析师称号，个人声誉增加，获得收入增加和巨大市场影响力。	获得明星基金经理称号，个人声誉增加，获得收入增加和巨大市场影响力。

分是关于我国明星分析师和明星基金经理声誉激励机制的探讨。本节的数据整理和研究结果均由统计软件 SAS9.2 编程得出。

一、 文献述评和研究假设

从分析师的个人特征、所属券商特征、被跟踪公司特征、市场特征角度来研究分析师荐股评级的市场影响一直是国内外研究的重点。Lin 和 McNichols(1998)发现分析师的投资评级受到利益冲突的影响。Michaely 和 Womack(1999)发现分析师乐观评级的主要激励来自其所属券商的投行业务。除此之外，还有一些研究分析了分析师发布信息对股价、超常回报率、大交易者与小交易者的作用。Scherbina(2005)发现持悲观观点的分析师没有发布评级，这也是分析师乐观主义没有得到充分解释的原因；Loh 和 Mian(2006)和 Howe，Unlu 和 Yan(2009)研究投资者基于分析师的股票推荐能够获得更高的超额收益率。除分仓收入外，机构投资者还掌握了分析师职业晋升的关键权力——机构投资者拥有明星分析师评选活动的投票权，分析师一旦被评为明星分析师，则意味着收入、价值、地位的大幅度上升(Stickel，1992)。为了维持与机构投资者良好的客户关系，分析师在对机构投资者持有的股票发布评级时会更加谨慎。Womack(1996)认为分析师对机构重仓股发布负面消息的成本明显高于其他股票。Hong 和 Kubik(2003)发现，分析师的职业晋升更多取决于乐观评级。原红旗和黄倩茹(2007)发现投行承销业务的存在使得分析师变得更为乐观。曹胜等(2011)发现分析师总体上对所属券商重仓持有的股票更加乐观，且乐观体现在投资评级上，并且证明了自营证券引起的分析师独立性问题在一定程度上误导了市场定价。许年行等(2012)研究发现，分析师面临的利益冲突能加剧乐观偏差对股价崩盘风险的影响。赵良玉，李增泉，刘军霞(2013)认为，我国分析师评级报告乐观性的一个重要动机是为了满足管理层的偏好，以便获取私有信息。面对其所属公司旗下各部门间利益冲突的压力；基于个人职业生涯的考虑，分析师发布较为乐观的研究报告有利于所接触研究公司的管理层；宋乐和张然(2010)基于“经济资源”分析我国的现实背景，证实上市公司的证券高管背景也是分析师利益冲突的根源之一。然而已有文献对分析师荐股评级与基金之间关系的研究并不多。管总平等(2013)发现分析师受到了来自于机构投资者的压力。部分分析师为了讨好机构投资者，往往会给出不客观的盈余预测(洪剑峭，张新，2011)。

本节将从明星分析师和明星基金经理评选角度，深入研究分析师与基金经理之间的利益冲突关系。分析师想要讨好基金经理，得到更多的投票支持，就需要对基金经理所持重仓股的荐股评级更乐观。由于分析师研究精力有限，他们存在一种年末拉票策略：在推荐某只股票的同时尽可能获得更多的基金经理关注和好感，因此往往会选择推荐不同基金共同拥有的重仓股，被推荐股票持重仓的基金数目越多，分析师的荐股评级越乐观。基于以上原因,提出如下假设。

假设 1:明星分析师的评比与分析师所发布的基金重仓股的荐股评级正相关,且荐股评级越乐观,成为明星分析师的概率就越大。

假设 2:分析师对拥有共同持仓基金数目多的股票存在推荐偏好,持仓基金数量越多,其荐股评级越乐观。

同样,基金业绩也受到多方面因素的影响,国内外已经进行了大量的实证研究。张文璋等(2002)认为评价标准的不一样会导致基金评价出现较大误差。赵坚毅等(2005)提出了评价基金业绩就必须从基金风格的供给与投资者风险管理的需求两个方面结合来进行。陆蓉等(2007)发现中国开放式基金的业绩及资金流动的关系与成熟市场不同,呈现负相关且为凹形,即存在"赎回异象"。肖峻等(2011)发现"赎回异象"不过是一种假象。陆蓉等(2008)进一步研究了家族共同持股行为与基金管理公司业绩增长率和基金管理公司风险之间的关系。徐琼等(2008)认为基金经理的投资决策行为势必会影响到基金的业绩。

基金排名结果对基金管理公司和基金经理个人都是极其重要的市场声誉,具有很高的广告效应。尤其是基金年末排名,是投资者选择基金的重要指标之一。每年 12 月份,基金的竞争排名战达到白热化阶段,基金经理尤其重视重仓股的股票收益率,他们希望尽可能多的分析师,最好是市场影响力较大的明星分析师能够推荐其重仓的股票,以提高基金年末的账面净值。权衡二者间的关系,提出如下假设。

假设 3:基金的年末净值增长率(12 月)与分析师推荐重仓股的评级正相关,即分析师评级越乐观,基金的回报率越高。

假设 4:基金的年末净值增长率(12 月)与明星分析师推荐重仓股的评级正相关,即明星分析师评级越乐观,基金的回报率越高。

分析师与基金经理之间的"年末默契"关系一直较为隐蔽,难以被投资者和监管部门发现。本节尝试通过假设 3、假设 4 将这种隐蔽关系透明化、定量化。假设 3 主要探讨的是基金业绩与所有分析师的关系,而假设 4 旨在研究基金业绩与明星分析师之间的关联。

二、研究样本和研究设计

1. 样本数据和描述性统计

本节样本数据均来源于国泰安证券研究数据库(CSMAR),包括基金基本数据、基金净值文件、成立年份等数据。与 Sirri 和 Tufano(1998)相似,我们选取样本数最多,影响最大的开放式基金,剔除了指数基金和 QDII 基金。由于我们研究的是基金年末收益变化与分析师对重仓股票荐股评级之间的关系,所以选取的所有数据均为每年 12 月的月度数据,剔除缺失数据。明星分析师的数据来源于《新财富》杂志所公布 2003—2012 年的最佳分析师排行榜。本节选取 2003—2012 年 10 年的分析师荐股评级样本数据,通过对分析师的推荐评级样本的描述性统计分析,我们发现 12 月份分析师的评级相较于其他月份更加乐观,其买入和上调评级所占比例最高。具体统计结果如表 6.11 所示。

表 6.11　分析师荐股评级的描述性统计量

月份	评级报告总数	"买入"评级总数	"买入"评级比例(%)	"上调"评级变动总数	"上调"评级变动比例(%)
1	6410	2532	39.50	216	3.37
2	8492	2747	32.35	228	2.68
3	19054	5640	29.60	525	2.76
4	20319	6459	31.79	535	2.63
5	6914	2534	36.65	221	3.20
6	6046	2212	36.59	209	3.46
7	10569	3645	34.49	339	3.21
8	26641	7848	29.46	727	2.73
9	6300	2244	35.62	185	2.94
10	22916	6974	30.43	505	2.20
11	6891	2547	36.96	237	3.44
12	6648	2701	40.63	236	3.55

从表 6.11 中可以看出,在 12 月,分析师的买入评级比例为 40.63%,上调评级比例 3.55%。由此可以看出,相较于其他月份,每年 12 月份分析的买入评级和上调评级比例均达到最高值。分析师有可能基于基金经理的压力而调高评级。

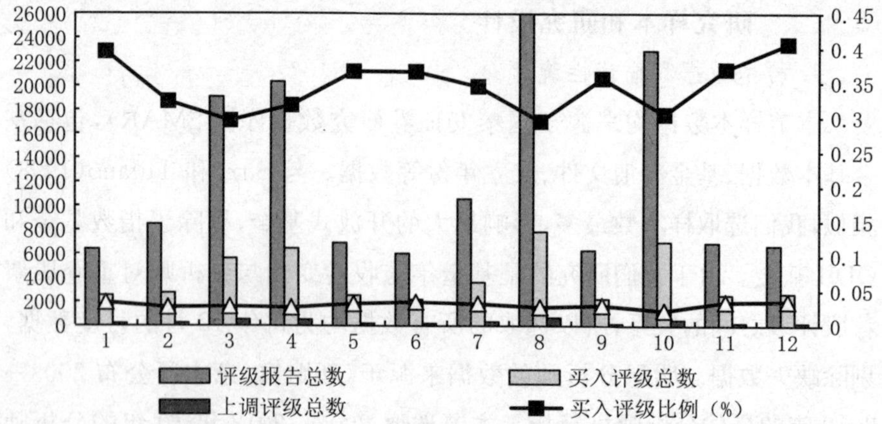

图 6.2　分析师不同月份评级分布对比

由图 6.2 可以看出，从 1 月到 6 月，分析师的买入评级比例总体呈现先下降后上升的趋势，从 7 月到 12 月的总体趋势与前 6 个月大致相同，但从 10 月开始买入评级比例有很大的上升，其中 12 月的买入评级比例达到年度最高。同样可以看出，上调评级比例也在 12 月达到年度最高。

2. 研究方案设计

(1) 模型设定

由于本节研究分析师与基金经理之间的联系，基于分析师、基金业绩建立二分类 logistic 模型。另外，本节基金重仓股均指在年末(12 月)某基金个股所占净值比例前 5 名的股票。

根据假设 1，明星分析师的评比与分析师所发布的基金重仓股的荐股评级正相关，基于是否被评为明星分析师的假设，建立模型 1，参见公式(6.7)：

$$\text{模型 1：} Staranalyst = \beta_0 + \beta_1 Recommd\_rating + \gamma Controls + \varepsilon \tag{6.7}$$

在这里 *Staranalyst* 为二分类变量，若分析师被评为明星分析师，其变量等于 1，否则为 0。明星分析师的标准以我国著名财经杂志《新财富》借鉴国际惯例公布的最佳分析师排行榜为依据。*Recommd_rating* 为分析师对重仓股的荐股评级，采用标准的五档评级，分别为：买入、增持、中性、减持、卖出。与一般的评级不同，本节将采取评级越乐观指数越大的方法。即买入评级等于5，增持评级等于4，中性评级等于3，减持评级等于2，卖出评级等于1。ε 为误差项，*Controls* 为控制变量。

为了验证假设2，分析师对拥有共同持仓基金数目多的股票存在推荐偏好，建立模型2，参见公式(6.8)：

$$\text{模型 2：} Recommd\_rating = \beta_0 + \beta_1 Funds + \gamma Controls + \varepsilon \tag{6.8}$$

在模型2中，我们以分析师对重仓股的荐股评级 *Recommd_rating* 作为被解释变量，标准与模型1相同；以持有共同重仓股的基金数量 *Funds* 作为解释变量，*Controls* 为控制变量，ε 为误差项。

为检验假设3、4，研究基金业绩与全体分析师、明星分析师之间的关联，建立了如下模型3、4、5、6：

$$\text{模型 3：} FReturn_i = \alpha_0 + \alpha_1 Recommd\_rating + \gamma Controls + \varepsilon \tag{6.9}$$

$$\text{模型 4：} FReturn_i = \alpha_0 + \alpha_1 Recommd\_rating \times Staranalyst + \gamma Controls + \varepsilon \tag{6.10}$$

$$\text{模型 5：} FReturn_i = \alpha_0 + \alpha_1 Recommd\_rating + \alpha_2 Recommd\_rating \times Staranalyst + \gamma Controls + \varepsilon \tag{6.11}$$

$$\text{模型 6：} FReturn_i = \alpha_0 + \alpha_1 Recommd\_rating + \alpha_2 Staranalyst + \alpha_3 Recommd\_rating \times Staranalyst + \gamma Controls + \varepsilon \tag{6.12}$$

我们用基金12月末净值增长率来表示基金的业绩，$FReturn_i$ 为基金 i 的12月末回报率，基金的回报率一般有两种方式可以衡量，一种是用基金持有的投资组合的回报率，另一种是用基金净值增长率，本节采用基金净值增长率来衡量基金回报率。*Recommd_rating* 是分析师对重仓股的荐股评级，*Staranalyst* 为哑变量，若分析师是明星分析师，则 *Staranalyst* =1，否则为0。*Recommd_rating* × *Staranalyst* 表示 *Recommd_rating* 和 *Staranalyst* 的乘积，衡量的是两个变量的交叉影响，*Controls* 为控制变量，ε 为误差项。

表 6.12 模型变量说明

		变量名称	变量解释
模型 1	被解释变量	*Staranalyst*	二分类变量:分析师当年被评为明星分析师 *Staranalyst* ＝1 否则为 0。以《新财富》杂志公布的最佳分析师排行为依据标准。
	解释变量	*recommd_rating*	分析师对重仓股的推荐评级,标准五档评级 5＝买入 4＝增持 3＝中性 2＝减持 1＝卖出
	控制变量	log(*number*)	基金重仓股持股数量取其对数
		log(*TNA*)	基金重仓股持股市值取其对数
		Bullmarket	牛市哑变量:2006 年 1 月至 2007 年 10 月 18 日之间等于 1, 2008 年 11 月至 2009 年 7 月为 1,其余等于 0
		Largeholdratio	所持重仓股股票占净值比例
模型 2	被解释变量	*recommd_rating*	参见模型 1
	解释变量	*Funds*	共同重仓股的基金数
	控制变量	log(*number*) log(*TNA*) *Largeholdratio* *Staranalyst*	均与模型 1 的变量解释相同
模型 3—6	被解释变量	$FReturn_i$	用基金净值增长率表示基金业绩(12 月)
	解释变量	*recommd_rating*	参见模型 1
		Staranalyst *Recommd_rating* × *Staranalyst*	表示 *Recommd_rating* 和 *Staranalyst* 的交乘项
	控制变量	*Fund_age*	基金年龄,以基金成立日期为基准,计算出天数,取其对数。
		Fund_size	基金规模,取其基金净值总额的自然对数
		$FReturn_{i11}$	基金 i 的前期历史业绩,用其上个月(11 月)的基金净值增长率
		Bullmarket *Largeholdratio*	参见模型 1

(2) 变量选择

模型 1 主要探讨明星分析师的评选活动是否受到来自分析师对基金

重仓股荐股评级的影响。控制变量选取了基金持股数量、基金持股市值等主要控制变量，本节还添加了牛市哑变量，重仓股票占净值比例等重要变量。模型 2 主要为了验证分析师想要得到更多的基金经理的支持，倾向于对共同重仓持有基金数较多的股票发布乐观评级假设。模型 3 到模型 6 重点探讨分析师对基金经理的影响。这里的分析师包括明星分析师与非明星分析师，主要通过研究分析师对基金重仓的荐股评级与基金 12 月末的净值增长率的关系。表 6.12 为模型 1—6 涉及变量的解释。

基金年末排名对基金经理绩效考核尤为重要，所以每年年末，基金经理就会使出浑身解数提高基金排名，而提高其旗下基金的重仓股业绩是较为直接可行的办法。重仓股均指在每年 12 月份，基金个股所占净值比例前五名的股票。基金经理希望分析师能对旗下的重仓股发布乐观评级来获得基金业绩的提高。剔除了分析师没有做出荐股评级的股票，样本均选取国泰安公司的中国开放式基金数据库。此外，我们加入了牛市哑变量，添加了重仓股占净值比例等重要控制变量。综合以上的被解释变量、解释变量、控制变量，计量模型 1、2、3、4、5、6 可改写为以下形式：

模型 7：
$$Staranalyst = \beta_0 + \beta_1 recommd\_rating + \gamma_1 \log(number) + \gamma_2 \log(TNA) + \gamma_3 Bullmarket + \gamma_4 Largeholdratio + \varepsilon \tag{6.13}$$

模型 8：
$$recommd\_rating = \beta_0 + \beta_1 Funds + \gamma_1 \log(number) + \gamma_2 \log(TNA) + \gamma_3 Staranalyst + \gamma_4 Largeholdratio + \varepsilon \tag{6.14}$$

模型 9：
$$FReturn_i = \alpha_0 + \alpha_1 Recommd\_rating + \gamma_1 Fund\_age + \gamma_2 Fund\_Size + \gamma_3 FReturn_{i11} + \gamma_4 Bullmarket + \gamma_5 Largeholdratio + \varepsilon \tag{6.15}$$

模型 10：
$$FReturn_i = \alpha_0 + \alpha_1 Recommd\_rating \times Staranalyst + \gamma_1 Fund\_age + \gamma_2 Fund\_size + \gamma_3 FReturn_{i11} + \gamma_4 Bullmarket + \gamma_5 Largeholdratio + \varepsilon \tag{6.16}$$

模型 11：
$$FReturn_i = \alpha_0 + \alpha_1 Recommd\_rating + \alpha_2 Recommd\_rating \times Staranalyst + \gamma_1 Fund\_age + \gamma_2 Fund\_size + \gamma_3 FReturn_{i11} + \gamma_4 Bullmarket + \gamma_5 Largeholdratio + \varepsilon \quad (6.17)$$

模型 12：
$$FReturn_i = \alpha_0 + \alpha_1 Recommd\_rating + \alpha_2 Staranalyst + \alpha_3 Recommd\_rating \times Staranalyst + \gamma_1 Fund\_age + \gamma_2 Fund\_size + \gamma_3 FReturn_{i11} + \gamma_4 Bullmarket + \gamma_5 Largeholdratio + \varepsilon \quad (6.18)$$

三、明星分析师与明星基金经理之间关系的实证结果及分析

模型 7 的实证结果如表 6.13 所示，包括回归系数和 t 统计量。

表 6.13　分析师基金重仓股评级和评为明星分析师之间关系的实证结果

Regression Model	*Staranalyst*	
	回归系数	t 统计量
Intercept	−0.0750	−1.58
recommd_rating	0.0517	7.72***
log(*number*)	−0.0212	−4.50***
log(*TNA*)	0.0191	3.82***
Bullmarket	0.1353	9.74***
Largeholdratio	0.0052	2.36**
Sample Size	10259	
R-square	0.0168	

注：表中数据为按照模型 7 进行回归的结果，解释变量为分析师对重仓股的荐股评级，为五档评级。*Sample Size* 为样本数量。* 代表统计显著性水平为 0.1，** 代表统计显著性水平为 0.05，*** 代表统计显著性水平为 0.01。

由表 6.13 结果我们发现解释变量 *recommd_rating* 的回归系数为正，且显著水平为 1%，表明明星分析师的评比与其对基金重仓的荐股评级正相关，分析师对基金重仓股的评级越乐观，被评为明星分析师的可能越大，验证了假设 1。牛市哑变量的回归系数为正，明星分析师的评比与

股市的牛市显著正相关。log(*number*) 系数为负，意味着基金持股数量越多，分析师被评为明星分析师的概率反而越小，log(*TNA*) 系数为正，说明基金重仓股持股市值越大，其被选为明星分析师的可能性就比较大，二者正相关，且在 1%水平上显著。

模型 8 的回归结果如表 6.14 所示。表 6.14 中 *Funds* 的回归系数为正意味着共同重仓股的基金数目越多，分析师的荐股评级会越乐观。且回归系数的顺序为明星分析师＞分析师＞非明星分析师，说明分析师为了被评选为明星分析师会发布更加乐观的荐股评级，验证了假说 2。

表 6.14　分析师是否倾向于推荐持共同股基金数目多股票的实证结果

Regression Model	分析师		明星分析师		非明星分析师	
	回归系数	t 统计量	回归系数	t 统计量	回归系数	t 统计量
Intercept	4.0795	71.22***	3.9634	37.01***	4.1333	61.71***
Funds	0.0033	15.67***	0.0040	8.64***	0.0032	13.53***
Staranalyst	0.0893	6.18***	—	—	—	—
log(*number*)	−0.1358	−19.55***	−0.0975	−7.42***	−0.1461	−17.65***
Largeholdratio	0.0063	1.93*	−0.0059	−0.95	0.00940	2.50**
log(*TNA*)	0.1281	17.36***	0.1101	7.90***	0.1330	15.15***
Sample Size	10259		2220		8039	
R-square	0.0816		0.1187		0.0694	

注：表中数据为按照模型 8 进行回归的结果，解释变量为分析师对重仓股的评级，为五档评级。*Sample Size* 为样本数量。* 代表统计显著性水平为 0.1，** 代表统计显著性水平为 0.05，*** 代表统计显著性水平为 0.01。

对模型 9、10、11、12 进行回归，得到结果如表 6.15 所示。

模型 9 的回归结果，*recommd_rating* 的系数在 1%水平上显著为负，和假设 2 的假说相反，分析师推荐的评级越乐观，基金的年末净值增长率反而会下降，说明分析师发布重仓股的乐观荐股评级并未能给基金带来业绩上的回报。模型 10 回归结果中 *Recommd_rating*×*Staranalyst* 的系数为正，说明本年度被评为明星分析师的荐股评级越乐观，基金年末收益越会增加。模型 11、12 中的回归系数更验证了这一结论。

基金历史业绩 $FReturn_{i1}$ 的回归系数为负，从而验证了国内学者陆蓉等(2007)的结论，投资者对基金存在“反向选择”和“赎回异象”，这种现象在短期时间内是存在的。在基金规模的影响上，本节的结论与 Sirri 和 Tufano(1998)类似，变量的系数 *Fund_size* 在模型 9、10、11、12 中均显著为负，这反映出小型规模基金相较于大规模基金，其增长率更快。基金年龄 *Fund_age* 的系数都为正，但是水平并不显著。提高重仓股市值所占比例能增加基金的业绩，而在牛市时，基金业绩会提高，熊市时，基金业绩会下降。

表 6.15　明星分析师推荐重仓股票能否提高基金年末业绩的实证结果

Regression Model	模型 9	模型 10	模型 11	模型 12
Intercept	13.5073 (4.34***)	8.8143 (3.13***)	13.5738 (4.36***)	15.0149 (4.69***)
recommd_rating	−1.1166 (−3.48***)	—	−1.1455 (−3.54***)	−1.4227 (−4.03**)
Staranalyst	—	—	—	−7.5492 (−1.96**)
Recommd_rating × *Staranalyst*	—	0.0185 (0.18)	0.0694 (0.66)	1.7041 (2.03**)
$FReturn_{i11}$	−0.5988 (−19.91***)	−0.5915 (−19.66***)	−0.5979 (−19.85***)	−0.5978 (−19.85***)
Fund_size	−0.4292 (−3.01***)	−0.4352 (−3.05***)	−0.4279 (−3.00***)	−0.4332 (−3.04***)
Fund_age	0.1680 (0.73)	0.1424 (0.62)	0.1650 (0.72)	0.1554 (0.67)
Bullmarket	3.6727 (4.98***)	3.9823 (5.42***)	3.6198 (4.88***)	3.5691 (4.81***)
Largeholdratio	0.2511 (2.77***)	0.2388 (2.63***)	0.2497 (2.75***)	0.2496 (2.75***)
Sample Size	10300	10300	10300	10300
R-square	0.0396	0.0385	0.0397	0.0400

注：表中数据为按照模型 9、10、11、12 进行回归的结果。*Sample Size* 为样本数量。* 代表统计显著性水平为 0.1，** 代表统计显著性水平为 0.05，*** 代表统计显著性水平为 0.01。

四、关于明星分析师与明星基金经理“年末默契”的进一步探讨

为了进一步细化并研究明星分析师与明星基金经理之间的关系，我们将基金、分析师、股票中的变量相结合，得到模型 13。

模型 13：
$$FReturn_i = \alpha_0 + \alpha_1 recommd\_rating + \gamma_1 Fund\_age + \gamma_2 Fund\_size + \gamma_3 FReturn_{i1} + \gamma_4 \log(\text{TNA}) + \gamma_5 Largeholdratio + \gamma_6 \log(number) + \gamma_7 Bsize + \gamma_8 Nopfd + \varepsilon \quad (6.19)$$

模型中的被解释变量 $FReturn_i$ 与上文中的变量意义相同，解释变量 $recommd\_rating$，控制变量 $Fund\_age$、$Fund\_size$、$\log(TNA)$、$Largeholdratio$、$\log(number)$、$FReturn_{i1}$ 均不变。我们增加了券商规模 $BSize$ 这一分析师的控制变量，是指每年年底每家券商雇佣的分析师总人数。另外，我们还增加了 $Nopfd$ 这一基金控制变量，是指基金公司每年年末所持有的开放式基金的数目。

表 6.16　明星分析师与明星基金的交叉控制分组

组名	*Staranalyst*（是否被评为本年度明星分析师）	*S*（是否被评为上一年度明星分析师）	*q*（是否为明星基金）
Ⅰ	0	0	0
Ⅱ	1	0	0
Ⅲ	0	1	0
Ⅳ	0	0	1
Ⅴ	1	0	1
Ⅵ	1	1	0
Ⅶ	0	1	1
Ⅷ	1	1	1

基于表 6.16 的分组，对模型 13 进行回归，得到如下结果，参见表 6.17 和表 6.18。

表 6.17　明星分析师提高明星基金年末排名的实证结果一

Regression Model	Ⅰ	Ⅱ	Ⅲ	Ⅳ
Intercept	−6.9735 (−2.79**)	−3.5771 (−0.56)	12.4787 (1.05)	−15.0890 (−2.87***)
recommd_rating	−0.5118 (−3.29***)	0.5813 (1.14)	0.1278 (0.13)	−0.9485 (−2.47**)
$FReturn_{i11}$	−0.2236 (−16.27***)	−0.1604 (−5.84***)	−0.2201 (−4.69***)	−0.4186 (−12.03***)
Fund_size	0.2805 (1.20)	0.6405 (0.77)	−2.0065 (−1.26)	1.1001 (2.80***)
Fund_age	−0.0204 (−0.10)	−0.2819 (−0.59)	0.1181 (0.14)	0.1531 (0.29)
log(*number*)	−0.1933 (−1.50)	0.1916 (0.68)	−0.8876 (−1.43)	0.2280 (0.62)
Largeholdratio	−0.1826 (−1.88*)	0.0768 (0.29)	−0.9575 (−2.00**)	0.1965 (1.72*)
Nopfd	−0.2752 (−13.59***)	−0.3209 (−7.09***)	−0.3008 (−3.38***)	−0.2400 (−5.1***)
BSize	−0.0370 (−4.24***)	−0.1154 (−6.08***)	−0.1028 (−2.05**)	−0.0555 (2.73***)
log(*TNA*)	0.6940 (2.83**)	−0.2535 (−0.30)	3.0127 (1.75*)	−0.1303 (−0.30)
Sample Size	2804	339	162	263
R-square	0.1921	0.3630	0.3327	0.5983

注：表中数据为按照模型 13 进行回归的结果。*Sample Size* 为样本数量。* 代表统计显著性水平为 0.1，** 代表统计显著性水平为 0.05，*** 代表统计显著性水平为 0.01。

本节数据来源于国泰安证券研究数据库，我们将分析师样本分为四组：本年度明星分析师（被《新财富》杂志评为明星分析师时，*Staranalyst* = 1）、本年度非明星分析师（未被《新财富》评为明星分析师时，*Staranalyst* = 0）、上年度明星分析师（过去一年年末被《新财富》评为明星分析师时，$S=1$）上年度非明星分析师（过去一年未被《新财富》评为明星分析师时，$S=0$）。我们以开放式基金年末排名来衡量基金经理的排名。基金排名的主要依据是基金年末净值增长率，所以我们将基金分为两组：明星基金（$q=1$）和非明星基金（$q=0$）。明星基金是指基金业绩（即基金年末净值

表 6.18　明星分析师提高明星基金年末排名的实证结果二

Regression Model	Ⅴ	Ⅵ	Ⅶ	Ⅷ
Intercept	28.5535 (2.51**)	−12.8841 (−2.18**)	−174.6022 (−1.99*)	8.5977 (0.78)
recommd_rating	0.7902 (0.84)	0.8699 (1.85*)	0.4656 (0.10)	0.0752 (0.07)
$FReturn_{i11}$	−0.3063 (−4.18***)	−0.1446 (−5.20***)	0.3278 (0.83)	−0.3720 (−3.68***)
Fund_size	−3.1817 (−2.07**)	0.7477 (1.38)	43.7984 (1.87)	−0.8011 (−1.05)
Fund_age	−0.4683 (−0.64)	−0.1324 (−0.30)	5.6010 (2.02*)	−1.0754 (−1.17)
log(*number*)	−0.6526 (−0.91)	−0.3381 (−1.16)	2.1244 (0.51)	0.1074 (0.13)
Largeholdratio	−0.3164 (−0.73)	0.2292 (1.25)	10.6073 (2.82**)	−0.3924 (−1.08)
Nopfd	−0.1188 (−0.16)	−0.1596 (−3.21***)	0.0743 (0.17)	0.0509 (0.42)
BSize	−0.2120 (−5.31***)	−0.1392 (−7.33***)	−0.0341 (−0.18)	−0.2332 (−4.36***)
log(*TNA*)	3.5502 (2.14**)	0.3833 (0.68)	−48.1573 (−1.83)	1.6299 (1.50)
Sample Size	37	437	16	41
R-square	0.8872	0.2853	0.8558	0.7728

注：表中数据为按照模型 13 进行回归的结果。*Sample Size* 为样本数量。* 代表统计显著性水平为 0.1，** 代表统计显著性水平为 0.05，*** 代表统计显著性水平为 0.01。

增长率)排名前 10%，剩下的为非明星基金。综合起来，分为八组，参见表 6.16。

表 6.17 和表 6.18 中结果分析显示，无论是该年度被评为明星分析师，还是上年度被评为明星分析师的荐股评级的回归系数均为正，这说明明星分析师的乐观评级能够带来年末基金业绩的增加，但是其统计水平并不显著，这说明基金业绩受到的限制因素较多。而一直未被评为明星分析师的荐股评级的系数为负，说明非明星分析师的乐观评级反而使年末的基金业绩下降。这充分说明明星基金经理与明星分析师之间能够达到一定程度的“默契”，二者之间存在“投桃报李”相互投票的动机。

五、 稳健性检验

在上节中，我们将分析师与基金分成了八组，这样做的优点是分析师与基金的样本更细化，准确性较高。但样本细化将带来样本容量减少，其结果有可能受样本容量的影响。鉴于此，我们直接将总体数据分为该年度明星分析师、该年度非明星分析师两组进行回归，将基金分为明星基金与非明星基金两组分别进行回归来进一步检查研究结论的稳健性。

表 6.19　稳健性检验结果

Regression Model	明星分析师	非明星分析师	明星基金	非明星基金
Intercept	−5.4469 (−1.48)	−7.9674 (−3.56***)	−6.9659 (−1.59)	−7.3101 (−3.45***)
recommd_rating	0.8154 (2.66***)	−0.4972 (−3.46***)	−0.9121 (−2.73***)	−0.2997 (−2.19**)
$FReturn_{i11}$	−0.1581 (−8.66***)	−0.2381 (−19.15***)	−0.4029 (−13.21***)	−0.2037 (−18.37***)
Fund_size	0.5238 (1.43)	0.5516 (2.74***)	0.8314 (2.46**)	0.4059 (2.01**)
Fund_age	−0.5202 (−1.78*)	−0.1635 (−0.90)	−0.2820 (−0.66)	−0.1070 (−0.63)
log(*number*)	−0.0108 (−0.66)	−0.2416 (−2.02**)	0.0922 (0.29)	−0.2164 (−2.02**)
Largeholdratio	0.1761 (1.35)	−0.0345 (0.44)	0.1706 (1.63)	−0.0995 (−1.24)
Nopfd	−0.2262 (−7.31***)	−0.2717 (−14.80***)	−0.2083 (−5.35***)	−0.2810 (−16.45***)
BSize	−0.1366 (−11.44***)	−0.0430 (−5.45***)	−0.0657 (−4.52***)	−0.0571 (−8.62***)
log(*TNA*)	0.1824 (0.48)	0.5030 (2.36**)	0.0266 (0.07)	0.5891 (2.78***)
Sample Size	854	3245	357	3742
R-square	0.3286	0.2183	0.5792	0.2045

注：表中数据为按照模型 13 进行不同分组回归的结果。*Sample Size* 为样本数量。* 代表统计显著性水平为 0.1，** 代表统计显著性水平为 0.05，*** 代表统计显著性水平为 0.01。

由表 6.19 中数据可以看到明星分析师的荐股评级 *recommd_rating*

的回归系数为正，且在 1% 水平上显著，而非明星分析师的荐股评级 *recommd_rating* 的回归系数为负。这一结果说明了明星分析师对重仓的乐观评级能够带来年末基金业绩的提高，而非明星分析师不能带来业绩的提升，从而验证了上文的结论稳健性。

研究小结

分析师与基金经理之间的利益关联和私人信息沟通往往非常隐蔽，难以观测，一直是学术界研究的难点，也是证券监管部门的盲区。卖方分析师研究成果的主要服务对象是基金经理，明星分析师与基金经理之间存在千丝万缕的关系，目前监管部门并没有专门的法规设定两者之间的防火墙。2014 年 6 月 6 日，2013 年"新财富"医药生物行业最佳分析师第一名——中信证券首席医药行业分析师张明芳在微信群和朋友圈中涉嫌泄露丽珠集团内幕信息，大量基金经理纷纷选择退出其微信群和朋友圈，防止被其牵连。这充分证明了分析师与基金经理之间私人信息渠道和圈子的存在。

本节基于每年年末的基金业绩排名和《新财富》杂志明星分析师的评选，研究了明星分析师和明星基金经理之间隐蔽的声誉互换机制。由于基金经理持有明星分析师评选的投票权，所以分析师为了讨好基金经理，会对其旗下的基金重仓股票发布乐观评级，以便提高基金年末排名。本节用基金年末的净值增长率作为被解释变量，分析师对基金重仓股票的评级等作为解释变量，进行回归后发现：分析师对基金重仓的股票评级越乐观，其被评选为明星分析师的概率会越大，从而说明了分析师的荐股评级会受到基金的影响，基金经理对分析师产生了一定压力。除此之外，我们还发现分析师对重仓股票的乐观评级不一定能带来基金业绩的增加，非明星分析师的评级越乐观，基金年末净值增长率反而会降低。用本年度被评为明星分析师和上年度被评为明星分析师的荐股评级（重仓股）进行回归发现，重仓股的乐观评级能带来基金业绩的提高，明星分析师对基金业绩的增加比非明星分析师贡献更高。

明星分析师与基金经理之间在一定程度上能够达到所谓的默契和互利共赢。分析师对重仓的股票发布乐观评级能够为其被评为明星分析师拉票，明星分析师的乐观评级也能带来基金业绩的增加，类似于分析师为明星基金经理的评选直接投票，他们手中的选票就是乐观的荐股评级。与明星分析师的评选标准是基于基金经理的主观感觉，明星基金经理的评选标准则相对客观，依据资本市场上基金的净值增长率。分析师对持有共同重仓股基金数较多的股票的评级会更乐观，其中本年度明星分析师的荐股评级最乐观。对于非明星分析师的乐观荐股评级未能带来年末基金业绩的增加，究其原因可能源于以下几点：(1)在每年年末，投资者的投资会更加谨慎，并不是盲目的跟从分析师的荐股评级报告。(2)每年12月份，基金排名之争异常激烈，影响基金业绩的因素会更多更复杂。(3)为了配合年底的基金排名战，分析师的荐股评级会更乐观，影响了其准确性。(4)相较于明星分析师，非明星分析师的专业能力和获取信息能力有限。

本节的局限之一在于未能对非明星分析师的乐观荐股评级降低年末基金业绩的原因进行深入研究，局限之二是未对如何识别存在“年末默契”的具体分析师和具体基金经理展开深入研究，如果能在该问题上得到突破，将大大提高监管当局发现分析师和基金经理在年末行情中违法违规线索的能力。这两个问题需要未来做进一步的理论分析和深入研究。

第七章
证券分析师监管法规实施效果研究

2011 年 1 月 1 日在我国资本市场正式实施的《发布证券研究报告暂行规定》是专门针对分析师发布研究报告行为进行监管的法规，该法规颁布后对分析师发布的盈余预测和荐股评级信息在资本市场上的传播途径、传播速度、传播方式产生了何种影响？该监管法规对分析师行为和绩效产生了何种影响？国内关于分析师监管立法的研究主要是从法学学理的角度进行研究和完善，但普遍缺乏利用实证方法研究分析师监管的实施效果，实证数据的缺乏，使得我们很难观察法规的实际效果，降低了立法修正的指向性和针对性。我们在本章探索使用实证方法研究证券分析师监管法规实施前后的效果，为进一步改善我国证券分析师立法提供经验证据。

第一节　证券分析师监管法规实施对分析师发布信息的市场影响研究

已有国外学者对美国证监会颁布的公平披露法规（Reg FD）的实施效果展开过研究，主要研究监管法规对证券市场信息扩散和信息产生的影响。绝大部分的研究成果检验的是分析师盈余预测特征和股票价格对公司信息披露的反应，同时还分析了公平披露法规对美国股市信息环境的影响。例如，Bailey 等人（2003），Eleswarapu 等人（2003），Heflin 等人(2002),Shane 等人(2001)发现在公平披露法规颁布之后,上市公司盈余公告的市场影响变小了,这意味着股票价格中包含了更多的即将到来的盈余相关信息。有可能该现象与上市公司管理层用面向大众的公共信息披露取代了过去面向特定专业投资人士如证券分析师的选择性披露有关,但也有可能是由于反映在股票价格中的私有信息数量增加造成的。Brown 等(2002),Bushee 等(2002),Heflin 等(2003)则发现公平披露法规颁布后诸如像上市公司的管理层预测、电话会议、公开的盈余预告等公开信息披露频率增加了,并且公开信息披露对股票价格的影响也增大了。他们认为关于未来盈余信息总量的增加是由于更多的公开信息披露造成的,而不是由于私有信息增加造成。Eleswarapu 等(2003),Straser(2002)和 Sunder(2002)相继发现了投资者信息不对称发生变化的相互矛盾的证据。知情交易者不仅仅从上市公司管理层的选择性披露中获得上市公司非公开信息,还具备从其他信息源中获取非公开信息的渠道。由于信息不对称测度方法没有对这些信息渠道进行区分,很难非常清楚的将信息不对称变化归因于从上市公司管理层那里获得的非公开信息。Bailey 等人(2003),Heflin 等人(2003),Mohanram 和 Sunder(2002),Shane 等人(2001)研究了分析师盈余预测精度的变化是否反映了公平披露法规颁布后分析师获得了更少的相关信息,这些研究并没有发现在公平披露法规颁布后分析师盈余预测精度出现了明显的降低。而 Andreas Gintschel, Stanimir Markov(2004)则发现公平披露法规达到了其预期的效果,公平披露法规鼓励上市公司管理层用公开披露替代私下披露,但有关未来盈余的总信息量是不变的。Irani 和 Karamanou(2003),Mohanram 和 Sunder(2002)发现由于公平披露法规带来了更高的信息成本,分析师跟踪的公司数量更少了。Andreas Gintschel, Stanimir Markov(2004)也发现公平披露法规对分析师的覆盖决定和分析师公布信息的信息含量有着重要影响。

我们主要检验中国证券监管部门实施的分析师监管法规对分析师发布的盈余预测和荐股评级信息在资本市场上的传播途径、传播速度、传播方式产生了何种影响。2011 年 1 月 1 日在我国正式生效的《发布证券研究报告暂行规定》第 11 条明确规定“证券公司和咨询机构不可以将证券研究报告提前泄露给公司内部人士或者特殊人士”，但该规定中并没有直接限制上市公司管理层不可以私下透露重要信息给证券分析师。大部分投资者相信如果上市公司经理有选择性地将公司信息披露给了特定投资者包括证券分析师，这些特定对象和利益群体几乎可以肯定地通过这些信息来获利。国内目前关于证券分析师监管法规《发布证券研究报告暂行规定》实施效果的实证研究还处于起步阶段，但该领域的研究意义重大，如果通过实证方法能够发现分析师监管法规对分析师行为产生的影响，是否达到了预期效果，将为未来进一步完善分析师监管法规、制定更加科学有效的监管制度打下良好的基础，具有重要的金融监管法学理论意义和实践指导意义。

一、样本构建及描述性统计

本研究以法规颁布日为事件中心，取前后各一年时间段作为事件样本期。样本时间区间从 2010 年 1 月 1 日到 2011 年 12 月 31 日，2010 年 1 月 1 日至 2010 年 12 月 31 日为事件前期，2011 年 1 月 1 日至 2011 年 12 月 31 日为事件后期。财务数据源自 CSMAR 财务报表数据库，当年 5 月初到次年 4 月底为财务年度；个股及市场交易数据来自国泰安 CSMAR 中国股市交易数据库，按以下标准对样本进行筛选：(1)剔除 B 股股票；(2)为保持事件期内收益率时间序列数据的连续性，剔除连续停牌超过 2 天股票；剔除 2010 年 1 月 1 日以后新上市公司股票；(3)剔除金融板块股票；(4)事件前期和后期同时具备荐股评级和盈余预测；(5)账面市值比为正值。

(一) 样本描述性统计

公司样本特征描述性统计量参见表 7.1，收益均值显示单个股票收益时间序列均值的横截面分布。收益波动性显示单个股票收益标准差时间序列的横截面分布。市值是股票在 2010 年年末的市场价值，均值为 162.17 亿元。资产是在 2010 年年末的资产账面价值，均值为 162.87 亿元，标准差为 831.96 亿元。账面市值比是股票 2010 年年末的账面价值除以市场价值，均值为 0.48，标准差为 0.26。盈余价格比是 2010 年年末每股价格除以每股盈余，不剔除亏损股，均值为 0.05，标准差为 0.04。杠杆率是债务的账面值除以股票市值和债务账面值之和，均值为 0.3，标准差为 0.22。

表 7.1 公司样本描述性统计量

	均 值	标准差	第一四分位数	中位数	第三四分位数
收益均值	−0.00035	0.00084	−0.00096	−0.00046	0.00018
收益波动性	0.0259	0.0041	0.0235	0.0262	0.0285
市值(千元)	16217799	77803708	3963398	6500000	11762369
资产(千元)	16286917	83196899	1656195	3347813	9408556
账面市值比	0.48	0.26	0.27	0.43	0.67
盈余价格比	0.05	0.04	0.03	0.04	0.07
杠杆率	0.30	0.22	0.11	0.25	0.46

表 7.2 描述的是分析师信息公告发布的描述性统计量。基础事件是国泰安数据库中的证券分析师的盈余预测和荐股评级，在监管法规《发布证券研究报告暂行规定》颁布生效之前，每家公司的分析师预测数平均值为 57.70，中位数为 40，在监管法规《发布证券研究报告暂行规定》颁布生效之后，每家公司的分析师预测数平均值为 62.12，中位数为 38。样本中的所有盈余预测都是年度盈余预测值，分析师盈余预测的时间往往围绕在上市公司盈余公告日前后。单个分析师往往对同一家公司未来三年的盈余作出预测，因此我们将同一家券商对单个公司在给定日期的多个盈余预测转化为单个事件，我们称之为券商的预测公告，每个公司在监管法律颁布前期和后期，每个公司该事件的平均数和中位数大约相同，事件前期均值为 20.44，中位数为 14，事件后期均值为 22.15，中位数为 14，两者相差并不大。我们发现券商盈余公告出现的频率要比证券分析师盈余预测公告的频率要低。券商声誉对每家公司的券商盈余预测数目在法规颁布前后的值没有产生影响。

按分析师和券商角度对样本的盈余预测和荐股评级分别进行统计，参见表 7.2。分析师预测是分析师对单个公司发布的盈余预测。券商预测是单个券商在某日对单个公司发布的任意数量分析师预测。券商推荐

表 7.2　事件前期和事件后期的盈余预测与股票推荐

	事件前期			事件后期		
	均值	中位数	标准差	均值	中位数	标准差
面板 A　事件前期和事件后期的盈余预测						
每家公司的分析师预测数	57.70	40	56.29	62.12	38	67.17
公司公告日	23.43	14	24.33	25.53	16	26.92
公司公告日＋1	5.5	3	3.75	5.82	5	4.46
公司公告日＋2	3.85	3	2.38	3.77	3	3.04
公司公告日＋3	3.51	3	1.88	3.48	3	1.96
公司公告日＋4	3.28	3	1.48	3.19	3	1.58
公司公告日＋5	3.62	3	2.34	4.15	3	2.83
每家公司的券商预测数	20.44	14	19.99	22.15	14	23.87
新财富上榜券商预测数	8.97	5	10.05	8.97	4	11.23
公司公告日	8.42	5	8.65	9.32	6	9.72
公司公告日＋1	2.03	2	1.34	2.12	2	1.60
公司公告日＋2	1.45	1	0.84	1.42	1	1.12
公司公告日＋3	1.30	1	0.65	1.29	1	0.68
公司公告日＋4	1.24	1	0.53	1.19	1	0.52
公司公告日＋5	1.35	1	0.92	1.48	1	1.09
盈余预测公告日数目	12.77	11	9.68	12.68	10	10.60
面板 B　在事件期前和事件期后的股票推荐						
每家公司的券商推荐数	20.48	13	20.50	22.47	14	24.52
新财富上榜券商推荐数	8.98	5	10.22	9.08	4	11.57
公司公告日	8.30	5	8.55	9.38	6	10.04
公司公告日＋1	2.25	2	2.12	2.26	2	1.76
公司公告日＋2	1.59	1	1.09	1.48	1	1.13
公司公告日＋3	1.28	1	0.56	1.31	1	0.69
公司公告日＋4	1.25	1	0.50	1.27	1	0.61
公司公告日＋5	1.48	1	1.10	1.51	1	1.39
推荐公告日数目	12.24	10	9.31	12.02	9	9.91

是指单个券商发布的单个股票推荐。盈余预测公告日是指该日至少有一家券商对一家公司作出了一次预测。荐股评级公告日是指在给定日内有任意数量的券商推荐。上市公司公告日是指上市公司公布盈余的日期，新财富上榜券商是指该券商雇佣的分析师在前一年被评选为《新财富》杂志最佳分析师。以分析师监管法律 2010 年 1 月 1 日生效事件为分界线，所有统计量分为事件前期和事件后期。从股票推荐值看，每家公司的券商推荐数目增加了，均值由事件前期的平均 20.48，增加至事件后期的平均 22.47。在上市公司盈余公告日，证券分析师的盈余预测数目和推荐评级数目并没有受到颁布监管法规太多的影响。但从表 7.2 中不难发现，随着日期偏离公司公告日越远，无论是事件前期还是事件后期，所有的均值都在迅速下降。后续研究基于我们能否有效区分特定事件对股票价格的绝对影响，如果有两个事件同时发生，我们无法确定每个事件的单独影响。由于修订个人对新信息的反应需要时间，我们假设证券分析师在公司盈余公告日当日或者之后公布盈余预测代表着对其预测的更新。表 7.2 中结果显示分析师盈余预测在公司盈余公告日后密集出现。

我们的检验基于测度价格影响的波动率估计量。为了控制波动率横截面变化的任意效应，将单个公司的收益率标准化为均值为 0，方差为 1 的时间序列。替代性的日度波动率估计为绝对收益、绝对收益对数值、收益平方和收益平方对数值。

表 7.3 展示的是采用不同计算方法的日度标准化收益波动率估计值描述性统计量，在面板 A 中，展示的是使用矩方法估计的收益绝对值、收益绝对值对数值、收益平方、收益平方对数值。面板 B 展示的是波动率的时间序列相关，日度波动率显示出一定程度的自相关，在面板 B 时间序列方法中，自回归(AR)系数和移动平均(MA)系数从单只股票的时间序列回归中估计得到，表格中的统计量是单个时间序列回归的横截面平均值。在面板 C 中，表格中统计量为单个股票波动率估计量和市场波动率估计量之间相关系数的横截面平均值。市场平均波动率是全样本中单只股票波动率估计量的等权重平均值。行业平均波动率是证监会分类行业中单只股票波动率估计量的等权重平均值，市场收益波动率是证券指

表 7.3　标准化收益波动率估计值描述性统计

波动性估计	均　值	标准差	偏　度	峰　度
面板 A　矩方法				
收益绝对值	0.7494	0.6605	1.6883	3.9966
收益绝对值对数值	−0.7708	1.1989	−1.4811	4.0960
收益平方	0.9979	1.8922	4.8915	51.8986
收益平方对数值	−1.5415	2.3978	−1.4811	4.0960

面板 B　时间序列相关	收益绝对值	绝对收益对数值	收益平方	收益平方对数值
AR(1)	−0.05789	−0.01584	−0.07369	−0.01584
AR(2)	−0.05432	−0.01518	−0.07005	−0.01518
AR(3)	−0.05274	−0.01482	−0.06834	−0.01482
AR(4)	−0.05104	−0.01412	−0.06679	−0.01413
AR(5)	−0.04904	−0.01347	−0.06512	−0.01347
AR(6)	−0.04731	−0.01301	−0.06351	−0.01301
AR(7)	−0.04568	−0.01242	−0.06206	−0.01242
AR(8)	−0.04441	−0.01206	−0.06117	−0.01206
AR(9)	−0.04278	−0.01116	−0.06032	−0.01116
AR(10)	−0.04116	−0.01038	−0.05918	−0.01038

面板 C　横截面相关	收益绝对值	绝对收益对数值	收益平方	收益平方对数值
市场平均波动率	0.47189	0.38691	0.40825	0.38697
市场收益波动率	−0.15955	−0.09358	−0.15421	−0.09358
行业平均波动率	0.67239	0.5648	0.63142	0.45682
行业收益波动率	−0.34196	−0.12424	−0.22273	−0.12526

数收益波动率估计量。我们发现单只股票绝对日度收益和市场平均绝对日度收益之间的相关系数为 0.47189，单只股票绝对日度收益和行业平均绝对日度收益之间的相关系数为 0.67239。

二、　研究假设与方案设计

1. 研究假设

由于跟踪同一家公司的分析师往往会同时发布一些不同期限的盈余

预测和荐股评级，而这仅仅是分析师研究报告中所包含信息的一部分，因此较难区分“好消息”和“坏消息”事件期。为避免错误分类导致的检验解释力下降，为研究分析师信息的价格影响，我们使用事件期收益分布方差变动来测度信息内容。收益的条件方差用公式(7.1)来表示：

$$Var(r_{i,t} \mid 1_{Any,i,t}) = 1_{Any,i,t} \cdot Var(\alpha_i) + Var(\bar{r}_{i,t}) + Var(\varepsilon_{i,t}) \tag{7.1}$$

这里，$Var(r_{i,t} \mid 1_{Any,i,t})$ 是第 t 日股票 i 的条件方差；$1_{Any,i,t}$ 是指示变量，如果至少有一位分析师在第 t 日对公司 i 公布了盈余预测或荐股评级，取值为 1，否则为 0。$Var(\alpha_i)$ 是事件导致的额外收益方差，α_i 代表事件日收益变化，为均值为 0 的随机变量。$Var(\bar{r}_{i,t})$ 是期望收益的方差，$Var(\varepsilon_{i,t})$ 是未预期收益方差。$Var(\alpha_i)$ 值越大，意味着对即将公布信息具备先验知识的投资者会获得更高的交易利润。

假设分析师通过两种主要方式获得重要信息。第一种方式是分析师通过搜集行业需求和供给数据，获得有关产品制造的相关专业知识，通过建立财务模型来处理数据。这需要证券分析师投入大量的专业技能、努力和金钱。因此，该方式获得的信息不能被轻易或廉价复制。第二种方式是分析师通过上市公司管理层获取相关信息。公司管理层将信息透露给分析师的原因有多种。例如分析师所属券商在增发股票方面可为上市公司提供便利，上市公司管理层往往希望维护与分析师所属券商的业务关系，如果上市公司运营业绩的实际结果比市场期望值低，与直接泄露给投资公众相比，将好消息私下透露给分析师更能避免法律风险。因此，我们将分析师发布信息产生效果的股价波动率进行分解：

$$Var(\alpha_i) = Var(\alpha_{G,i}) + Var(\alpha_{R|G,i}) \tag{7.2}$$

$Var(\alpha_{G,i})$ 是分析师产生信息的波动效果，$Var(\alpha_{R|G,i})$ 是从管理层接收到的信息对分析师产生信息增量的波动效果。我们假设分析师监管法规消除了上市公司管理层面向分析师的选择性披露，那么 $Var(\alpha_{R|G,i})$ 在监管后期为 0。需要检验的假设变为：

$$Var(\alpha_i \mid LAW=1) < Var(\alpha_i \mid LAW=0) \quad (7.3)$$

这里，$LAW=1$ 意味着分析师监管法规有效。如果在监管法规颁布事件期之后，分析师独立产生的信息更多，波动性减少假设将更难被检验。

盈余预测和荐股评级的不同价格反应：盈余预测和荐股评级具有增量信息内容，荐股评级包含所有与股票估值有关的信息，而盈余预测仅包含这些信息的一部分，因此荐股评级的增量信息内容归因于非盈余信息。通过比较盈余预测和荐股评级价格影响的减少，可以发现提供盈余相关信息量和分析师获得的其他信息量的证据。

价格影响的横截面差异：除了检验分析师监管法规对分析师的股价影响是否有负面效果，我们还通过横截面检验了监管法规对不同公司和券商的效果差异。因为 $Var(\alpha_{G,i})$ 和 $Var(\alpha_{R|G,i})$ 随着券商和公司的不同差异很大。这些横截面预测可以帮助我们了解分析师的价格影响是否由于横截面上不相关的原因而变低。

公司特征：证券分析师对公司估值的难度随着公司特征的不同而存在差异。假设分析师在对难以估值的公司进行研究时，更依赖上市公司管理层提供的信息，而分析师监管法规将对其抑制增强，这些难以估值的公司对分析师信息发布的反应则会下降得越多。换句话说，在模型中对于难以估值公司 $Var(\alpha_{R|G,i} \mid LAW=0)$ 值应该更高。区分公司估值难度的变量是账面市值比。参考 Smith 和 Watts(1992)的经验，我们将账面市值比作为衡量增长机会横截面分布的指标。在实证检验中，我们将公司按照五分位进行分组并建立分析师信息公告波动与账面市值比之间的函数关系。从事研发活动的公司估值也存在难度，研发支出投入往往到现金流难以预测的新产品和新技术中，这给分析师估值带来难度。那些跟踪从事大量研发行为公司的分析师比那些跟踪较低研发行为公司的分析师更依赖公司管理层提供的信息。我们假设分析师监管法规颁布后跟踪有研发投入公司的分析师信息的价格反应将比跟踪无研发投入公司分析师信息的价格反应低。

分析师特征:监管法规主要针对的是管理层对分析师的选择性信息披露。假设被《新财富》杂志评为"最具市场影响机构"券商所雇佣的分析师为公司管理层选择性披露的主要对象。通常,这些顶级券商拥有庞大的研究机构、广泛的股票跟踪和庞大的销售渠道。这些机构的分析师往往对投资者的影响力更大,他们因此更有可能获得上市公司管理层的青睐。我们预测分析师监管法规实施后,这些顶级券商下属分析师对股价的影响下降更大。

监管法规还指出管理层喜欢给那些发布更多乐观推荐评级的分析师更多的信息,我们假设那些发布更多乐观推荐的分析师从管理层那里获得更多信息。在监管法规公布后事件期,这些乐观分析师可能仍然会获得更多的信息,但与非乐观分析师之间的差异会缩小。为了划分券商是否乐观,首先对分析师信息公布前 180 天跟踪同一家上市公司券商的平均进行排序,那些具备最乐观平均荐股评级的券商被划分为乐观券商,其他则被划分为非乐观券商。

2. 方案设计

我们用收益率的条件波动率测度分析师信息公告的价格影响。

$$Var(r_{i,t} \mid 1_{Any,i,t}) = 1_{Any,i,t} \cdot Var(\alpha_i) + Var(\bar{r}_{i,t}) + Var(\varepsilon_{i,t}) \tag{7.4}$$

由于 $Var(r_{i,t} \mid 1_{Any,i,t})$ 不能被直接观测,用估计量代替:

$$\widehat{Var}(r_{i,t} \mid 1_{Any,i,t}) = Var(r_{i,t} \mid 1_{Any,i,t}) + v_{i,t} \tag{7.5}$$

这里,$v_{i,t}$ 是测量误差,假设与 $Var(r_{i,t} \mid 1_{Any,i,t})$ 无关,得到下式:

$$\widehat{Var}(r_{i,t} \mid 1_{Any,i,t}) = 1_{Any,i,t} \cdot Var(\alpha_i) + Var(\bar{r}_{i,t}) + Var(\varepsilon_{i,t}) + v_{i,t} \tag{7.6}$$

因此,我们对以下面板回归进行估计:

$$\widehat{Var}(r_{i,t} \mid 1_{Any,i,t}) = a + b \cdot 1_{Any,i,t} + u_{i,t} \tag{7.7}$$

除了 $1_{Any,i,t}$ 之外,所有数值都来自截距项或残差,期望斜率系数为:

$$E(\hat{b})=\frac{1}{N}\sum Var(\alpha_i) \tag{7.8}$$

我们分别对该统计量在监管法规生效事件期前和期后进行了估计，该统计量在监管法律生效后应该降低。方程(7.7)回归方程的残差违反了标准最小二乘估计的三个假设，主要问题是不同股票残差的方差不是常数。于是，我们将收益的时间序列进行了标准化。由于残差会显示相当程度的时间序列与横截面依赖性，我们参考 Fama(1973)的方法，对于每个交易日，在横截面上做 OLS 回归分析。该估计量的简单事件序列形成检验的基础，从横截面回归系数事件序列的标准差来估计标准误差。

三、事件前后波动率估计结果

表 7.4 显示的是事件前后的波动率或者是绝对价格影响。分析师公告信息导致的波动率估计是按照以下横截面回归的斜率系数的时间序列平均值。

$$|\bar{r}_{i,t}|=a_t+\sum_{-10\leqslant\tau\leqslant+5} b_{t,\tau}\cdot 1_{Any,i,t,\tau}+u_{i,t} \tag{7.9}$$

这里，$|\bar{r}_{i,t}|$是标准化收益的绝对值，$1_{Any,i,t,\tau}$为指示变量，如果有分析师盈余预测或荐股评级信息发布，则为 1，否则为 0。由于收益已经被标准化，回归方程反映的仅是事件波动率控制了不同股票之间波动率变化后的横截面变化，市场波动率的时间序列变化由截距项 a_t 表示。给定标准化的收益率，系数的大小代表着事件诱发的波动率，以事件序列波动率标准差为单位。例如 $\hat{b}_{t,-2}$估计量为 0.14188 表示如果在距离第 t 天 2 日的未来有分析师信息公布，将会带来波动率增加，增加的幅度为一个时间序列标准差的 14.188%。由于收益波动率的均值为 2.59%，估计值为 0.14188 意味着价格波动将上下各 36 个基点。在分析师信息公告日，我们发现波动率显著增加了 0.14856 个单位时间序列标准差。将表 7.4 中的券商公告前后的波动率增加值转化为曲线绘制在图 7.1 中，通过观察曲线，不难发现围绕着分析师信息公告日期附近，波动率的增加存在一定的规律性。

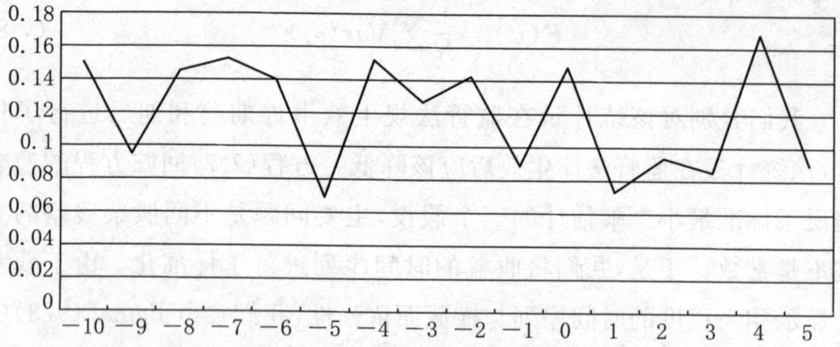

图 7.1 券商公告前后的波动率增加值曲线

表 7.4 券商公告前后的波动率增加值

	波动率增加	标准差	t 统计量
分析师公告日－10	0.15053	0.70586	3.706***
分析师公告日－9	0.09502	0.67006	2.456**
分析师公告日－8	0.14506	0.62251	3.982***
分析师公告日－7	0.15281	0.64623	4.083***
分析师公告日－6	0.14028	0.69150	3.490***
分析师公告日－5	0.06898	0.58407	2.042**
分析师公告日－4	0.15302	0.72615	3.704***
分析师公告日－3	0.12705	0.62727	0.627
分析师公告日－2	0.14188	0.63796	3.813***
分析师公告日－1	0.08961	0.60292	2.561***
分析师公告日	0.14856	0.68438	3.853***
分析师公告日＋1	0.07244	0.59107	2.154
分析师公告日＋2	0.09379	0.58868	2.685***
分析师公告日＋3	0.08524	0.56449	2.531***
分析师公告日＋4	0.16882	0.72896	3.964***
分析师公告日＋5	0.08946	0.57025	2.708***

注：* 代表统计显著性水平为 0.1，** 代表统计显著性水平为 0.05，*** 代表统计显著性水平为 0.01。

分析师信息公告日前，股票波动率增加率存在一定变化，在前 5 日出现急剧下降，达到最低值 0.06898，在公告日前 1 日，波动率增加率又出现下降，下降至 0.08961。在公告日当日，波动率增加率回升至 0.14856，但信息公布第二天股票波动率增加率又迅速下滑至 0.07244，在分析师信息公告后第 4 天，股票波动率增加率达到最高值 0.16882，随后又出现下滑至 0.08946。

在分析师公告日前十天，我们发现大部分天数股票的波动率增加率维持在高位，分析师可能将其部分信息提前传递到了市场，因此在分析师信息公告当日波动率出现急剧增加，但随之马上下降，有可能市场对其发布的信息有一个消化和传播过程，在分析师公告日后第 4 天，股票波动率增加率又出现了急剧上升，这也反映了资本市场对分析师信息的确认并反映到价格中。

四、 分析师监管法规对公告日波动率影响的时间序列检验

盈余公告日是指该日至少有一位分析师对该股票公布了盈余预测，但要排除掉上市公司盈余公告日，推荐公告日是指该日至少有一位分析师对该股票公布了荐股评级，也要排除掉上市公司盈余公告日。任何公告日是预测公告日和荐股公告日的综合日。按照以下日度横截面回归进行估计：

$$|\bar{r}_{i,t}| = a_t + b_{t,Any} \cdot 1_{Any,i,t} + u_{i,t} \tag{7.10}$$

这里，$|\bar{r}_{i,t}|$是公司 i 在第 t 日标准化收益的绝对值，$1_{Any,i,t}$为指示变量，如果公司 i 在第 t 日至 $t+5$ 日时有任何分析师公告，该指标则为 1，否则该指标为 0。通过横截面回归得到时间序列的日度系数估计量再对哑变量进行回归，如果该日是在 2011 年 1 月 1 日法规生效之后，该哑变量为 1，如果该日是在 2011 年 1 月 1 日法规生效之前，该哑变量为 0；第一列为截距项，第二列为斜率项，法规波动率变动。

在表 7.5 中主要检验的是《发布证券研究报告暂行规定》，法规是否阻挡了私有非公开信息从上市公司管理层流向证券分析师。如果证监会颁布的《发布证券研究报告暂行规定》法规减少或者阻止了信息的流动，分析师信息公布前后的波动率在《发布证券研究报告暂行规定》法规实施后应该会更低。也就是说在《发布证券研究报告暂行规定》法规实施后，回归方程(7.10)中的斜率系数应该显著会降低。由于表 7.4 中我们已经发现在分析师信息公布之前，信息已经开始包含进股票价格之中，我们定义 $1_{Any,i,t}$为指示变量，如果公司 i 在第 t 日至 $t+5$ 日时有任何分析师公告，该指标则为 1，否则该指标为 0。我们发现斜率系数在监管法律实施后从 0.06739 下降至 0.04188(＝0.06739－0.02551)。该结果不仅在统计

上是显著的，而且经济上的幅度也较大。

表 7.5 分析师监管法规对公告日波动率的影响

	法规公布前波动率	法规波动率变动
面板 A 任何分析师公告		
无公告样本	0.80896	−0.1378
t 值	457.47***	−55.02***
增加了公告样本的额外效果	0.06739	−0.02551
t 值	9.69***	−2.59***
面板 B 盈余预测和推荐评级公告		
无公告样本	0.80785	−0.1345
t 值	456.57***	−55.35***
增加了推荐评级公告样本的额外效果	0.07014	−0.02808
t 值	9.88***	−2.79***
增加了盈余预测公告样本的额外效果	0.06733	−0.02588
t 值	−0.026	−2.57***

注：* 代表统计显著性水平为 0.1，** 代表统计显著性水平为 0.05，*** 代表统计显著性水平为 0.01。

接着，我们区分证券分析师盈余预测信息公告和荐股评级信息公告的不同影响。面板 B 根据公告的类型对波动率进行了分组研究，我们对方程(7.1)进行了修订：通过增加两个指示变量对横截面回归进行了修订，当属于分析师盈余预测公告事件时，$1_{Fcst,i,t}$ 等于 1，否则等于 0；当属于分析师荐股评级公告事件时，$1_{Rec,i,t}$ 等于 1，否则等于 0。我们发现证券分析师盈余预测信息公告和荐股评级信息公告在法规实施期前就已经对价格产生了影响，但在法规实施后期，这种影响都出现了下降。比如分析师盈余预测公告事件引发的股票波动率从 0.06733 下降至 0.04145(=0.06733−0.02588)，相比监管法规实施前的水平下降了约 38%。而分析师荐股评级公告事件引发的股票波动率从 0.07014 下降至 0.04206(=0.07014−0.02808)，相比监管法规实施前的水平下降了约 40%。我们得出结论，在《发布证券研究报告暂行规定》法规颁布前期，分析师既搜集用于盈余预测的相关信息，也搜集与盈余无关的信息。而《发布证券研究报告暂行规定》的实施，则阻碍了分析师收集信息的行为。

五、分析师监管法规对公告日波动率影响的横截面方差

除了检验监管法规对分析师价格影响产生的效果，还有通过横截面检验监管法规的这种效果是否能基于公司特征或者券商特征进行预测。首先，我们估计以下日度横截面回归：

$$|\bar{r}_{i,t}| = b'_t c_{i,t} \cdot 1_{Any,i,t} + u_{i,t} \tag{7.11}$$

这里，$|\bar{r}_{i,t}|$是公司 i 在第 t 日标准化收益的绝对值，$1_{Any,i,t}$为指示变量，如果公司 i 在第 t 日至 $t+5$ 日时有任何分析师公告，该指标则为1，否则该指标为 0。$c_{i,t}$为一系列取值为 0 或者 1 的特征向量，允许公告的波动率既依赖公司特征，又依赖券商特征。估计得到的系数再和哑变量进行回归，如果该日是在 2011 年 1 月 1 日法规生效之后，该哑变量为1，如果该日是在 2011 年 1 月 1 日法规生效之前，该哑变量为 0；第一列为截距项，第二列为斜率项。在面板 B 中对分析师盈余预测和分析师荐股评级预测进行了区分。账面市值比分组方法，根据 2011 年 3 月底的账面市值比将 2010 年的样本分为五组，再根据 2012 年 3 月底的账面市值比将 2011 年的样本分为五组。横截面检验可以通过比较方程(7.11)中横截面回归系数在法规实施前后的变化，b_t 是对应的系数向量。

在表 7.6 中面板 A 显示的是任何分析师公告样本组，面板 B 显示的是分析师盈余预测和推荐评级公告组。本研究假定上市公司管理层向那些跟踪很难估值上市公司的分析师提供了相对更多的信息，这类公司往往是低账面市值比公司。因此对于这些公司我们期望分析师监管法规实施后，分析师发布信息对其价格影响会出现较大幅度的下滑。与该假设一致，我们发现 BTM 第五分位数和第五分位数的法规波动率变动在统计上显著，分别达到了－0.10175 和－0.06930。通过对分析师盈余预测和荐股评级样本区分后的横截面回归结果，我们发现了类似的现象。分析师盈余预测和荐股评级公告带来的价格影响变动也是在账面市值比第一五分位组和第四五分位组上统计显著，盈余预测信息公告的价格影响下降幅度达到－0.10283 和－0.06009；荐股评级信息公告的价格影响下降幅度达到－0.10175 和－0.07144。我们还发现为明星券商工作的分析

表 7.6 分析师监管法规对公告日波动率影响的横截面方差

	法规公布前波动率	法规波动率变动
面板 A 任何分析师公告		
公司特征		
BTM 第 1 五分位数(低)	0.16440	−0.09764
	7.74***	−3.24***
BTM 第 2 五分位数	0.10181	−0.02309
	5.21***	−0.83
BTM 第 3 五分位数	0.11860	−0.03591
	5.62***	−1.20
BTM 第 4 五分位数	0.1336	−0.06930
	7.06***	−2.58**
BTM 第 5 五分位数(高)	0.09820	−0.00522
	4.09***	−0.15
券商特征		
新财富明星券商的额外效果	0.08185	−0.03009
	8.14***	−2.11**

面板 B 盈余预测和推荐评级公告	盈余预测公告波动率		股票推荐公告波动率	
	法规实施前	法规实施波动率变动	法规实施前	法规实施波动率变动
公司特征				
BTM 第 1 五分位数(低)	0.16959	−0.10283	0.17135	−0.10175
	7.77***	−3.32***	7.70***	−3.22***
BTM 第 2 五分位数	0.09868	−0.01719	0.10022	−0.02346
	4.78***	−0.59	4.99***	−0.82
BTM 第 3 五分位数	0.11939	−0.03984	0.12070	−0.03674
	5.47***	−1.29	5.58***	−1.20
BTM 第 4 五分位数	0.11787	−0.06009	0.13525	−0.07144
	6.09***	−2.19**	6.90***	−2.57**
BTM 第 5 五分位数(高)	0.09736	0.00231	0.09706	−0.00674
	3.88***	0.06	3.90***	−0.19
券商特征				
新财富明星券商的额外效果	0.08046	−0.02868	0.09113	−0.03871
	7.86***	−1.98*	8.90***	−2.66**

注：* 代表统计显著性水平为 0.1，** 代表统计显著性水平为 0.05，*** 代表统计显著性水平为 0.01。

师与上市公司管理层之间存在更好的信息交换渠道，反映在监管法规颁布后，明星券商所属分析师发布信息的价格影响力出现了大幅度的下滑，特别是荐股评级的价格影响力下滑要大于盈余预测的价格影响力。因此，实证结果和我们的假设是符合的，监管法规《发布证券研究报告暂行规定》对明星券商所属分析师的市场价格影响的约束力要高于对非明星券商的分析师市场价格影响的约束力，明星券商所属分析师往往具备信息优势被削弱了。总之，在横截面上我们发现了监管法规约束分析师市场价格影响力的多种差异证据，监管法规对那些跟踪成长型股票，往往需要上市公司管理层信息参考的难以估值股票的证券分析师影响最大，这也间接证明了上市公司管理层在信息披露方面存在偏好和向特定分析师的选择性披露。

研究小结

本节我们通过实证发现分析师监管法规颁布实施的确对证券分析师如何获取、分析和发布信息行为产生了较大的影响。分析师监管法规降低了上市公司管理层向分析师披露非公开信息的数量。我们发现了如下几点：第一，在《发布证券研究报告暂行规定》实施后，证券分析师对股票价格的影响力在平均意义上比《发布证券研究报告暂行规定》实施前下降了37.8%。第二，明星券商也受到了《发布证券研究报告暂行规定》法规实施的影响，由于明星券商过去更多受益于上市公司管理层对其分析师的选择性信息披露，《发布证券研究报告暂行规定》法规对其产生的负面影响更大。第三，明星券商和非明星券商的市场影响力差异，在《发布证券研究报告暂行规定》法规实施后下降了36.5%。第四，《发布证券研究报告暂行规定》法规对那些难以利用公开可获得信息进行估值的股票（高成长股或者低账面市值比股）的影响力要大。基于本节的时间序列证据和横截面证据，本研究认为《发布证券研究报告暂行规定》法规对分析师调研获取上市公司管理层非公开信息的行为进行了有效限制，但凡事都存在双面性，《发布证券研究报告暂行规定》法规是否提升了分析师获取信息的成本，因此提高了市场定价的成本，降低了市场定价的效率，本节研究并还没有作深入探讨。

第二节　分析师监管法规对分析师行为和绩效的影响研究

2011 年 1 月 1 日，中国证券交易委员会《发布证券研究报告暂行规定》正式生效。这些规则的主要目的是为了防范证券公司和分析师利用信息不对称优势，该规则禁止证券公司在向公众公布研究报告前向一些青睐的机构投资者、公司自营部门和媒体等特定对象通风报信。新规则目的是向我国证券市场中所有投资者提供一个信息公平、公正的竞争环境。

本节尝试利用实证方法评估《发布证券研究报告暂行规定》颁布后对我国证券分析师盈利预测精度和离差的影响。采用单因素分析和固定效应面板回归法分析《发布证券研究报告暂行规定》实施前后 1 年分析师的盈余预测样本，研究《发布证券研究报告暂行规定》对分析师行为和绩效的影响是否由于分析师预测经验、上市公司规模、公司所属行业的不同而存在差异。同时还分析《发布证券研究报告暂行规定》法规实施对资本市场和证券分析师行为影响随着时间的演变规律。国外学者已有相关研究，Bailey 等人(2003)，Heflin，Subramanyam 和 Zhang(2003)，Anup Agrawal，Sahiba Chadha 和 Mark A.Chen(2006)运用了单因素检验、配对样本横截面回归法研究分析师盈余预测的精度和离差，探讨了美国公平披露法案(Regulation FD)颁布后引发的一系列证券分析师行为变化，包括分析师一致性预测值精度的变化以及预测离差的变化。我们的研究与前期研究具有以下几点不同：首先，本节研究特别注重分析师盈余预测精度和离差的变化。对《发布证券研究报告暂行规定》法规实施的两个后果进行了详细的实证分析，利用固定效应面板回归区分分析师盈余预测中的季度特征、分析师个人特征和被预测公司特征。其次，前期学者研究分析的主要是上市公司盈余信息公布之前的分析师预测，而本节则分析了上市公司盈余公布之前和盈余公布之后的分析师预测。如果距离盈余公布还有相当长时间，上市公司管理层享有比分析师更大的信息优势，那么上市公司管理层的选择性披露行为会有更多的操作空间。一旦盈余公开发布,上市公司管理层的信息优势几乎消失殆尽,选择性披露几乎没有生存的空间。第三,本节还研究了特定子样本公司的差异(如小规模企业和某些特定行业的企业)。最后,我们研究个别分析师盈余预测以及分析师集体一致性盈余预测的精度。

一、数据来源和样本选择

本研究从国泰安证券分析师预测数据库中选取了从2010年1月到2011年12月,该时间区间围绕我国《发布证券研究报告暂行规定》法规生效前后各一年。由于国泰安分析师数据库中并没有统计分析师的季度盈余预测值,但统计了不同季度分析师对年度盈余的预测值,随着上市公司季度盈余信息不断披露,分析师在不同季度作出的年度盈余预测值也应该存在一个类似于季度盈余预测的纠偏过程,因此我们选择在第一季度、第二季度、第三季度和第四季度发布的分析师年度盈利预测样本作为研究对象。本节所使用的分析师盈余预测数据、上市公司实际盈余数据、上市公司盈余公布时间数据、证券市场交易数据均来自CSMAR国泰安公司数据库。为了简化计算结果,样本公司会计年度均从1月截至12月。

围绕着每家上市公司在每个季度的年度盈余预测,本节将分析师盈余预测样本按照预测时间划分为两个时间段:预测前期和预测后期。预测前期是一个季度开始前的2个月,后期是指上市公司盈余公布前的3个月。图7.2举例说明了围绕着上市公司年报——第二季度盈余预测的预测前期时间区间和预测后期时间区间。在分析师盈余预测样本中,前期预测和后期预测的中位数分别为上市公司真实盈余公布的前145天和前26天,分别见表7.7和图7.2。参考国内上市公司实际盈余公布的规律,第一季度盈余公布时间往往和上一年年报公布时间接近或相同,最后公开日期在4月30日。中报盈余的公布时间往往在8月30日前公布,第三季度盈余公布时间通常在10月30日前公布,因此按照表7.7中的时间区间划分了$Q1$、$Q2$、$Q3$和$Q4$的前期预测和后期预测区间。

表 7.7　Q1、Q2、Q3 和 Q4 的前期预测和后期预测区间

年份	季度	预测早期开始	预测早期结束	季度开始	预测晚期开始	季度结束	预测晚期结束
2010	Q1	2009-11-1	2009-12-31	2010-1-1	2010-2-28	2010-3-31	2010-4-30
2010	Q2	2010-2-1	2010-3-31	2010-4-1	2010-5-31	2010-6-30	2010-8-31
2010	Q3	2010-5-1	2010-6-30	2010-7-1	2010-8-31	2010-9-30	2010-10-31
2010	Q4	2010-8-1	2010-9-30	2010-10-1	2010-11-30	2010-12-31	2011-4-30
2011	Q1	2010-11-1	2010-12-31	2011-1-1	2011-2-28	2011-3-31	2011-4-30
2011	Q2	2011-2-1	2011-3-31	2011-4-1	2011-5-31	2011-6-30	2011-8-31
2011	Q3	2011-5-1	2011-6-30	2011-7-1	2011-8-31	2011-9-30	2011-10-31
2011	Q4	2011-8-1	2011-9-30	2011-10-1	2011-11-30	2011-12-31	2012-4-30

上市公司通常开始公布业绩是在一个季度开始前以及本季度结束后两个月前后。追踪同一家上市公司的多位分析师往往在每个季度的前后发布预测，随着时间推移，越是临近盈余公告日，分析师会获得越来越多的可利用信息，预测会变得更加准确。越来越多的分析师会发布盈余预测，并且不断修改他们的预测值。这里选择每两个月（Q4 预测后期为三个月）作为一个预测期，是为了让分析师在每个预测时间区间内发布足够数量的盈余预测，并确保这些分析师获得的信息质量和数量大致相等。

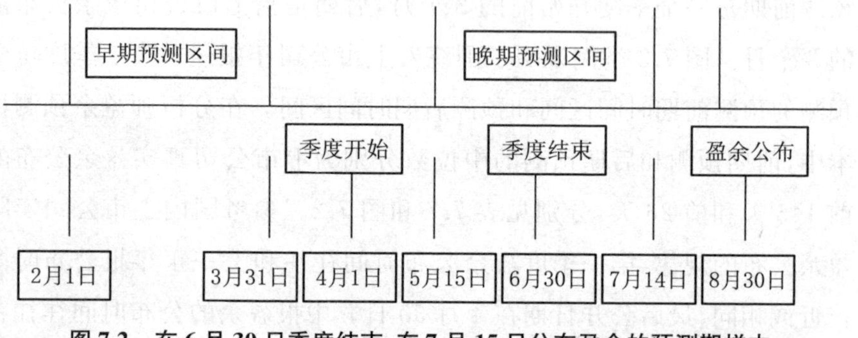

图 7.2　在 6 月 30 日季度结束，在 7 月 15 日公布盈余的预测期样本

表 7.8 中显示的是样本的描述性统计量，样本是单个分析师所做的早期预测。实际 EPS 是指上市公司年度真实每股盈余，平均值为 0.382

元，中位数为 0.29 元，符合我们要求的总样本有 3567 个。为了消除股票价格差异对实际 EPS 比较的影响，我们还计算了实际 EPS/期初股价的比率，均值为 0.0198，中位数为 0.0171。*NFE* 值是指正则化的预测误差，用公式(7.12)表示。

$$NFE_{ijt} = | e_{jt} - \hat{e}_{ijt} | / p_{jt} \tag{7.12}$$

这里，e_{jt} 表示 j 公司在预测期 t 的每股盈余，$\hat{e}_{ijt}$ 表示在一个给定的预测期 t，分析师 i 对公司 j 所做 e_{jt} 的最新预测，p_{jt} 表示预测期前的最新的股票价格。

对于每个年度，我们检验分析师的早期预测值和晚期预测值，早期预测值是指第一个财务年度开始前两个月，晚期预测值是指盈余公告日前两个月。样本研究时间会计年度区间为 2010—2011 年，早期预测值是指会计年度开始前两个月分析师对该年度盈余值作出的预测；晚期预测值指年度盈余公告前两个月分析师作出的预测值。如果是在分析师监管法案颁布后的盈余预测，$REGULATION_t$ 取值为 1，否则为 0；$LAGE_{ijt}$ 是分析师盈余预测日和盈余公告日之间日期数目的自然对数，$LAGE_{ijt}$ 的平均值约为 5.75，中位数为 5.92。$LOSS_{ijt}$ 代表公司盈余是否出现亏损，

表 7.8 分析师预测值样本特征的描述性统计量

	均 值	中位数	第一四分位数	第三四分位数	标准差	样本数
实际 *EPS*	0.382	0.2900	0.2900	0.5500	0.523	3567
实际 *EPS*/期初股价	0.0198	0.0171	0.0077	0.0306	0.037	3567
NFE	0.017	0.0104	0.0036	0.02237	0.023	111544
REGULATION	0.322	0	0	1	0.467	111544
LAGE	5.751	5.9188	5.393	6.3561	0.859	111544
LOSS	0.018	0	0	0	0.132	111544
DECLINE	0.469	0	0	1	0.499	111544
SHOCK	0.015	0.00870	0.00416	0.0172	0.021	111544
市场价值	27347432	9356100	5068590	22978632	97849573	111101
分析师跟随	10.269	8	3	15	4.46	

当 $e_{jt}<0$ 时，$LOSS_{ijt}$ 等于 1，否则等于 0。$DECLINE_{jt}$ 是指当年的实际盈余值小于上一年，则为 1，否则为 0。$SHOCK$ 是指盈余偏差冲击，用当前实际盈余值减去上一年实际盈余值的绝对值除以股票价格，平均值为 0.015，中位数为 0.009。市场价值是指上市公司的总市值。分析师跟随是指年度内跟踪并发布盈余预测和荐股评级的分析师平均人数。典型(平均数)的样本公司拥有约 273 亿元的市值，中位数约为 93 亿元，标准差约 978 亿元，公司平均有 10 位分析师跟踪。在预测期开始，分析师每股盈利预测的平均数标准差约为股票价格的 0.1%，平均预期约为 5.6%。

二、预测精度的单因子检验——单个分析师预测 VS.分析师群体一致性预测

我们研究分析师预测误差—每股盈利的实际值和分析师预测值之间的绝对差异是否在法规实施后发生变化。随着分析师监管法规的实施，对分析师如何获取公司信息，发布证券研究报告的各种行为作出了较详细的规范。对于分析师而言，盈利预测可能变得更难，这意味着在法规实施后，分析师的预测误差可能会增加。如果中国证监会的执法能力出现下降，或者上市公司通过公开渠道增加了信息披露强度，或分析师找到了替代性的信息来源渠道(如客户、供应商、员工或行业团体)，分析师的预测误差才有可能保持不变。我们将在单个分析师预测误差和分析师群体一致性预测误差两个层面研究这个问题。

1. 单个分析师预测误差

单个分析师盈余预测误差参见公式(7.12)。选择股票价格而不是每股收益 EPS 来标准化预测误差，是为了避免因除数为零或负的每股收益。由于样本期间每股收益和股票价格有可能出现大幅波动，标准化预测误差是用在预测期期初股价而不是在一个时间点上测量的固定股价。为了避免如果除以非常小的数值将会放大预测误差的问题，我们删除了股票价格低于 2 元和标准化预测误差观测值 $NFE \geqslant 2$ 的观测值。

表 7.9 显示的是对于单个分析师法律颁布前期与后期盈余预测配对组合的标准化预测误差的平均值。我们分别用每两个预测期展示这些数值，分别为 3 月，6 月，9 月和 12 月。对于每个预测期，后期列显示了在法

表 7.9　法规实施前后分析师预测的匹配成对正则化平均预测误差

	均值			中位数			
	事件前期	事件后期	P 值	事件前期	事件后期	p 值	配对个数
面板 A　单个分析师预测							
第一季度							
早期预测	0.0190	0.0182	<0.0001	0.0120	0.0104	<0.0001	156
晚期预测	0.0129	0.0166	<0.0001	0.0086	0.0114	<0.0001	2443
第二季度							
早期预测	0.0144	0.0169	<0.0001	0.0099	0.0121	<0.0001	1009
晚期预测	0.0088	0.0110	<0.0001	0.0045	0.0060	<0.0001	2123
第三季度							
早期预测	0.0107	0.0142	<0.0001	0.0055	0.0079	<0.0001	249
晚期预测	0.0055	0.0084	<0.0001	0.0027	0.0041	<0.0001	1026
第四季度							
早期预测	0.0078	0.0105	<0.0001	0.0042	0.0060	<0.0001	1475
晚期预测	0.0032	0.0044	<0.0001	0.0016	0.0012	<0.0001	913
面板 B　分析师群体一致性预测							
第一季度							
早期预测	0.0182	0.0190	<0.0001	0.0118	0.0103	<0.0001	128
晚期预测	0.0129	0.0167	<0.0001	0.0089	0.0113	<0.0001	2022
第二季度							
早期预测	0.0136	0.0168	<0.0001	0.0096	0.0121	<0.0001	885
晚期预测	0.0090	0.0113	<0.0001	0.0046	0.0059	<0.0001	1766
第三季度							
早期预测	0.0109	0.0148	<0.0001	0.0057	0.0081	<0.0001	207
晚期预测	0.0050	0.0088	<0.0001	0.0026	0.0043	<0.0001	880
第四季度							
早期预测	0.0076	0.0104	<0.0001	0.0041	0.0056	<0.0001	1290
晚期预测	0.0033	0.0049	<0.0001	0.0018	0.0015	<0.0001	735

规颁布后期间，所有分析师—公司配对组合的标准化预测误差的均值（平均数）。前期列显示相同分析师—公司组合在相应的法规实施前期的均值。样本包括所有在样本期内的国泰安分析师预测研究数据库中的分析师—公司组合，为了进行法律前后配对，我们要求每一个分析师—公司组

合至少有一个法规前的标准化预测误差观测值和一个法规后的标准化预测误差观测值。

表7.9面板A的前两列显示，在《发布证券研究报告暂行规定》后除了第一季度的早期预测，其余三季度的时间前期和事件后期两个预测期，标准化预测误差的平均值出现了明显增大。如第三栏所示，配对组别 t 检验的 p 值在8个案例中都小于0.0001。标准化预测误差的增加幅度范围从－4.21%—52.73%，在8个案例中平均为20.4%。毫不奇怪，前期预测的准确率大大高于后期预测。前者的平均标准化预测误差和后者的平均标准化预测误差的80%一样大。

在列四和列五中，随着《发布证券研究报告暂行规定》实施后标准化预测误差的中位数在除了第一季度的早期预测之外的7个案例中全部增加。利用威氏符号秩次检验，在0.0001水平上所有的差异在统计上是显著的。中位数增加的幅度较低，增幅介乎－13.33%至51.85%，平均为17.10%。

2. 分析师群体

接下来，我们定义了分析师群体在预测期 t 对 j 公司平均预测误差：

$$NFE_{jt} = | e_{jt} - \hat{e}_{jt} | / p_{jt} \tag{7.13}$$

其中，$\hat{e}_{jt}$ 等于跟踪同一家公司的分析师群体在预测期 t 所作预测的最新平均预测值。群体性预测平均值是指在给定预测期限内分析师群体对某公司最新预测值的中位数，而不是单个分析师对某公司的预测值。表7.9面板B显示了配对公司在法规实施前后的标准化的一致性预测误差的平均值和中位数。列一和列二表明，在《发布证券研究报告暂行规定》实施后的四个季度的七个预测期内，标准化预测误差的平均数都增加了；p 值在所有样本配对中都小于0.0001，增幅介乎4.4%—48.48%，平均为25.46%。

从分析师群体预测结果来看，列四和列五表明预测误差的中位数在6个样本组中均增加了。利用 P 值小于0.0001的秩和检验，在所有情况下涨幅在统计上显著，增加范围从－16.67%—65.38%，并且平均值为17.85%。

三、预测精度的固定效应回归——单个分析师预测 VS.分析师群体一致性预测

在表 7.9 中的证据表明,无论是在单个分析师还是在分析师群体一致性水平上,法规实施后的公司预测误差都增加了。然而,表 7.9 没有控制可能影响分析师预测准确性的因素,如分析师特征和公司特征。为了控制这些因素,下一步对方程(7.14)显示的标准化预测误差的横截面时间序列回归进行估计:

$$NFE_{ijt}=b_1REGULATION+b_2LAGE_{ijt}+b_3LOSS_{jt}+b_4DECLINE_{jt}+b_5SHOCK_{jt}+u_{ijt} \tag{7.14}$$

其中,NFE_{ijt}已经在方程(7.12)中进行了定义。如果盈余预测期出现在法规实施后期,指示变量 $REGULATION_t$ 等于 1,否则为 0。变量 $LAGE_{ijt}$等于 $\ln(AGE_{ijt}+1)$,其中 AGE_{ijt}是分析师盈余预测发布日期和上市公司实际盈余发布日期之间的天数。如果 $e_{it}<0$,指示变量 $LOSS_{jt}$等于 1,否则为 0。如果 $e_{jt}<e_{j,t-4}$,指示符变量 $DECLINE_{jt}$等于 1,否则为 0。变量 $SHOCK_{jt}$等于 $|e_{jt}<e_{j,t-4}|/P_{jt}$。样本还剔除了 $P_{jt}<2$ 或者 $NFE_{ijt}\geqslant 2$ 的观测值。样本期间为 2010 年 1 月至 2011 年 12 月。

由于我们的研究重点是中国证监会颁布的《发布证券研究报告暂行规定》对分析师盈余预测误差的影响而不是在评估分析师盈余预测误差的决定性因素,我们采用与分析师—公司—季度固定效应模型。对于在样本期间的相关季度中追踪 j 公司的分析师 i 从方程(7.14)每个变量中减去其均值。参考 Mikhail, Walther 和 Willis(1997), Clement(1999), Jacob, Lys 和 Neale(1999)的经验,通过设定分析师—公司—季度固定效应,我们并不试图解释一般情况下什么决定分析师预测的精度(如分析师特征和公司的特征)。考虑到面板数据特征,通过设定分析师—公司—季度效应为固定,使我们能够控制个别分析师(如年龄、经验、教育和内在能力)和公司(如时间、地点、发行、行业和上市规模)的特征差异,在一段时间内保持相对稳定,也在预测精度上控制了季度差异。

但是包括分析师—公司—季度固定效应在内，都不能控制公司的实际盈利变动的冲击，也不能控制预测期长短。这些变量是决定分析师预测精度的重要因素。Brown(2001)发现分析师在利润与损失预测准确度存在显著差异。因此，为了控制该影响，我们在方程(7.14)中加入亏损变量 *LOSS* 作为解释变量。同样，相对于去年同季，当上市公司实际盈余下降或者大幅改变时，分析师可能更难预测盈利。我们控制这些可能性，包括方程(7.14)中的变量 *DECLINE* 和 *SHOCK*。越接近上市公司盈余发布时间，分析师盈余预测更可能是准确的。因此，在方程(7.14)中的预测期长短变量 *LAGE* 是为了控制这个影响。

面板回归使得我们能够专注于分析师监管法规《发布证券研究报告暂行规定》实施所带来的后果。$REGULATION_t$ 的正系数将意味着法规实施后，对于给定分析师在给定年度跟踪给定公司，预测误差趋向于增加，高于正常水平。正如前面的单因素检验，我们分别估计了方程(7.14)中早期和晚期两个预测期间作出的预测。

表 7.10　基于早期预测和晚期预测的 *NFE* 固定效应回归

解释变量	A:单个分析师预测		B:一致性预测	
	早期预测	晚期预测	早期预测	晚期预测
REGULATION	0.00097	0.00133	0.00092	0.00120
	2.74***	5.80***	2.52**	4.94***
LAGE	0.01228	0.00556	0.01168	0.00563
	20.61***	34.59***	18.91***	32.61***
LOSS	0.04398	0.05319	0.04298	0.05398
	23.25***	42.46***	22.21***	41.68***
DECLINE	0.00771	0.00672	0.00858	0.00747
	21.19***	29.26***	22.80***	30.78***
SHOCK	0.33305	0.21831	0.32151	0.25015
	39.65***	44.15***	37.39***	47.03***
整体 R^2	0.4369	0.4332	0.4417	0.4849
样本规模	5726	12934	4983	10785

注：* 代表统计显著性水平为 0.1，** 代表统计显著性水平为 0.05，*** 代表统计显著性水平为 0.01。

表 7.10 的 A 面板显示早期和晚期两个预测期间，在单个分析师预测水平上的估计结果。在两个预测期间，监管变量 $REGULATION_t$ 的估计系数皆为正且统计上显著。因此，随着分析师监管法规的实施，单个分析师的盈余预测精度出现了下降。对于早期预测，$\hat{b}_1$ 等于 0.00097。对于 10 元的股票，这意味着法规实施后，预测前期分析师绝对盈利预测误差为每股 0.97 分的平均增幅。相应后期预测的误差增幅上升至每股 1.3 分。*P* 值小于 0.001 意味着这个差异统计上显著。这些结果表明监管法规实施后，证券分析师获得的信息变少，尤其是在预测后期。

面板 B 显示了分析师群体预测的回归结果。每家公司在每个时间段只有一个盈余预测误差观测值。因此，我们使用公司—年度固定效应模型，回归结果在很大程度上是面板 A 的反映。对早期和晚期的预测，*REGULATION* 的系数全部为正且具有高度统计学意义，两者差距也出现了类似面板 A 的结果。结果表明，法规实施后，预测后期的分析师群体一致性预测也变得不那么准确。

回归结果还显示变量 *LAGE*、*LOSS*、*SHOCK* 和 *DECLINE* 的估计系数为正并且统计意义上显著。正如预期的那样，这些结果表明，随着分析师预测区间的期限越长，分析师预测误差越来越大。亏损企业的预测误差基本上比盈利公司的更大，以及盈余预测误差随着公司盈利的震荡幅度而增加，盈利下滑企业的预测误差也比其他公司更大。

四、规模、行业、法规控制下子样本结果——单个分析师预测 VS.分析师群体一致性预测

接下来研究，监管法规实施后分析师盈余预测精度变化是否因企业规模，行业和法规实施一年后期三个交叉控制子样本而存在差异。在每种情况下，我们研究方程(7.14)的差异并设定分析师—公司—季度效应为固定。Heflin 等(2003)利用三个季度的法规后数据和三个季度的法规前数据样本来研究一致性预测误差的变化。该公司—季度固定效应模型和我们的面板数据集，使我们能够在固定公司特点和季节效应横截面差异中分离出可能影响盈余预测精度的影响因子。我们的方法着重于公司随着时间的推移相对于其时间序列在预测误差方面的差异。与 Heflin

等(2003)相似,我们控制了预测时期以及因时期而异的企业盈利冲击。

首先研究在法规实施前,小公司是否会为了吸引和保持分析师覆盖率而更多地参与选择性信息披露。如果是这样,我们期望监管法规实施后分析师预测精度的下降,特别是分析师针对这些小公司所作的预测。为了检验这种效果,我们估计以下面板回归:

$$NEF_{ijt} = b_{1s} REGFD_t \times SMALL_j + b_{1L} REGFD_t \times LARGE_j + b_2 LAGE_{ijt} + b_3 LOSS_{jt} + b_4 DECLINE_{jt} + b_5 SHOCK_{jt} + u_{ijt} \quad (7.15)$$

其中,如果公司 j 市场价值低于在有关预测期间在样本期内样本中位数,小公司的定义是按样本总市值进行排序,如果低于中位数的则 $SMALL_j$ 等于1,否则等于0。$LARGE_j$ 等于 $1-SMALL_j$,其余变量如前定义。估计方程(7.15)指导本研究测试分析师监管法规实施对分析师预测小型和大型企业盈余精度的影响效果是否相等。

在表7.11的面板A第一部分显示了《发布证券研究报告暂行规定》后,在前期和后期两个预测期间内单个分析师对小公司、大公司的预测误差均显著增加,小公司、大公司之间没有显著差异。面板B第一部分所示的分析师群体一致性预测结果也符合面板A的规律。不论是早期还是晚期预测,《发布证券研究报告暂行规定》实施后,分析师对大企业的盈余预测误差增长显著高于对小企业的盈余预测误差,这意味着监管法规实施前,大公司比小公司向证券分析师披露了更多的信息。

其次,如果管理者提供的盈利指导是一般信息,在那些法规前指导较多的行业里,法规后预测准确度预计将下降得更多。Hutton(2003)认为当无形资产成为总资产的很大一部分时,盈利估值更重要但却更难预测,上市公司管理者更可能向分析师提供详细的信息披露和盈余预测指导,特别是那些具备较高成长性的科技股。在此基础上,我们将预计《发布证券研究报告暂行规定》的影响对于这高科技行业的公司更明显。行业变量定义,美国学者相关研究中定义科技股为5个行业,即硬件业、软件业、半导体业、网络业、通讯设备业。对应中国的上市公司行业分类指引,则全部划入信息技术业 G,对应有 G81、G83、G85、G87,因此选取对应的上市公司行业分类指引,将这些样本划分为科技股,$Hightec_j$ 等于 1,否则为 0。同样地,我们定义了一个上市公司信息指导可能性较小的行业的变量 $Lowtec_j$ 等于 $1-Hightec_j$。然后,我们估计面板回归类似于上述方程(7.15),我们用 $Hightec_j$ 和 $Lowtec_j$ 分别取代了变量 $SMALL_j$ 和 $LARGE_j$。

$$\begin{aligned} NEF_{ijt} = & b_{1s}REGFD_t \times Hightec_j + b_{1L}REGFD_t \times Lowtec_j \\ & + b_2 LAGE_{ijt} + b_3 LOSS_{jt} + b_4 DECLINE_{jt} \\ & + b_5 SHOCK_{jt} + u_{ijt} \end{aligned} \tag{7.16}$$

表 7.11　基于企业规模、行业和法规后期的预测误差固定效应面板回归

	A. 单个分析师预测				B. 群体一致性预测			
	$\hat{b}_{1,k}$	t 值	R^2	N	$\hat{b}_{1,k}$	t 值	R^2	N
1. 公司规模								
早期预测:								
小公司	0.00049	0.96			0.00031	0.58		
大公司	0.00116	2.91***	0.441	5632	0.00119	2.89***	0.444	4907
晚期预测:								
小公司	0.00077	2.35**			0.00063	1.79*		
大公司	0.00157	6.32***	0.438	12620	0.00138	5.25***	0.489	10523
2. 行业								
早期预测:								
高科技行业	0.00272	2.66***			0.00291	2.80***		
非高科技行业	0.00085	2.36**	0.437	5726	0.00078	2.09**	0.442	4983
晚期预测:								
高科技行业	0.00225	3.69***			0.00243	3.79***		
非高科技行业	0.00127	5.47***	0.433	12934	0.00112	4.54***	0.485	10785
3. 法律颁布后期								
早期预测:								
颁布后第一年	0.00110	3.40***			0.00120	3.53***		
随后年份 2012	0.00125	5.68***	0.421	7209	0.00136	6.31***	0.441	5698
晚期预测:								
颁布后第一年	0.00155	7.55***			0.00135	5.96***		
随后年份 2012	0.00172	2.92***	0.44	16239	0.00179	2.79***	0.471	12239

注:* 代表统计显著性水平为 0.1, ** 代表统计显著性水平为 0.05, *** 代表统计显著性水平为 0.01。

表7.11的面板A和面板B第二部分行业栏显示了公式(7.16)回归估计的系数。相对于早期预测期的高科技行业系数下降,在后期预测期,非高科技行业预测误差的增幅较明显,单个分析师预测回归系数从0.00085增加至0.00127;分析师群体预测回归系数则从0.00078增加至0.00112。与我们的预期相符,相对于法规实施前,高科技公司无论是在早期预测还是晚期预测期,都比非高科技公司显示出更大的预测精度误差。这意味着监管法规的确对分析师研究那些难对其估值,需要上市公司管理层特殊信息披露指导的高科技行业产生了影响,预测和研究变得更加困难。

最后,我们研究分析师和上市公司如何适应新的监管环境,《发布证券研究报告暂行规定》的影响如何随时间而变化。一种可能性是当从企业流向分析师的私人信息被切断或者严格监管时,在预测误差方面法规的影响刚开始可能较大。随着时间的推移,当企业找到与分析师沟通的新方式(通过特殊公开渠道或私下渠道)以及当分析师找到可替代的信息源(例如行业团体,客户,供应商,员工或其他来源),监管法规的实施效果可能减弱。

我们把法规后的两年划分为法规后的第一年(2011)以及第二年(2012),并用变量$First_j$和$Later_j$取代方程(7.15)中的变量$SMALL_j$和$LARGE_j$,得到方程(7.17)。对于法规后的第一年(2011)$First_j$等于1,否则为0。对于第二年$Later_j$等于1,否则为0。其结果显示在表7.11的第三部分。

$$
\begin{aligned}
NEF_{ijt} = & b_{1s}REGFD_t \times First_j + b_{1L}REGFD_t \times Later_j + b_2LAGE_{ijt} \\
& + b_3LOSS_{jt} + b_4DECLINE_{jt} + b_5SHOCK_{jt} + u_{ijt} \qquad (7.17)
\end{aligned}
$$

通过回归后,我们发现法规后预测误差的增长并不局限于法规被采纳的初期。事实上,*REGULATION*的系数是正的并具有一般统计学上的显著意义,不仅是在法规后的第一年也适用于第二年。无论是预测早期还是预测后期,是分析师个体还是群体预测,第一年增加的幅度相当大,但随后并没有出现显著下降,在第二年反而出现了上升,特别是后期的群体预测误差出现了较大幅度上升，这意味着分析师群体在法规颁布实施第二年仍然未找到替代性的信息来源，监管法规达到了预期的效果，但是否未来会出现下降，需要未来更多更长周期的数据进行观察。

研究小结

本节主要发现如下：第一，在2011年1月我国《发布证券研究报告暂行规定》法规颁布实施后，我国证券分析师盈余预测的精度出现了下降。这个现象在单个分析师层面以及一致性（所有分析师的均值）层面都普遍存在。发现这个现象对于盈余公布晚期预测的影响要大于对盈余公布早期预测的影响，对于大规模公司的影响要远大于对小规模公司的影响。第二，《发布证券研究报告暂行规定》法规颁布实施后，在《发布证券研究报告暂行规定》后除了第一季度的早期预测，其余三季度的时间前期和事件后期两个预测期，标准化预测误差的平均值出现了明显增大。分析师预测的离差变大了，不再趋向一致。该现象对于盈余公布前期预测的影响也是远大于盈余公布后期预测的影响。该影响在法规生效后的第一季度相对较小，但是在随后的季度中显著增加。研究结果表明，《发布证券研究报告暂行规定》法规披露后，分析师盈余预测质量都出现下降。在控制了分析师特征和公司特征后，我们发现监管法规实施后，证券分析师获得的信息变少，尤其是在预测后期。法规后，选择性的指导和分析师的预测质量都下降了。法规实施后，预测后期的分析师群体一致性预测也变得不那么准确。回归结果还显示变量 *LAGE*，*LOSS*，*SHOCK* 和 *DECLINE* 的估计系数为正并且统计意义上显著。正如预期的那样，这些结果表明：随着分析师预测区间的期限越长，分析师预测误差越来越大。亏损企业的预测误差基本上比盈利公司的更大，以及盈余预测误差随着公司盈利的震荡幅度而增加，盈利下滑企业的预测误差也比其他公司更大。

对于群体一致性预测，法规实施后预测早期分析师群体对规模较大的企业预测准确性下降幅度较大。总市值在我们样本低于中位数的小企业，最新预测的EPS预测精度相应减少幅度是0.00031，相比之下，样本中位于上半部分的大企业高达0.00119，后者几乎是前者的三倍。在法规后第一年，这种影响幅度较大，但对于后期预测样本在实施第二年大幅度上升。对于最新预测，法规后第一年(2011)的数字是0.00135，在2012年上升到0.00179。对于个别分析师，也存在类似现象，法规影响开始较小，但随着时间的推移而增加。

虽然这项研究分析了《发布证券研究报告暂行规定》法规颁布实施后，卖方股票分析师短期表现和行为的变化，但对该法规长期影响的分析将是有意义的。当然，由于法规实施期并不长，需要未来更多法规实施时间和更多的分析师样本对本部分的研究结论作进一步完善。

第八章
完善我国证券分析师监管的政策建议

证券分析师发布的预测和推荐信息对于资本市场各种参与者都具有重要意义和价值。由于分析师研究成果与投资银行、券商、上市公司、机构投资者普遍存在利益关联,因此分析师研究成果的重点服务对象自然而然是这些存在利益冲突关联的机构。从分析师服务对象的绝对数量比例上看,投资银行、券商、上市公司和机构投资者远远低于中小投资者。广大中小投资者对分析师研究成果背后的利益冲突并不完全知情,金融素养不高的中小投资者往往会过度信任分析师通过信任度较高的媒体发布的研究成果,只有老练的机构投资者和极少数金融素养较高、投资经验丰富的老股民才能正确辨识分析师研究成果中的重要信息。分析师向重点客户和中小投资者客户提供信息的快慢存在差异,再加上机构和散户信息渠道存在的时滞,更加扩大了这种信息不对称。因此,分析师向广大投资者提供免费的研究服务很难被称为是一项公平无偏的服务。为了保护投资者利益,防止在分析师荐股和盈余预测信息向公众发布前后产生的操纵性交易行为,必须加强分析师信息搜集活动和信息来源、分析师盈余预测和荐股信息的形成过程与留痕、分析师信息发布对象的同步性和无差异的监管,建议采取以下措施:

一、建议一:加强分析师信息收集活动和信息来源的监管

上市公司管理层和分析师都会发布信息,两种信息之间既存在联系,又存在区别:联系是,这两者都已经被实证研究证明具备影响和驱动股票

价格波动的垄断能力；区别是，从所有权看，上市公司管理层通常拥有公司股份，而分析师往往不拥有公司股份。从发布信息的动机看，上市公司管理层发布信息的目的主要是有利于上市公司的长期发展；分析师发布信息的主要目的是为了分析师所属券商的经济利益。从发布时间看，上市公司管理层产生信息发布时间往往必须定期发布；分析师产生信息发布时间往往是不固定的。上市公司管理层传递新信息给分析师，融入到分析师的研究成果中，最终到交易决策的信息回路，前者比后者拥有更多的价格驱动潜力。

分析师想方设法与上市公司中高层管理人员保持公开和私人接触，目的往往是想获得公司影响未来业绩的最新信息，提高其研究成果的含金量。虽然《我国上市公司信息披露管理办法》第 41 条中已经明确规定上市公司管理人员不得将实质性内幕信息透露给任何机构或者个人，但现有法律法规并没有对上市公司管理层将非实质信息披露给证券分析师提出监管措施，也没有对上市公司的选择性披露作出法律约束。这些法律空缺为上市公司管理层规避监管提供了绿色通道，上市公司管理层完全可以有选择性地向那些给出公司正面评级、私人关系良好的分析师提供大量的非实质性信息，这些信息足够分析师通过类似“拼图游戏”那样拼出实质性信息。而对那些给出负面评级的分析师，上市公司往往会刁难其对公司的信息收集活动。如果分析师利用这种特殊信息来源拼凑出了内幕信息并利用该信息获利，国内监管部门目前并没有针对这种行为专门制定监管对策和法律依据，也很难发现这种行为。

建议制定专门针对上市公司的选择性披露监管的法律法规，禁止上市公司利用信息发布源的优势地位，有选择性地将重要信息披露给特定分析师，特别需要禁止上市公司在信息披露方面歧视和阻碍发布过公司负面评级的分析师收集信息的活动。

不仅要消除上市公司针对专业投资者的选择性披露，更要利用网络等信息化手段消除上市公司在实时披露信息时(例如召开分析师会议时，证券分析师往往都会到现场)到达现场的投资者和未到达现场的广大投资者之间的信息差异。建议专门建立上市公司信息披露同步视频音频网站，由第三方独立运营。上市公司如果需要进行信息披露，必须提前在该网站上预告。为预防上市公司管理层的选择性披露，每家上市公司还应装备高清视频录制和网络传输设备，所有面向专业投资者（证券分析师、基金经理等）发布的信息必须实现同步互联网、手机移动网络直播，缩小上市公司最新发布信息在专业机构投资者和中小投资者之间传播的时滞。由于提供的是资本市场公共服务，该网站运营费用从中国资本市场印花税中列支，网站服务应该全部免费，并面向全社会开放。

二、建议二：加强分析师信息的形成过程留痕监管

为了有效预防分析师发布与内心真实想法不符、存在战略性扭曲的研究成果，必须加强分析师信息形成过程中的留痕和监管，包括使用公司电话、邮箱与客户沟通的电话记录电子邮件。分析师在书面和电子版本研究成果中必须强制性披露所属券商和推荐公司之间是否存在承销关系等利益冲突的公开说明和承诺。在分析师信息公开发布前，分析师必须至少提前一个工作日，向证券监管机构非公开的披露本人及其家属和所属公司以及投资者客户在目标股票中的持股情况。

建立证券分析师研究报告信息公开制度，不仅仅是在公司内部备案，还应该建议中国证券业协会证券分析师分会牵头，建立我国注册分析师研究成果网站，将历年分析师研究报告的主要内容，分析师姓名、券商、发布时间、盈余预测、荐股评级、盈余预测调整、荐股评级调整等信息免费向全社会公开，并保持数据的月度更新，让分析师公开发布的研究成果置于公众监管之下。未在指定网站备案而分析师擅自通过网络、网络媒体、社交媒体发表的研究成果、盈余预测和荐股评级都将被视为分析师的违规行为，中国证券业协会应该给予警告和处罚。在公开分析师研究成果数据基础上，鼓励投资者对分析师的真实业绩评价在网站论坛中展开讨论和研究，并将研究成果公开发布。

三、建议三：预防分析师发布信息时滥用其市场价格影响力

证券分析师产生的信息具有驱动价格的潜力，可以显著影响投资者的交易决策。一旦分析师的信息通过大众信任度较高的电视台、电台、财经杂志、报纸媒体进行传播和宣传后，其影响股价波动的潜力可以吸引大

批投资者参加交易该股票。分析师的这种信息垄断优势很容易被投资银行及经纪业务自营交易团队的交易策略所利用。分析师和他们的自营部同事或者私募基金勾结在一起，通过证券分析师向投资大众免费传播荐股评级，分析师的自营交易部门同事往往会对分析师发布“买入”或者“增持”荐股评级之后，采取反向卖出操作来实施股价操纵。分析师研究成果的最终目的可能是为分析师所属公司、投资银行或经纪公司、他们的客户发行人和机构投资者、以及其他内部人士获得业务利润。然而，分析师在发布信息时如果滥用其市场价格影响力，会导致大量的个人投资者在交易中产生损失。特别是在整个资本市场崩溃、股价急剧下跌时，分析师发出过度乐观的股票评级建议或者目标价格来掩护其公司出售大量已经持有的股票。

预防分析师发布信息时滥用其市场价格影响力的有效措施是将分析师研究成果的市场价格驱动潜力和媒体公开宣传效果分离。建议严格限制证券分析师通过电视台、电台、财经杂志、报纸媒体传播和宣传其研究成果。可以考虑给予每位分析师每年通过公开媒体发布研究成果的总次数限制。或者限制分析师仅可以通过电子邮件、交易软件推送、内部刊物等方式传播他们的研究成果给付费用户。监管机构可以取消或推迟的分析师信息的公开发布，如果有问题股票在发行前已显示价格异常，则可以开始着手进行调查。

四、建议四：完善分析师主动监管线索的实时收集机制

要建立分析师行为的动态监管机制，必须抓住两个源头。一是分析师搜集、分析和加工信息过程中是否存在违法违规行为。必须加强对分析师非法搜集上市公司重大非公开信息的动态监管，建立上市公司分析师访谈备案制，上市公司高管应详细记录来访分析师的姓名、单位、访问时间、是否主动刺探过兼并重组等类似重大非公开信息记录在案，以较高频率定期上报证监会监管部门。二是要强化对分析师通过媒体渠道发布信息行为的事中动态监管。重点是对分析师通过互联网络、微信群、微博、QQ 群等非法信息渠道先于研究报告公布时间，发布盈余预测和荐股信息，并造成股价大幅波动的行为开展监管。尽管分析师为了获得商业

利益通过发布具有误导性的研究成果损害了大量中小投资者的利益;在分析师监管实践中证券监管机构却很难找到确凿的证据来证明分析师发布信息开始就是故意行为或存在战略扭曲的意图,而不仅仅是由于他们的研究水平低下。因此,证券监管部门需要对分析师建立科学的、强有力的分析师误导行为识别监管常态化机制。本研究成果提供了一整套低成本、高效率的证券分析师误导识别方案,能快速和精度较高的确定他们的这种战略扭曲行为。因此,建议以本成果为基础,证券监管部门建立以股市高频数据为基础,分析师产生信息公布前后,大小投资者净买入指标和财富转移交易量指标为目标的分析师误导识别监管系统,以增强分析师监管的有效性和效率,减少对分析师举报线索的依赖。证券监管部门在备案后负责监督分析师和其所属公司在目标股票中的交易活动,在同一时间公司客户在目标股票的交易同时也应该纳入监测范围。

五、 建议五:完善分析师监管的法律法规

我们通过实证发现分析师监管法规颁布实施的确对证券分析师如何获取、分析和发布信息行为产生了较大影响,证券分析师盈余预测的精度出现了下降,并且降低了上市公司管理层向分析师披露非公开信息的数量。但可以预期的是,经过一段时间市场对分析师监管法律法规适应,证券分析师、券商和上市公司必然会寻找到规避法律法规的新方法和新途径,新实施的隔离墙和静默期制度在一定程度上可以降低分析师的利益冲突,但在巨大的经济利益诱惑和灰色利益链条之下,分析师与私募等机构合谋的误导行为会更加隐蔽,对资本市场的破坏也会更加严重。这就需要我们不断地加强证券分析师法律的立法力度,将证券分析师的监管法律早日纳入到《证券法》修订中,让证券分析师的监管从部门法规上升到证券基本法的法律条文,加快完善证券分析师监管的法律法规制定,保持监管法律法规与时俱进,紧跟证券分析师误导行为领域的新形势和新变化。

六、 建议六:规范和完善分析师职业规范和声誉形成机制

分析师监管法律仅仅是分析师监管机制的一个重要方面,分析师的行为还受职业声誉机制的影响。因此,分析师监管是由国家法律法

规、职业规范以及声誉机制共同组成,用以保护中小投资者的利益避免被分析师含有战略扭曲观点的研究报告误导的一系列制度安排与运行机制。在不断完善分析师监管的法律机制的同时,需要不断开发与完善证券分析师的职业规范机制与市场声誉机制。面对复杂的分析师监管新形势,中国证券业协会应加快对《中国证券分析师职业道德守则》的完善和修订,在证券分析师职业资格证书考试中应大幅度增加有关职业道德考试的内容,特别是增加有关分析师利益冲突、误导投资者行为的情景模拟。建立分析师误导行为评价机制和职业诚信档案,并向全社会提供免费查询。

分析师首选客户为机构投资者,其次才是中小投资者。分析师年末讨好基金经理的主要原因是为了得到更多的投票,《新财富》的分析师评选基金经理投票机制强化了分析师和基金经理等证券专业人士的信息优势,而《新财富》按照基金资产规模对基金经理票数加权的行为对每张选票背后的经济利益冲突起到了推波助澜的作用。基金经理对于分析师的综合判断并不完全基于该分析师客观的荐股能力和盈余预测精度,可能更多看重的是分析师服务基金经理经济利益的能力,特别是在诸如"年末大战"、重仓股"信任危机"等关键时刻,分析师能站出来力挺基金经理重仓股票的能力。而中小投资者在分析师和基金经理的"投桃报李"游戏中完全处于信息劣势地位,只能被动接受评选结果,非常容易受到分析师的误导。建议挑选部分中小投资者代表参与最佳分析师评选,弱化基金经理的投票权力,并向全社会公开参加评选活动的分析师得分数和排名,而不是仅仅向分析师和基金经理特定人群公开。投资者能够具备分析证券分析师历史表现业绩的数据和能力将会非常有利于社会对证券分析师的共同监管。

加强对证券分析师和基金经理之间利益冲突的监管。声誉机制作为委托—代理激励体系中的一个子系统,其有效的解决方法是当重复博弈时,参与者考虑长期的收益,以发展的目光来权衡利益冲突,克服机会主义的"声誉变现"行为。无论是分析师还是基金经理未成为明星前都是在积累和储蓄自己的职业声誉,面对诱惑时,往往会比较违规带来的处罚成本和收益。声誉机制一般情况下都会有效,对短期机会主义行为存在约束,但当资本市场处于狂热和泡沫期时,在违规带来的经济收益远远大于处罚成本时,分析师和基金经理往往会选择“声誉变现”,因此监管部门应加强加大经济处罚力度,提高“声誉变现”的违法成本。

不仅仅要建立证券分析师声誉的正面排名清单,还应该建立证券分析师声誉的负面排名清单,该举措将大大提高投资者和监管部门识别证券分析师误导历史和误导概率的能力,能对证券分析师的误导行为直接形成巨大的威慑力。建议以本研究成果的误导识别系统为基础,计算并建立2002年至今全国所有证券分析师疑似误导股票识别结果排名,主要公布的指标有:分析师姓名、券商、行业、是否明星分析师、疑似误导股票、疑似误导股票数、总股票数、疑似误导股票占总股票比例、疑似误导推荐数、总样本数、疑似误导推荐占总样本比例。该结果的计算过程、计算方法和计算结果将放置到专门的网站上对社会公开,并进行动态更新。建立专业的分析师误导识别技术论坛,欢迎所有人参与讨论,不断改进识别方法。

七、建议七:加强中小投资者金融素养教育

虽然有时分析师的建议并不客观,但他们的研究成果仍然具备影响市场价格的潜力。这种误导性信息潜在的不利后果主要是针对不知情和缺乏资本市场金融经验的中小投资者,如果中小投资者不能察觉分析师研究成果背后的利益冲突,往往会造成大量的投资损失。因此,必须加强中小投资者金融素养教育,特别是加强普及如何识别和防范分析师黑嘴误导行为的相关知识。让中小投资者了解分析师的研究成果中普遍存在向上扭曲的乐观主义偏差,不要过度信赖分析师的荐股评级,也应该关注分析师的盈余预测而不是仅仅是荐股评级。对于分析师发布信息中存在的乐观主义应该正确理解和解读,建议组织免费培训、让其了解和学习机构投资者和老练投资者的经验,对分析师研究成果中的向上扭曲进行主动纠偏,在分析师的荐股评级上打折扣,降一档进行解读,比如“增持”评级相当于“中性”评级,“中性”评级相当于“减持”评级。

八、 建议八：建立以个人职业信用为核心的分析师评估监管机制

从实施分析师信用监管的法律依据看，2016 年年底国务院办公厅印发了《关于加强个人诚信体系建设的指导意见》，明确要建立重点领域个人诚信记录，并明确了 14 类职业人群要加快建立和完善个人信用记录形成机制。这 14 类职业人员包括公务员、企业法定代表人及相关责任人、律师、教师、医师、执业药师、评估师、税务师、注册消防工程师、会计审计人员、房地产中介从业人员、认证人员、金融从业人员、导游等。分析师作为具有重要市场影响力的金融从业群体，应该优先被纳入其中。

证券监管部门要加快建立和完善分析师个人职业信用记录形成机制，及时归集证券分析师在执业过程和明星评选活动中形成的诚信信息，确保信息真实准确，实现及时动态更新。金融信用信息基础数据库和个人征信机构要大力开展证券分析师领域个人征信信息的归集与服务。鼓励在中国证监会指导下，中国证券分析师行业协会牵头建立健全全体证券分析师会员的信用档案，可以采用第三方征信机构提供服务的方式实施，构建专业的分析师职业信用数据库。同时也要注意完善分析师个人信息安全、隐私保护与信用修复机制。要严格按照规定建立健全并严格执行保障信息安全的规章制度，明确分析师个人信息查询使用权限和程序，做好数据库安全防护工作，建立完善分析师个人信息查询使用登记和审查制度，防止信息泄露。建立分析师个人职业信用信息纠错、修复机制，制定异议处理、行政复议等管理制度及操作细则。

为优良信用分析师提供更多服务便利。对中国证监会实施信用分类监管确定的信用状况良好的证券分析师建立优良信用记录，要创新守信激励措施，对具有优良信用记录的分析师，给予重点支持，尽力提供更多便利服务；在办理行政许可过程中，对具有优良信用记录的分析师和连续三年以上无不良信用记录的分析师，可根据实际情况依法采取“绿色通道”和“容缺受理”等便利服务措施。鼓励社会机构依法使用征信产品，对具有优良信用记录的分析师在薪酬提升、跳槽、明星评选、上市公司调研过程中给予优惠和便利，使守信者在市场中获得更多机会和收益。

中国证监会应联合其他有关部门，依法依规对严重破坏资本市场公平竞争秩序的分析师严重失信行为采取联合惩戒措施。将刺探重大非公开信息、操纵股价、恶意扭曲市场信息、误导投资者等严重失信分析师列为重点监管对象，依法依规采取行政性约束和惩戒措施。在对失信券商和研究机构单位进行联合惩戒的同时，依照法律法规和政策规定对相关责任人员采取相应的联合惩戒措施，将联合惩戒措施落实到人。鼓励将金融信用信息基础数据库和个人征信机构采集的分析师严重失信记录，推送至全国信用信息共享平台，作为实施信用惩戒措施的参考，形成政府部门协同联动、行业组织自律管理、信用服务机构积极参与、社会舆论广泛监督的共同治理格局。

参考文献

中文类:

[1] 司徒大年:《证券分析师:角色、责任及独立性》,《证券市场导报》2006年第6期。

[2] 张奕春等:《投资银行的利益冲突及其监管:实证研究的质疑》,《金融研究》2005年7期。

[3] 胡亦明、林文雄:《信息关注深度、分析能力与分析质量——对我国证券分析师的调查分析》,《金融研究》2005年第2期。

[4] 胡亦明、沈光明等:《见解的独到性与预示性——关于我国证券分析师分析能力的实证研究》,《中国会计评论》2005年第2期。

[5] 胡奕明、金洪飞:《证券分析师关注自己的声誉吗?》,《世界经济》2006年第2期。

[6] 原红旗等:《承销商与非承销商分析师预测评级比较研究》,《中国会计评论》,2007年第10期。

[7] 刘牧晗:《加强对我国证券分析师的政府监管和行业自律——对湘中药股评案的再思考》,《理论观察》2008年第3期。

[8] 张雪兰、何德旭:《证券分析师利益冲突影响投资者利益吗——一个经验研究评述:1995—2007》,《金融研究》,2008年第7期。

[9] 白晓宇:《上市公司信息披露政策对分析师预测的多重影响研究》,《金融研究》2009年第4期。

[10] 旷野、罗诺:《分析师的秘密》,《21世纪经济报道》2009年4月13日。

[11] 潘越、戴亦一、刘思超:《我国承销商利用分析师报告托市了吗?》,《经济研

究》2011 年第 3 期。

[12] 潘越、戴亦一、林超群:《信息不透明、分析师关注与个股暴跌风险》,《金融研究》2011 年第 9 期。

[13] 薛祖云、王冲:《信息竞争抑或信息补充:证券分析师的角色扮演——基于我国证券市场的实证分析》,《金融研究》2011 年第 11 期。

[14] 杨艳林:《证券分析师利益冲突与研究质量》,《中国证券》2012 年第 11 期。

[15] 李丽青:《〈新财富〉评选的最佳分析师可信吗?——基于盈利预测准确度和预测修正市场反应的经验证据》,《投资研究》2012 年第 3 期。

[16] 东方证券股份有限公司:《证券研究报告业务链管理体系》,《中国证券》2012 年第 10 期。

[17] 许年行、江轩宇、伊志宏、徐信忠:《分析师利益冲突、乐观偏差与股价崩盘风险》,《经济研究》2012 年第 7 期。

[18] 赵良玉、李增泉、刘军霞:《管理层偏好、投资评级乐观性与私有信息获取》,《管理世界》2013 年第 4 期。

[19] Roger Paerloff:《模糊内幕交易的灰色艺术》,《财富中文版》2014 年第 2 期。

[20] 黄辉:《大型金融和市场机构中的中国墙制度——英美法系的经验与教训》,《清华法学》2007 年第 1 期。

[21] 台冰:《论我国证券业信息隔离监管制度的缺失与完善》,《深交所综合研究报告》2007 年第 5 期。

[22] 王凯:《我国证券分析师监管制度研究——以信息隔离制度为中心》,北京大学 2008 年研究生学位论文。

[23] 蔡庆丰、李超:《泡沫破灭后的证券研究:华尔街实践及启示》,《证券市场导报》2005 年第 2 期。

[24] 肖志源:《我国证券分析师的利益冲突行为及监管》,暨南大学 2010 年研究生学位论文。

[25] 杨洋:《我国证券分析师执业利益冲突的法律监管》,华东政法大学 2008 年研究生学位论文。

[26] 高基生:《德国最高法院对"抢帽子交易"案的判决及其启示》,《证券市场导报》2005 年第 6 期。

[27] 秦皇岛、熊锦秋:《"抢帽子"交易该领何罪》,《中国证券报》2012 年 6 月 9 日。

［28］许浩：《“抢帽子交易”首定罪研报监管待整肃》，《中国经营报》2011 年 8 月 15 日。

［29］林华：《股市黑嘴余凯的“抢帽术”》，《检查风云》2012 年第 16 期。

［30］杨艳林：《让“无形的手”制约券商分析师不当得利》，《中国证券报》2013 年 1 月 23 日。

［31］孟繁永：《证券投资顾问业务暂行规定》和《〈发布证券研究报告暂行规定〉有关问题的说明》，《中国证券报》2010 年 11 月 2 日。

［32］中国证券监督管理委员会：《证券投资顾问业务暂行规定》，证监会公告〔2010〕27 号，2010 年 10 月 12 日。

［33］中国证券监督管理委员会：《发布证券研究报告暂行规定》，证监会公告〔2010〕28 号，2010 年 10 月 12 日。

［34］肖钢：《积极探索监管执法的行政和解新模式》，《行政管理改革》2014 年第 1 期。

［35］曹胜、朱红军：《王婆贩瓜：券商自营业务与分析师乐观性》，《管理世界》2011 年第 7 期。

［36］张宗新：《证券市场内幕操纵与监管控制》，中国金融出版社 2007 年版，第 121—139 页。

［37］杨青：《联合证券分析师宋华峰：炒股获利 12 万自毁前程》，《北京青年报》2007 年 5 月 28 日。

［38］吴敏、李蕾、叶志刚：《遭前女友举报　证监会重罚百万禁入五年》，《新京报》2012 年 2 月 21 日。

［39］中国证监会：《中国证监会行政处罚决定书（叶志刚）》，《中国证监会》〔2012〕2 号文，2012 年 1 月 21 日。

［40］王征、张峥、刘力：《分析师的建议是否有投资价值——来自中国市场的经验数据》，《财经问题研究》2006 年第 7 期。

［41］朱红军、何贤杰、陶林：《信息源、信息搜寻与市场吸收效率——基于分析师盈利预测修正的经验数据》，《财经研究》2008 年第 5 期。

［42］朱红军、何贤杰、陶林：《中国的证券分析师能够提高资本市场的效率吗？》，《金融研究》2007 年第 2 期。

［43］曹胜、朱红军：《王婆贩瓜：券商自营业务与分析师乐观性》，《管理世界》2011 年第 7 期。

[44] 原红旗、黄倩茹:《承销商分析师与非承销商分析师预测评级比较研究》,《中国会计评论》2007 年第 3 期。

[45] 赵良玉、李增泉、刘军霞:《管理层偏好、投资评级乐观性与私有信息获取》,《管理世界》2013 年第 4 期。

[46] 许年行、江轩宇、伊志宏、徐信忠:《分析师利益冲突、乐观偏差与股价崩盘风险》,《经济研究》2012 年第 7 期。

[47] 宋乐、张然:《上市公司高管证券背景影响分析师预测吗?》,《金融研究》2010 年第 6 期。

[48] 管总平、黄文锋、钟子英:《承销商关系与机构持股压力对分析师盈利预测的影响》,《证券市场导报》2013 年第 10 期。

[49] 洪剑峭、张新:《基金净值排名与证券分析师荐股行为的影响》,《中国会计学年会会议论文》2011 年,第 1—9 页。

[50] 张文璋、陈向民:《方法决定结果吗? ——基金业绩评价的实证起点》,《金融研究》2002 年第 12 期。

[51] 赵坚毅、于泽、李颖俊:《投资者参与和证券投资基金风格业绩的评估》,《经济研究》2005 年第 7 期。

[52] 陆蓉、陈百助、徐龙炳、谢新厚:《基金业绩与投资者的选择——中国开放式基金赎回异常现象的研究》,《经济研究》2007 年第 6 期。

[53] 肖峻、石劲:《基金业绩与资金流量:我国基金市场存在"赎回异象"吗?》,《经济研究》2011 年第 1 期。

[54] 陆蓉、李良松:《家族共同持股对基金管理公司业绩与风险的影响研究》,《金融研究》2008 年第 2 期。

[55] 徐琼、赵旭:《我国基金经理投资行为实证研究》,《金融研究》2008 年第 8 期。

[56] 中国证券监督管理委员会:《发布证券研究报告暂行规定》,《证监会公告》〔2010〕28 号,2010 年 10 月 12 日。

外文类:

[1] Lys, Thomas and Sungkyu Sohn. The association between revisions of financial analysts' earnings forecasts and security price changes[J]. Journal of Accounting and Economics, Vol.13, 1990, 341—363.

[2] Abarbanell, Jeffexy S. Do analysts' earnings forecasts incorporate information

in prior stock price changes? [J] Journal of Accounting and Economics, Vol. 14, 1991, 147—165.

[3] Womack, Kent L. Do brokerage analysts' recommendations have investment value? [J] Journal of Finance, Vol.51(1), 1996, 137—167.

[4] Francis, Jennifer and Leonard Soffer. The Relative Informativeness of Analysts' Stock Recommendations and Earnings Forecast Revisions[J]. Journal of Accounting Research, Vol.35, 1997, 193—211.

[5] Brav, Alon and Reuven Lehavy. An Empirical Analysis of Analysts' Target Prices: Short Term Informativeness and Long Term Dynamics [J]. Journal of Finance, Vol.58, 2003, 1933—1967.

[6] Asquith, Paul, Michael B. Mikhail, and Andrea S. Au. Information Content of Equity Analyst Reports [J]. Journal of Financial Economics, Vol. 75, 2005, 245—282.

[7] Mikhail, Michael B., Beverly R. Walther, and Richard H. Willis. When security analysts talk, who listens? [J] The Accounting Review, Vol. 82, 2007, 1227—1253.

[8] Barber, B., Lehavy, R., McNichols, M., Trueman, B., Can investors profit from the prophets? Security analyst recommendations and stock returns[J]. Journal of Finance, Vol.56, 2001, 531—563.

[9] Jegadeesh, N.,Kim, J., Krische, S., Lee, C, Analyzing the analysts: when do recommendations add value? [J] Journal of Finance, Vol.59, 2004, 1083—1124.

[10] Loh, R. K. Investor Inattention and the Underreaction to Stock Recommendations[J]. Financial Management, Vol.39, 2010, 1223—1251.

[11] Lloyd-Davies, Peter and Michael Canes. Stock Prices and the Publication of Second-Hand Information[J]. Journal of Business, Vol.51, 1978, 43—56.

[12] Liu, Pu, Stanley D. Smith, and Azmat A. Syed. Stock price reactions to The Wall Street Journal[J]. Journal of Financial and Quantitative Analysis, Vol.25, 1990, 399—410.

[13] Beneish, M. D. Stock Prices and the Dissemination of Analysts' Recommendations[J]. Journal of Business, Vol.64, 1991, 393—416.

[14] Bauman, W. Scott, Sudip Datta, Mai E. Iskandar-Datta. Investment

Analyst Recommendations: A Test of The Announcement Effect and of the The Valuable Information Effect[J]. Journal of Business Finance and Accounting, Vol. 22, 1995, 659—670.

[15] Barber, Brad M. and Douglass Loeffler. The "Dartboard" column: Second-hand information and price pressure[J]. Journal of Financial and Quantitative Analysis, Vol.28, 1993, 273—284.

[16] Liang, B. Price pressure: Evidence from the "Dartboard" column[J]. Journal of Business. Vol.72, 1999, 119—134.

[17] Greene, Jason and Scott Smart. Liquidity provision and noise trading: Evidence from the "Investment Dartboard" Column[J]. Journal of Finance, Vol. 54, 1999, 1885—1899.

[18] Mathur, Ike and Amjad Waheed. Stock Price Reactions to Securities Recommended in Business Week's Inside Wall Street[J]. Financial Review, Vol. 30, 1995, 583—604.

[19] Sant, Rajiv. and Mir A. Zaman. Market reaction to Business Week's Inside Wall Street Column: A Self-fulfilling prophecy[J]. Journal of Banking and Finance, Vol.20, 1996, 617—643.

[20] Roger K. Loh, Ren'e M. Stulz, When Are Analyst Recommendation Changes Influential? [J] The Review of Financial Studies, Vol.24, 2011, 593—627.

[21] Wijmenga, R. The Performance of Published Dutch Stock Recommendations[J]. Journal of Banking and Finance, Vol.14, 1990, 559—581.

[22] Kiymaz, H. The effects of stock market gossip on stock prices: The ISE experience[J]. Iktisat, Isletmeve Finance, Vol.164, 1999. 20—29.

[23] Menendez-Requejo, Susana. Market valuation of the analysts' recommendations: the Spanish stock market[J]. Applied Financial Economics, Vol. 15, 2005, 509—518.

[24] Schuster, Thomas. Effects and Benefits of Investment Advice in the Business Media[R]. Leipzig University Working Paper, 2003, SSRN: http://ssrn.com/abstract=387341.

[25] Yazici, Bilgehan and Gülnur Muradoglu. Dissemination of Stock Recommendations and Small Investors: Who Benefits? [J] Multinational Finance Journal,

Vol.6, 2002, 29—42.

[26] Shen, Chung-Hua and Hsiang-Lin Chih. Conflicts of Interest in the Stock Recommendations of Investment Banks and Their Determinants[J]. Journal of Financial and Quantitative Analysis, Vol.44, 2009, 1149—1171.

[27] Lin, Luke and Chau-Jung Kuo. Stock Recommendations and Analyst Conflicts of Interest: Evidence from the Taiwan Stock Market[J]. Journal of Chinese Management Review, Vol.10, 2007, 1—24.

[28] Lee, Chi-Wen Jevons, and Chang Liu. Financial Analysts and Speculative Bubble in Emerging Stock Market[R]. Working paper, 2008, 1—45.

[29] Stice, Earl. The Market Reaction to 10-K and 10-Q Filings and to Subsequent the Wall Street Journal Earnings Announcements[J]. The Accounting Review, Vol.66, 1991, 42—55.

[30] Han, Ki C. and David Y. Suk. Stock prices and the Barron's "Research Reports" column[J]. Journal of Financial and Strategic Decisions, Vol.9, 1996, 27—32.

[31] Schlumpf, Philipp M., Markus M. Schmid, and Heinz Zimmermann. The First- and Second-Hand Effect of Analysts' Stock Recommendations: Evidence from the Swiss Stock Market [J]. European Financial Management, Vol. 14, 2008, 962—988.

[32] Unger, Laura S. Written Testimony Concerning Conflicts of Interest Faced by Brokerage Firms and Their Research Analysts Before the Subcommittee on Capital Markets, Insurance, and Government Sponsored Enterprises [R]. Committee on Financial Services United States House of Representatives, 2001, http://www.sec.gov/news/testimony/073101tslu, 1—44.

[33] Michaely, Roni and Kent L. Womack. Brokerage Recommendations: Stylized Characteristics, Market Responses, and Biases. Richard Thaler. Advances in Behavioral Finance II[M]. Princeton, NJ: Princeton University Press, 2005, 25—64.

[34] Fisch, Jill E. and Hillary A. Sale. The Securities Analyst as Agent: Rethinking the Regulation of Analysts[J]. Iowa Law Review, Vol.88, 2003, 1035—1098.

[35] Fisch, Jill E. Fiduciary duties and the analyst scandals[J]. Alabama Law Review, Vol.58, 2007a, 1083—1102.

[36] Groysberg, Boris, Paul M. Healy, and David Maber. What Drives Sell-Side

Analyst Compensation at High-Status Banks? [R] Working paper, Harvard Business School. 2008, 1—35.

[37] Hutton, Amy P. The Role of Sell-side Analysts in the Enron Debacle. Tuck School of Business[R]. SSRN Working Paper, 2002, 1—41, http://ssrn.com/abstract=404020.

[38] Brooks, Robert and Huabing Wang. The Securities Litigation Reform and Its Impact on Analyst Research[R]. SSRN working paper, 2004, 1—45, http://ssrn.com/abstract=606822.

[39] Odean, Terrance. Do Investors Trade Too Much? [J] American Economic Review, Vol.89, 1999, 1279—1298.

[40] Barber, Brad M. and Terrance Odean. Trading Is Hazardous to Your Wealth: The Common Stock Investment Performance of Individual Investors[J]. Journal of Finance, Vol.55, 2000, 773—806.

[41] Grinblatt, M., and M. Keloharju. The investment behavior and performance of various investor types: A study of Finland's unique data set[J]. Journal of Financial Economics, Vol.55, 2000, 43—67.

[42] Barber, Brad M., Yi-Tsung Lee, Yu-Jane Liu, and Terrance Odean. Just How Much Do Individual Investors Lose By Trading? [J] Review of Financial Studies, Vol.22, 2009, 609—632.

[43] Fong, Kingsley Y. L., David R. Gallagher, and Adrian D. Lee. Who Win and Who Lose Among Individual Investors? [R] SSRN working paper, 2009, 1—47, http://ssrn.com/abstract=1343519.

[44] Reingold, Dan. Confessions of a Wall Street Analyst: A True Story of Inside Information and Corruption in the Stock Market[M]. New York: Harper Collins Publishers. 2006, 251—267.

[45] Yan, Xin, Lawrence R. Klein, Viktoria Dalko, Ferenc Gyurcsany, Michael H. Wang. 2010b. Preventing stock market crises(II): Regulating trade-based price-lifting[R]. Harvard university Working paper. 1—44.

[46] Michael Rebello and Kelsey D. Wei, A Glimpse Behind a Closed Door: The Long-Term Investment Value of Buy-Side Research and Its Effect on Fund Trades and Performance[J]. Journal of Accounting Research, Vol.52, 2014, 36—76.

[47] Bradshaw, Mark T. How Do Analysts Use Their Earnings Forecasts in Generating Stock Recommendations? [J] The Accounting Review, Vol. 79, 2004, 25—50.

[48] Francis, Jennifer and Donna R. Philbrick. Analysts' Decisions as Products of a Multi-Task Environment[J]. Journal of Accounting Research, Vol. 35, 1993, 216—230.

[49] Lin, Hsiou-wei and Maureen F. McNichols. Underwriting Relationships and Analysts' Forecasts and Investment Recommendations[J]. Journal of Accounting and Economics, Vol.25, 1998, 101—127.

[50] Graham, J. R. Herding Among Investment Newsletters: Theory and Evidence[J]. Journal of Finance, Vol.54, 1999, 237—268.

[51] Malmendier, Ulrike and Devin M. Shanthikumar. Do security analysts speak in two tongues? [R] Stanford University Working paper, 2007, 1—37.

[52] Bradshaw, Mark T., Scott A. Richardson and Richard G. Sloan. The relation between corporate financing activities, analysts' forecasts and stock returns[J]. Journal of Accounting and Economics, Vol.42, 2006, 53—85.

[53] Goedhart, Marc, Rishi Raj, and Abhishek Saxena. Equity analysts: Still too bullish: After almost a decade of stricter regulation, analysts' earnings forecasts continue to be excessively optimistic[J]. McKinsey Quarterly, 2010, Vol.51, 25—35.

[54] Cowen, Ama, Boris Gro & Paul Healy, Which Types of Analyst Firms ARE More Optimistic? [J] Journal of Accounting & Economics, Vol. 41, 2006, 119—146.

[55] Hong, Harrison, Jeffrey D. Kubik, Analyzing the Analysts: Career Concerns and Biased Earnings Forecasts[J]. Journal of Finance, Vol.58, 2003, 313—352.

[56] Loughran, T. and J. R. Ritter. The new issue puzzle[J]. Journal of Finance, Vol.50, 1995, 23—51.

[57] Krigman, Laurie, Wayne H. Shaw and Kent L. Womack. Why do firms switch underwriters? [J] Journal of Financial Economics, Vol.60, 2001, 245—284.

[58] McNichols, M. and P. O'Brien. Self-selection and analyst coverage[J]. Journal of Accounting Research, Vol.35(Supplement), 1997, 167—199.

[59] Chen, H. C. and J. R. Ritter. The seven percent solution[J]. Journal of Fi-

nance, Vol.55, 2000, 1105—1131.

[60] Yan, Xin, Lawrence R. Klein, Viktoria Dalko, Ferenc Gyurcsany, Michael H. Wang. Preventing stock market crises(III): Regulating earnings manipulation[R]. Harvard university Working paper.2010c, 1—40.

[61] Teoh, S. H., Welch, I., and Wong, T. J. Earnings Management and the Underperformance of Seasoned Equity Offerings[J]. Journal of Financial Economics, Vol.50, 1998, 63—99.

[62] Rangan, S. Earnings management and the performance of seasoned equity offerings[J]. Journal of Financial Economics, Vol.50, 1998, 101—122.

[63] Gunny, Katherine. What are the consequences of real earnings management? [R] Working Paper, 2005, University of California at Berkeley, 1—55.

[64] Zang, Amy Y. Evidence on the Tradeoff between Real Manipulation and Accrual Manipulation[R]. SSRN working paper, 2007, http://ssrn.com/abstract=961293.

[65] Cohen, D., Dey, A., and Lys, T. Real and accrual based earnings management in the Pre and Post Sarbanes-Oxley periods[J]. The Accounting Review, Vol.83, 2008, 757—787.

[66] Francis, Jennifer, J. Douglas Hanna and Donna R. Philbrick. Management communications with securities analysts[J]. Journal of Accounting and Economics, Vol.24, 1997, 363—394.

[67] De Franco, Gus, Hai Lu, Florin P. Vasvari. Wealth Transfer Effects of Analysts' Misleading Behavior[J]. Journal of Accounting Research, Vol. 45, 2007, 71—110.

[68] Yan, Xin, Lawrence R. Klein, Viktoria Dalko, Ferenc Gyurcsany, and Michael H. Wang. Preventing stock market crises(IV): Regulating trading by corporate insiders[R]. Havard university Working paper. 2010d, 1—38.

[69] Colombo, Ronald J. Buy, sell, or hold? Analysts fraud from economic and natural law perspectives[J]. Brooklyn Law Review, Vol.73, 2007, 91—154.

[70] Michaely, Roni and Kent L. Womack. Conflict of Interest and the Credibility of Underwriter Analyst Recommendations[J]. Review of Financial Studies, Vol. 12, 1999, 653—686.

[71] Dechow, Patricia M., Amy P. Hutton, and Richard G. Sloan. The Relation between Analysts' Forecasts of Long-Term Earnings Growth and Stock Price Performance Following Equity Offering [J]. Contemporary Accounting Research, Vol.17, 2000, 1—32.

[72] Ritter, Jay. Investment Banking and Securities Issuance, Chapter 5 George Constantinides, Milton Harris, René Stulz[M]. Handbook of the Economics of Finance. Amsterdam: North-Holland, 2003, 401—457.

[73] Spiess, D. K and J. Affleck-Graves. The long-run performance following seasoned equity offerings [J]. Journal of Financial Economics, Vol. 38, 1995, 243—67.

[74] Ritter, Jay and Ivo Welch. A review of IPO activity, pricing, and allocations[J]. Journal of Finance, Vol.57, 2002, 1795—1828.

[75] Gasparino, Charles. Blood on the Street: The Sensational Inside Story of How Wall Street Analysts Duped a Generation of Investors[M]. New York: Free Press. 2005.

[76] Gus De Franco, Florin P. Vasvari, Dushyantkumar Vyas, Debt Analysts' Views of Debt-Equity Conflicts of Interest[J]. The Accounting Review, Vol. 89, 2014, 16—35.

[77] Alexander Dyck, Adair Morse, and Luigi Zingales, Who Blows the Whistle on Corporate Fraud? [J] The Journal of Finance, Vol.48, 2010, 2213—2253.

[78] Jie He, Xuan Tian, The dark side of analyst coverage: The case of innovation[J]. Journal of Financial Economics, Vol.109, 2013, 856—878.

[79] Richardson, Scott, Siew Hong Teoh and Peter Wysocki. The Walk-down to Beatable Analyst Forecasts: The Roles of Equity Issuance and Insider Trading Incentives[J]. Contemporary Accounting Research, Vol.21, 2004, 885—924.

[80] Jensen, Michael C. The Puzzling State of Low-Integrity Relations between Managers and Capital Markets[R]. Harvard NOM Working Paper No.06—04, 2005, 24—68.

[81] Cotter, Julie, Irem Tuna, Peter D. Wysocki. Expectations Management and Beatable Targets: How Do Analysts React to Explicit Earnings Guidance? [J] Contemporary Accounting Research, Vol.23, 2006, 593—624.

[82] Eric C. So, A new approach to predicting analyst forecast errors: Do investors overweight analyst forecasts[J]. Journal of Financial Economics, Vol.108, 2013, 615—640.

[83] Marcus Kirk, Research for sale: Determinants and consequences of paid-for analyst research[J]. Journal of Financial Economics, Vol.100, 2011, 182—200.

[84] Foong Soon Cheong and Jacob Thomas, Why Do EPS Forecast Error and Dispersion Not Vary with Scale? Implications for Analyst and Managerial Behavior [J]. Journal of Accounting Research, Vol.49, 2011, 359—401.

[85] Michael B.Clement, Jeffrey Hales, Yan feng Xue, Understanding analysts' use of stock returns and other analysts' revisions when forecasting earnings [J]. Journal of Accounting and Economics, Vol.51, 2011, 279—299.

[86] Xuguang Sheng, Maya Thevenot, A new measure of earnings forecast uncertainty[J]. Journal of Accounting and Economics, Vol.53, 2012, 21—33.

[87] Jeffrey T.Doyle, Jared N.Jennings, Mark T.Soliman, Do managers define non-GAAP earnings to meet or beat analyst forecasts[J]. Journal of Accounting and Economics, Vol.56, 2013, 40—56.

[88] Gilles Hilary, Rui Shen, The Role of Analysts in Intra-Industry Information Transfer[J]. The Accounting Review, Vol.88, 2013, 26—58.

[89] Simona Mola, Massimo Guidolin, Affiliated mutual funds and analyst optimism[J]. Journal of Financial Economics, Vol.93, 2009.108—137.

[90] Michael firth, Chen Lin, Ping Liu, Yuhai Xuan, The Client Is King: Do Mutual Fund Relationships Bias Analyst Recommendations? [J] Journal of Accounting Research, Vol.51, 2013, 165—200.

[91] Ohad Kadan, Leonardo Madureira, Rong Wangc, Tzachi Zach, Analysts' industry expertise[J]. Journal of Accounting and Economics, Vol.54, 2012, 95—120.

[92] Boochun Jung, Philip B.Shane, Yanhua Sunny Yang, Do financial analysts' long-term growth forecasts matter Evidence from stock recommendations and career outcomes[J]. Journal of Accounting and Economics, Vol.53, 2012, 55—76.

[93] Proimos, Alex. Trust an analyst? An investigation of conflicts of interest in an Australian investment bank[J]. Journal of Investment Compliance, Vol.6, 2005, 59—70.

[94] Irvine, Paul. Do Analysts Generate Trade for Their Firms? Evidence from the Toronto Stock Exchange[J]. Journal of Accounting and Economics, Vol. 30, 2001, 209—226.

[95] Francois Derrien, Ambrus Kecskes The Real Effects of Financial Shocks: Evidence from Exogenous Changes in Analyst Coverage[J]. Journal of Finance. Vol.68, 2013, 1407—1440.

[96] Irvine, Paul. Analysts' forecasts and brokerage-firm trading[J]. Accounting Review, Vol.79, 2004, 125—149.

[97] Jackson, Andrew R. Trade generation, reputation, and sell-side analysts [J]. Journal of Finance, Vol.60, 2005, 673—717.

[98] Aitken, Michael J., Jayaram Muthuswamy, and Kathryn L. Wong. The impact of brokers' recommendations: Australian evidence[R]. Working paper, University of Sydney, 2001, 1—47.

[99] Irvine, P., M. Lipson, and A. Puckett. Tipping[J]. Review of Financial Studies, Vol.20, 2007, 741—768.

[100] Berglund, Tom, Omar Farooq, and P. Joakim Westerholm. Do Analysts Revise Their Recommendations to Facilitate Trading? [R] Working paper, 2007, 1—55, http://ssrn.com/abstract=968139.

[101] Choi, Bobae, Doowon Lee, and Kooyul Jung. Trading Behavior before the Public Release of Analysts' Reports[R]. Working paper, 2009, 1—42, University of Newcastle.

[102] Li, Xi and Hans G.Heidle. Information Leakage and Opportunistic Behavior Before Analyst Recommendations: An Analysis of the Quoting Behavior of Nasdaq Market Makers[R]. AFA 2004 SanDiego Meetings working paper, 1—56, http://ssrn.com/abstrac=423840.

[103] Heflin, F., Subramanyam, K., Zhang, Y., Regulation FD and the financial information environment: early evidence[J]. Accounting Review, Vol.78, 2003, 1—37.

[104] Bailey, Warren B., Haitao Li, Connie X. Mao, and Rui Zhong, Regulation Fair Disclosure and earnings information: Market, analyst, and corporate responses[J]. Journal of Finance, Vol.58, 2003, 2487—2514.

[105] Irani, A., Karamanou, I., Regulation Fair Disclosure, analyst following, and forecast dispersion[J]. Accounting Horizons, Vol.17, 2003, 15—28.

[106] Anup Agrawal, Sahiba Chadha and Mark A. Chen, Who Is Afraid of Reg FD? The Behavior and Performance of Sell-Side Analysts Following the SEC's Fair Disclosure Rules[J]. Journal of Business, Vol.79, 2006, 2811—2834.

[107] Mohanran, P., Sunder, S., Has Regulation Fair Disclosure affected financial analysts' ability to forecast earnings? [R] Working paper, New York University, 2002, 1—39.

[108] Andreas Gintschel, Stanimir Markov, The effectiveness of Regulation FD[J]. Journal of Accounting and Economics, Vol.37, 2004, 293—314.

[109] William J. Kross, Inho Suk, Does Regulation FD work? Evidence from analysts' reliance on public disclosure[J]. Journal of Accounting and Economics, Vol.53, 2012, 225—248.

[110] Francois Brochet, Gregory S. Miller, Suraj Srinivasan Do Analysts Follow Managers Who Switch Companies? An Analysis of Relationships in the Capital Markets[J]. The Accounting Review, Vol.89, 2014, 751—784.

[111] Edward Lee, Norman Strong and Zhenmei Zhu, Did Regulation Fair Disclosure, SOX, and Other Analyst Regulations Reduce Security Mispricing? [J] Journal of Accounting Research, Vol.52, 2014, 65—79.

[112] SEC, Ten of Nation's Top Investment Firms Settle Enforcement Actions Involving Conflict of Interest, April 28, 2003, http://www.sec.gov/news/press/2003—54.htm.

[113] SEC, SEC Fact Sheet on Global Analyst Research Settlements, April 28, 2003, http://www.sec.gov/news/speech/factsheet.htm.

[114] Hamid Mehran, Rene' M.Stulz. The Economics of Conflicts of Interest in Financial Institutions[J]. Journal of Financial Economics. Vol.85, 2007, 267—296.

[115] Orie E. Barron, Donal Byard, Yong Yu. Earnings Surprises that Motivate Analysts to Reduce Average Forecast Error[J]. The Accounting Review. Vol. 83, 2008, 303—325.

[116] Giovanni Cespa. Information Sales and Insider Trading with Long-Lived Information[J]. The Journal of Finance. Vol.63, 2008, 639—672.

[117] Nisan Langberg, etc. Voluntary disclosures and information production by analysts[J]. Journal of Accounting and Economics. Vol.46, 2008, 78—100.

[118] Clement, M., Analyst forecast accuracy: Do ability, resources and portfolio complexity matter? [J] Journal of Accounting and Economics, Vol. 27, 1999, 285—303.

[119] Easterwood, J., Nutt, S., Inefficiency in analysts' earnings forecasts: systematic misreaction or systematic optimism? [J] Journal of Finance, Vol. 54, 1999, 1777—1797.

[120] Hong, Harrison, Jeffrey D. Kubik, Analyzing the analysts: Career concerns and biased earnings forecasts[J]. Journal of Finance, Vol.58, 2003, 313—352.

[121] Asquith, P., Mikhail, M., Au, A., Information content of equity analyst reports[J]. Journal of Financial Economics, Vol.75, 2005, 245—282.

[122] Womack, K., Do brokerage analysts' recommendations have investment value? [J] Journal of Finance, Vol.51, 1996, 137—167.

[123] Mikhail, M., Walther, B., Willis, R., Do security analysts exhibit persistent differences in stock picking ability? [J] Journal of Financial Economics, Vol.74, 2004, 67—91.

[124] Barber, B., Lehavy, R., McNichols, M., Trueman, B., Can investors profit from the prophets? Security analysts' recommendations and stock returns[J]. Journal of Finance, Vol.56, 2001, 531—563.

[125] Barber, B., Lehavy, R., McNichols, M., Trueman, B., Prophets and losses: Reassessing the returns to analysts' stock recommendations[J]. Financial Analysts Journal, Vol.59, 2003, 88—96.

[126] Barber, B., Lehavy, R., McNichols, M., Trueman, B., 2006. Buys, holds, and sells: The distribution of investment banks' stock ratings and the implications for the profitability of analysts' recommendations[J]. Journal of Accounting and Economics, Vol.41, 2006, 87—117.

[127] Jegadeesh, N., Kim, J., Krische, S., Lee, C, Analyzing the analysts: when do recommendations add value? [J] Journal of Finance, Vol. 59, 2004, 1083—1124.

[128] Zoran Ivkovi, Narasimhan Jegadeesh The timing and value of forecast and

recommendation revisions [J]. Journal of Financial Economics, Vol. 73, 2004, 433—463.

[129] Bradshaw, M., How do analysts use their earnings forecasts in generating stock recommendations? [J] The Accounting Review, Vol.79, 2004, 25—50.

[130] Roger K. Loha, B, G. Mujtaba Mian, Do accurate earnings forecasts facilitate superior investment recommendations? [J] Journal of Financial Economics, Vol.80, 2006, 455—483.

[131] Bradshaw, M. T., How Do Analysts Use their Earnings Forecasts in Generating Stock Recommendations? [J] The Accounting Review, Vol. 79, 2004, 25—50.

[132] Loh, R. K., and G. M. Mian. Do Accurate Earnings Forecasts Facilitate Superior Investment Recommendations? [J] Journal of Financial Economics, Vol.80, 2006, 455—483.

[133] Hayn, C. The Information Content of Losses[J]. Journal of Accounting & Economics, Vol.20, 1995, 125—153.

[134] Barth, M. E.; W. H. Beaver; W. R. Landsman. Relative Valuation Roles of Equity Book Value and Net Income as a Function of Financial Health[J]. Journal of Accounting & Economics, Vol.25, 1998, 1—34.

[135] Mikhail, M.; B. Walther; R. Willis. Does Forecast Accuracy Matter to Security Analysts? [J] The Accounting Review, Vol.74, 1999, 185—200.

[136] Barber, B. M.; R. Lehavy; B. Trueman. Comparing the Stock Recommendation Performance of Investment Banks and Independent Research Firms[J]. Journal of Financial Economics, Vol.85, 2007, 490—517.

[137] Kadan, O.; L. Madureira; R. Wang; and T. Zach. Conflicts of Interest and Stock Recommendations—The Effects of The Global Settlement and Related Regulations[R]. Working paper, Washington University, 2005, 1—44.

[138] Clement, M. Analyst Forecast Accuracy: Do Ability, Resources, and Portfolio Complexity Matter? Journal of Accounting & Economics, Vol. 27, 1999, 285—303.

[139] Lin, H., M. Mcnichols. Underwriting Relationships, Analysts' Earnings Forecasts and Investment Recommendation[J]. Journal of Accounting & Economics,

Vol.25，1998，101—127.

[140] Y. Ertimur，J. Sunder，S. V. Sunder，Measure for Measure：The Relation between Forecast Accuracy and Recommendation Profitability of Analysts[J]. Journal of Accounting Research，Vol.45，2007，567—606.

[141] Gilles Hilary and Charles Hsu Analyst Forecast Consistency[J]. Journal of Finance，Vol.68，2013，271—297.

[142] Bailey，Warren B.，Haitao Li，Connie X. Mao，and Rui Zhong，Regulation Fair Disclosureand earnings information：Market，analyst，and corporate responses[J]. Journal of Finance，Vol.58，2003，2487—2514.

[143] Jackson，Andrew R.，Trade generation，reputation，and sell-side analysts[J]. Journal of Finance，Vol.55，2005，673—717.

[144] Gu，Zhaoyang，and Joanna Shuang Wu，Earnings skewness and analyst forecast bias[J]. Journal of Accounting and Economics，Vol.35，2003，5—29.

[145] Bowen，Robert M.，Angela K. Davis，and Dawn A. Matsumoto，Do conference calls affect analysts' forecasts? [J] The Accounting Review，Vol.77，2002，285—316.

[146] Lim，Terence，Rationality and analysts' forecast bias[J]. Journal of Finance，Vol.56，2001，369—385.

[147] Libby，Robert，James E. Hunton，Hun-Tong Tan，and Nicholas Seybert，Relationship incentives and the optimistic/pessimistic pattern in analysts' forecasts [J]. Journal of Accounting Research，Vol.46，2008，173—198.

[148] Chen，Shuping，and Dawn A. Matsumoto，Favorable versus unfavorable recommendations：The impact on analyst access to management-provided information[J]. Journal of Accounting Research，Vol.44，2006，657—689.

[149] Hong，Harrison，Jeffrey D. Kubik，Amit Solomon，Security analysts' career concerns and herding of earnings forecasts[J]. Rand Journal of Economics，Vol.31，2000，121—144.

[150] Hong，Harrison，Jeffrey D. Kubik，Analyzing the Analysts：Career Concerns and Biased Earnings Forecasts[J]. Journal of Finance，Vol.58，2003，313—352.

[151] Mikhail，M.B.，Walther，B.R.，Willis，R.,. Do security analysts exhibit persistent differences in stock picking ability? [J] Journal of Financial Economics，

Vol.74, 2004, 69—91.

[152] Xi Li, The persistence of relative performance in stock recommendations of sell-side financial analysts[J]. Journal of Accounting and Economics, Vol. 40, 2005, 129—152.

[153] Stickel, S.E., Predicting individual analyst earnings forecasts[J]. Journal of Accounting Research, Vol.28, 1990, 409—417.

[154] Welch, I., Herding among security analysts[J]. Journal of Financial Economics, Vol.58, 2000, 369—396.

[155] Daniel, K., Grinblatt, M., Titman, S., Wermers, R. Measuring mutual fund performance with characteristic-based benchmarks[J]. Journal of Finance 52, 1997, 1035—1058.

[156] Fama, E.F., French, K.R., Common risk factors in the returns on stocks and bonds[J]. Journal of Financial Economics, Vol.33, 1993, 3—56.

[157] Carhart, M.M., On persistence in mutual fund performance[J]. Journal of Finance, Vol.52, 1997, 57—82.

[158] Eckbo, B.E., Masulis, R.W., Norli, O., Seasoned public offerings: resolution of the "new issuespuzzle"[J]. Journal of Financial Economics, Vol.56, 2000, 251—291.

[159] Gilovich, T., Valone, R., Tversky, A., The hot hand in basketball: on the misperception of random sequences[J]. Cognitive Psychology, Vol. 17, 1985, 295—314.

[160] Stickel, S. E. The Anatomy of Buy and Sell Recommendations[J]. Financial Analysts Journal, Vol.51, 1995, 25—39.

[161] Womack, Kent L. Do brokerage analysts recommendations have investment value? [J] Journal of Finance, 1996, Vol.51(1):137—167.

[162] Mikhail, M. B., B. R. Walther, and R. H. Willis. Do Security Analysts Improve Their Performance with Experience? [J] Journal of Accounting Research, Vol.35, 1997, 131—157.

[163] Mikhail, M., Walther, B., Willis, R., Do security analysts exhibit persistent differences in stock picking ability? [J] Journal of Financial Economics, Vol.74, 2004, 67—91.

[164] Lin, H., McNichols, M., Underwriting relationships, analysts' earnings forecasts and investment recommendations[J]. Journal of Accounting and Economics, Vol.25, 1998, 101—127.

[165] Asquith, P., M. B. Mikhail, and A. Au. Information Content of Equity Analyst Reports[J]. Journal of Financial Economics, Vol.75, 2005, 245—282.

[166] Malmendier, U., and D. Shanthikumar. Are Investors Naive About Incentives? [J] Journal of Financial Economics, Vol.85, 2007, 457—489.

[167] Lee, C., Earnings news and small traders: an intraday analysis[J]. Journal of Accounting and Economics, Vol.15, 1992, 265—302.

[168] Shanthikumar, D., Small trader reactions to consecutive earnings surprises[R]. Working paper, Harvard University, Boston, MA. 2004.

[169] Bhattacharya, N., Investors' trade size and trading responses around earnings announcements: an empirical investigation[J]. Accounting Review, Vol. 76, 2001, 221—244.

[170] Battalio, R., Mendenhall, R., Earnings expectations, investor trade size, and anomalous returns around earnings announcements[J]. Journal of Financial Economics, Vol.77, 2005, 289—319.

[171] Fang, L., and A. Yasuda. Are Stars' Opinions Worth More? The Relation between Analyst Reputation and Recommendation Values[R]. Working Paper, University of Pennsylvania, 2008. 1—45.

[172] Irvine, P. J. Analysts' Forecasts and Brokerage-firm Trading[J]. The Accounting Review, Vol.79, 2004, 125—149.

[173] Jegadeesh, N., Kim, J., Krische, S., Lee, C., Analyzing the analysts: when do recommendations add value? [J] Journal of Finance, Vol. 59, 2004, 1083—1124.

[174] Asquith, P., M. B. Mikhail, and A. Au. Information Content of Equity Analyst Reports[J]. Journal of Financial Economics, Vol.75, 2005, 245—82.

[175] Chen, Q., J. Francis, and K. Schipper. The Applicability of the Fraud on the Market Presumption to Analysts' Forecasts[R]. Working Paper, Duke University, 1—34.

[176] Altinkilic, O., and R. S. Hansen. On the Information Role of Stock Rec-

ommendation Revisions[J]. Journal of Accounting and Economics, Vol. 48, 2009, 17—36.

[177] Frankel, R., S. P. Kothari, and J. Weber. Determinants of the Informativeness of Analyst Research[J]. Journal of Accounting and Economics, Vol. 41, 2006, 29—54.

[178] Loh, R. K. Investor Inattention and the Underreaction to Stock Recommendations[J]. Financial Management, Vol.39, 2010, 1223—1251.

[179] Loh, R. K., and G. M. Mian. Do Accurate Earnings Forecasts Facilitate Superior Investment Recommendations? [J] Journal of Financial Economics, Vol.80, 2006, 455—483.

[180] Llorente, G., R. Michaely, G. Saar, and J. Wang. Dynamic Volume-return Relation of Individual Stocks[J]. Review of Financial Studies, Vol. 15, 2002, 1005—1047.

[181] Hong, H., Kubik, J., Analyzing the analysts: career concerns and biased earnings forecasts[J]. Journal of Finance, Vol.58, 2003, 313—351.

[182] Jegadeesh, N., and W. Kim. Do Analysts Herd? An Analysis of Recommendations and Market Reactions[J]. Review of Financial Studies, Vol. 23, 2010, 901—937.

[183] Kecskes, A., R. Michaely, and K. L. Womack. What Drives the Value of Analysts' Recommendations: Earnings Estimates or Discount Rate Estimates? [R] Working Paper, Darthmouth College. 2009, 1—42.

[184] Malmendier, U., D. Shanthikumar. Do security analysts speak in two tongues? [R] Working paper, Stanford University. 2006, 1—50.

[185] Lin, H., M. McNichols. Underwriting relationships, analysts' earnings forecasts and investment recommendations[J]. Journal of Accounting and Economics, Vol.25, 1998, 101—127.

[186] Malmendier, U., and D. Shanthikumar. Are small investors naive about incentives? [J] Journal of Financial Economics, Vol.85, 2007, 457—489.

[187] Lee and B. Radhakrishna. Inferring Investor Behavior: Evidence From Torq Data[J]. Journal of Financial Markets, Vol.3, 2000, 83—111.

[188] Chakravarty, S. Stealth-trading: Which traders' trades move stock prices?

[J] Journal of Financial Economics, Vol.61, 2001, 289—307.

[189] Lee, C., Earnings news and small traders: An intraday analysis. Journal of Accounting and Economics, Vol.15, 1992, 265—302.

[190] Mikhail, M., B. Walther, and R. Willis. Do security analysts exhibit persistent differences in stock picking ability? [J] Journal of Financial Economics, Vol.74, 2004, 67—91.

[191] Asquith, P., M. Mikhail, and A. Au. Information content of equity analyst reports[J]. Journal of Financial Economics, Vol.75, 2005, 245—282.

[192] Hirst, E., L. Koonce, and P. Simko. Investor reactions to financial analysts' research reports [J]. Journal of Accounting Research, Vol. 33, 1995, 335—351.

[193] Jegadeesh, N., J. Kim, S. Krische, and C. Lee. Analyzing the analysts: When do recommendations add value? [J] The Journal of Finance, Vol.59, 2004, 1083—1124.

[194] Womack, K. Do brokerage Analysts' Recommendations Have Investment Value? [J] The Journal of Finance, Vol.51, 1996, 137—167.

[195] Ulrike Malmendier, Devin Shanthikumar, Are small investors naive about incentives? [J] Journal of Financial Economics, Vol.85, 2007, 457—489.

[196] Cain, D., Loewenstein, G., Moore, D., The dirt on coming clean: perverse effects of disclosing conflicts of interest. Journal of Legal Studies, Vol. 34, 2005, 1—25.

[197] Daniel, K., Hirshleifer, D., Teoh, S., Investor psychology in capital markets: evidence and policy implications [J]. Journal of Monetary Economics, Vol.49, 2002, 139—209.

[198] Lin, H., McNichols, M., Underwriting relationships, analysts' earnings forecasts and investment recommendations[J]. Journal of Accounting and Economics, Vol.25, 1998, 101—127.

[199] Michaely, R., Womack, K., Conflict of interest and the credibility of underwriter analyst recommendations[J]. Review of Financial Studies, Vol.12, 1999, 653—686.

[200] Barber, B., Lehavy, R., McNichols, M., Trueman, B., Can investors

profit from the prophets? Security analyst recommendations and stock returns[J]. Journal of Finance, Vol.56, 2001, 531—563.

[201] Jegadeesh, N., Kim, J., Krische, S., Lee, C., Analyzing the analysts: when do recommendations add value? [J] Journal of Finance, Vol.59, 2004, 1083—1124.

[202] Battalio, R., Mendenhall, R., Earnings expectations, investor trade size, and anomalous returns around earnings announcements[J]. Journal of Financial Economics, Vol.77, 2005, 289—319.

[203] Shanthikumar, D., Small trader reactions to consecutive earnings surprises[R]. Working paper, Harvard University, Boston, MA. 2003, 1—31.

[204] Womack, K., Do brokerage analysts' recommendations have investment value? [J] Journal of Finance, Vol.51, 1996, 137—167.

[205] Michaely, Roni and Kent L. Womack, Conflict of Interest and the Credibility of Underwriter Analyst Recommendations[J]. Review of Financial Studies, Vol.12, 1999, 653—686.

[206] Francis, Jennifer, J. Douglas Hanna and Donna R. Philbrick. Management communications with securities analysts[J]. Journal of Accounting and Economics, Vol.24, 1997, 363—394.

[207] McNichols, Maureen F. and Patricia C. O'Brien Self-Selection and Analyst Coverage[J]. Journal of Accounting Research, Vol.35, 1997, 167—199.

[208] Ulrike Malmendier, Devin Shanthikumar Do Security Ananlysts Speak In Two Tongues? [R] NBER working paper, 2009, 1—42.

[209] O'Brien, Patricia, Maureen F. McNichols and Hsiou-Wei Lin, Analyst Impartiality and Investment Banking Relationships[J]. Journal of Accounting Research, Vol.43, 2005, 623—650.

[210] Kolasinski, Adam and S. P. Kothari, Investment Banking and Analyst Objectivity: Evidence on Analysts Affiliated with M&A Advisors[J]. Journal of Financial and Quantitative Analysis, Vol.43, 2008, 817—842.

[211] Cowen, Ama, Boris Gro & Paul Healy, Which Types of Analyst Firms ARE More Optimistic? [J] Journal of Accounting & Economics, Vol. 41, 2006, 119—146.

[212] Richardson, Scott, Siew Hong Teoh and Peter Wysocki, The Walkdown

to Beatable Analyst Forecasts: The Roles of Equity Issuance and Insider Trading Incentives[J]. Contemporary Accounting Research, Vol.19, 2004, 885—924.

[213] Chan, Louis K. C., Jason Karceski and Josef Lakonishok, Analysts' Conflict of Interest and Biases in Earnings Forecasts[R]. NBER Working Paper, 2003, 1—42.

[214] Baik, Bok and Han Yi, Are Affiliated Analysts More Likely than Unaffiliated Analysts to Provide EPS Forecasts that Management Can Meet or Beat? [R] Working Paper, 2007, 1—39.

[215] Lee, Charles M. C., Balkrishna Radhakrishna, Inferring Investor Behavior: Evidence from TORQ Data[J]. Journal of Financial Markets, Vol.3, 2000, 83—111.

[216] Lee, Charles M. C., Mark J. Ready, Inferring Trade Directions from Intraday Data[J]. Journal of Finance, Vol.46, 1991, 733—746.

[217] Odders-White, Elizabeth R, On the Occurrence and Consequences of Inaccurate Trade Classification[J]. Journal of Financial Markets, Vol.3, 2000, 259—286.

[218] Iskoz, Sergey, Relative Performance and Institutional Reaction to Underwriter Analyst Recommendations[R]. NBER Working Paper, 2002, 1—47.

[219] Malmendier, Ulrike and Devin Shanthikumar, Are Investors Naïve about Incentives? Journal of Financial Economics, Vol.85, 2007, 457—489.

[220] Dugar, Amitabh and Siva Nathan, The Effect of Investment Banking Relationships on Financial Analysts' Earnings Forecasts and Investment Recommendations, Contemporary Accounting Research, Vol.12, 1995, 131—160.

[221] Hong, H. and J. Kubik Analyzing the analysts: Career concerns and biased earnings forecasts[J]. Journal of Finance, Vol.58, 2003, 313—351.

[222] Cowen, Amanda, Boris Groysberg and Paul Healy, Which Types of Analyst Firms are More Optimistic? [J] Journal of Accounting and Economics, Vol.41, 2006, 119—146.

[223] Simona Mola, Massimo Guidolin, Affiliated mutual funds and analyst optimism[J]. Journal of Financial Economics, Vol.93, 2009. 108—137.

[224] Ulrike Malmendier, Devin Shanthikumar, Are small investors naive about incentives? [J] Journal of Financial Economics, Vol.85, 2007, 457—448.

［225］De Franco, Gus, Hai Lu, Florin P. Vasvari. Wealth Transfer Effects of Analysts' Misleading Behavior[J]. Journal of Accounting Research, Vol. 45, 2007, 71—110.

［226］Lily Fang, Ayako yasuda., 2009, The effectiveness of reputation as a disciplinary mechanism in sell-side research[J]. Review of Financial Studies, Vol. 22, 3736—3777.

［227］Lee, C. and M. Ready, Inferring Trade Direction from Intraday Data[J]. The Journal of Finance, Vol.46, 1991, 733—746.

［228］Bhattacharya, N., Investors' trade size and trading responses around earnings announcements: an empirical investigation[J]. Accounting Review, Vol. 76, 2001, 221—244.

［229］Lee, Charles M. C., Balkrishna Radhakrishna, Inferring Investor Behavior: Evidence from TORQ Data[J]. Journal of Financial Markets, Vol.3, 2000, 83—111.

［230］Barclay, M.; T. Hendershott; D. T. Mccormick. Competition Among Trading Venues: Information and Trading on Electronic Communications Networks[J]. The Journal of Finance, Vol.58, 2003, 2637—2665.

［231］Bhattacharya, N.; E.Black; T. Christensen; R. Mergenthaler. Who Trades on Pro Forma Earnings Information? An Intraday Investigation of Investor Trading Responses around Pro Release Dates[R]. Working paper, Brigham Young University, 2004, 1—48.

［232］Mikhail, Michael B., Beverly R. Walther, and Richard H. Willis. When security analysts talk, who listens? [J] The Accounting Review, Vol. 82, 2007, 1227—1253.

［233］Malmendier, U., D.Shanthikumar. Are Investors Naive About Incentives? [R] NBER Working Paper 10812. Cambridge, MA: National Bureau of Economic Research, 2004, 1—35.

［234］Malmendier, Ulrike and Devin M. Shanthikumar. Do security analysts speak in two tongues? [R] Stanford University Working paper, 2007.

［235］Chakravarty, S., Stealth-trading: Which Traders' Trades Move Stock Prices? [J] Journal of Financial Economics, Vol.61, 2001, 289—307.

［236］Stickel, S. E. Reputation and Performance among Security Analysts[J].

Journal of Finance, Vol.47, 1992, 1811—1836.

[237] Jackson, A. R. Trade Generation, Reputation, and Sell-Side Analysts[J]. Journal of Finance, Vol.60, 2005, 673—717.

[238] Fang, L., and A. Yasuda. 2008. Are Stars' Opinions Worth More? The Relation between Analyst Reputation and Recommendation Values [J]. Working Paper, INSEAD and University of Pennsylvania, 1—55.

[239] Cowen, A., B. Groysberg, and P. M. Healy. Which Types of Analyst Firms Make More Optimistic Forecasts? [R] Working Paper, Harvard University, 2003, 1—44.

[240] Fang, L., and A. Yasuda. The Effectiveness of Reputation as a Disciplinary Mechanism in Sell-Side Research[J]. The Review of Financial Studies, Vol.22, 2009, 3736—3777.

[241] Scharfstein, D.S., J.C.Stein. Herd Behavior and Investment[J]. American Economic Review, Vol.80, 1990, 465—79.

[242] Zwiebel, J.Corporate Conservatism and Relative Compensation[J]. Journal of Political Economy, Vol.103, 1995, 1—25.

[243] Hong, H., J. D. Kubik, A. Solomon. Security Analysts' Career Concerns and Herding of Earnings Forecasts[J]. RAND Journal of Economics, Vol.31, 2000, 121—144.

[244] Welch, I. Herding among Security Analysts[J]. Journal of Financial Economics, Vol.58, 2000, 369—396.

[245] Bernhardt, D., M. Campello, E. Kutsoati. Who Herds? [J] Journal of Financial Economics, Vol.80, 2006, 657—675.

[246] Ottaviani, M., P. N. Sorensen. The Strategy of Professional Forecasting [J]. Journal of Financial Economics, Vol.81, 2006, 441—466.

[247] Clark, J., A. Subramanian. Dynamic Forecasting Behavior by Analysts: Theory and Evidence[J]. Journal of Financial Economics, Vol.80, 2005, 31—113.

[248] Dasgupta, A., A. Prat. Financial Equilibrium with Career Concerns[J]. Theoretical Economics, Vol.1, 2006, 67—93.

[249] Fama, E., J. D. MacBeth. Risk, Return, Equilibrium: Empirical Tests [J]. Journal of Political Economy, Vol.81, 1973, 607—636.

[250] Francis, J., Phibrick, Aanlyst' Decision as Products of a Multi-task Environment[J]. Journal of Accounting Research, Vol.31, 1993, 216—230.

[251] Easterwood, J.C., Nutt, S.R., analysts' Earnings Forecast: Systematic Misreaction or Systematic Optimism? [J] Journal of Finance, Vol.54, 1999, 1777—1797.

[252] O'Brien, P.C., Mcnichol, M.F., H.Lin, Analyst Impartiality and Investment Banking Relationships [J]. Journal Accounting Research, Vol. 43, 2005, 623—650.

[253] Mola, S., Guidolin, M., Affiliated Mutual Funds and Analyst Optimism [J]. Journal of Financial Economics, Vol.93, 2009, 108—137.

[254] Lin, H. W., McNichols, M. F., Under writing relationships, analysts' earnings forecasts and investment recommendations[J]. Journal of Accounting and Economics, Vol.25, 1998, 101—127.

[255] Michaely, R and Womack, K.L. Conflict of interest and the credibility of underwriter analyst recommendations[J]. Review of Financial Studies, Vol.12, 1999, 653—686.

[256] Scherbina, Anna, 2004, Analyst Disagreement, Forecast Bias and Stock Returns, SSRN eLibrary working paper, http://papers.ssrn.com/sol3/papers.cfm?abstract_id=894381.

[257] Loh, Roger. and Mvjtaba Mian, G., Do accurate earnings forecasts facilitate superior investment recommendations? [J] Journal of Financial Economics, Vol.80, 2006, 455—483.

[258] Howe, John S., Emre Unlu, Xue min (Sterling) Yan, The Predictive Content of Aggregate Analyst Recommendations[J]. Journal of Accounting Research, Vol.47, 2009, 799—821.

[259] Stickel, S.E., Reputation and Performance among Security Analysts[J]. Journal of Finance, Vol.47, 1992, 1811—1836.

[260] Womack, K.L., Do Brokerage Analysts' Recommendations have Investment Value? [J] Journal of Finance, 1996, Vol.15, 137—167.

[261] Hong, H., and Kubik, J., Analyzing the Analysts: Career Concerns and Biased Earnings Forecasts, Journal of Finance, Vol.58, 2003, 313—351.

[262] Sirri, Erik, Peter Tufano, Costly Search and Mutual Fund Flows[J].

Journal of Finance, 1998, Vol.53, 1589—1622.

[263] Bailey, B., Li, H., Mao, C., Zhong, R., Regulation Fair Disclosure and earnings information: market, analyst, and corporate responses[J]. Journal of Finance, Vol.58, 2003, 2487—2514.

[264] Eleswarapu, V., Thompson, R., Venkataraman, K., 2003. The impact of Regulation Fair Disclosure: trading costs and information asymmetry[J]. Journal of Financial and Quantitative Analysis, Vol.35, 2003, 691—712.

[265] Heflin, F., Subramanyam, K., Zhang, Y., Stock return volatility before and after Regulation FD[R]. Working paper, Purdue University, 2002, 1—35.

[266] Shane, P., Soderstrom, N., Yoon, S., Earnings and price discovery in the post-FD information environment: a preliminary analysis[R]. Working paper, University of Colorado at Boulder, 2001, 1—45.

[267] Brown, S., Hillegeist, S., Lo, K., Regulation FD and voluntary disclosures[R]. Working paper, Northwestern University, 2002, 1—44.

[268] Bushee, B., Matsumoto, D., Miller, G., Managerial and investor response to disclosure regulation: the case of Reg FD and conference calls[R]. Working paper, University of Pennsylvannia, 2002, 1—40.

[269] Heflin, F., Subramanyam, K., Zhang, Y., Regulation FD and the financial information environment: early evidence[J]. Accounting Review, Vol.78, 2003, 1—37.

[270] Straser, V., Regulation fair disclosure and information asymmetry[R]. Working paper, University of Notre Dame, 2002, 1—42.

[271] Sunder, S., Investor access to conference call disclosures: impact of Regulation FD on information asymmetry[R]. Working paper, New York University, 2002, 1—39.

[272] Mohanran, P., Sunder, S., Has Regulation Fair Disclosure affected financial analysts' ability to forecast earnings? [R] Working paper, New York University, 2002, 1—44.

[273] Shane, P., Soderstrom, N., Yoon, S., Earnings and price discovery in the post-FD information environment: a preliminary analysis[R]. Working paper, University of Colorado at Boulder. 2001, 1—44.

[274] Andreas Gintschel, Stanimir Markov, The effectiveness of Regulation FD

[J]. Journal of Accounting and Economics, Vol.37, 2004, 293—314.

[275] Irani, A., Karamanou, I., Regulation Fair Disclosure, analyst following, and forecast dispersion[J]. Accounting Horizons, Vol.17, 2003, 15—28.

[276] Bailey, Warren, Haitao Li, Connie X. Mao, and Rui Zhong. Regulation Fair Disclosure and earnings information: Market, analyst and corporate responses [J]. Journal of Finance, Vol.58, 2003, 2487—2514.

[277] Heflin, Frank, K. R. Subramanyam, and Yuan Zhang. Regulation FD and the financial information environment: Early evidence [J]. Accounting Review, Vol.78, 2003, 1—37.

[278] Anup Agrawal, Sahiba Chadha and Mark A. Chen, Who Is Afraid of Reg FD? The Behavior and Performance of Sell-Side Analysts Following the SEC's Fair Disclosure Rules[J]. Journal of Business, Vol.79, 2006, 2811—2834.

[279] Mikhail, Michael B., Beverly R. Walther, and Richard H. Willis. Do security analysts improve their performance with experience? Journal of Accounting Research, Vol.35, 1997, 131—157.

[280] Clement, Michael B. Analyst forecast accuracy: Do ability, resources, and portfolio complexity matter? [J] Journal of Accounting and Economics, Vol.27, 1999, 285—303.

[281] Jacob, John, Thomas Z. Lys, and Margaret A. Neale. Expertise in forecasting performance of security analysts[J]. Journal of Accounting and Economics, Vol.28, 1999, 51—82.

[282] Brown, Lawrence D. A temporal analysis of earnings surprises: Profits versus losses[J]. Journal of Accounting Research, Vol.39, 2001, 221—241.

[283] Hutton, Amy. The determinants and consequences of managerial earnings guidance prior to Regulation Fair Disclosure[R]. Working paper, Dartmouth College (April). 2003, 1—44.

后记

2002年在同济大学读博至今，我一直把证券分析师的业绩评价和监管作为自己的主要研究方向。记得2003年在恩师博导陈伟忠教授家中开题讨论时，陈老师问我一个问题：“你博士论文选择研究《我国证券分析师推荐评级的投资价值研究——兼论证券分析师绩效评估方法》，能找到分析师的数据做下去吗？”当时分析师已成为金融和会计领域的国际研究热点，但国内对分析师的研究刚刚起步，参考文献非常少，没有专业的证券分析师研究数据库，“巧妇难为无米之炊”。感谢上海证券公司的吴佳师兄为我提供了宝贵的上海证券研发中心汽车行业分析师实习生岗位，让我可以真正的理解证券分析师的工作内容，了解一份研究报告的形成过程，以及身后的利益冲突，也让我接触到了大量的证券分析师研究报告。于是我搜集了1383份研究报告电子版，并将相关的分析师姓名、券商、推荐日期、荐股评级、盈余预测等信息录入SAS软件中，这个过程的艰辛终生难忘。

到上海工程技术大学管理学院工作后，由于要积极参与到社会保障重点学科建设和社会保障硕士点筹办事务中去，不断地学习新的养老保险相关知识。2006年曾经非常痛苦，多次想彻底放弃对证券分析师的研究，但庆幸的是自己没有放弃，也慢慢学会了用“两条腿”走路，积累了同时在多个学科领域开展研究的初步经验。

本书是对完善我国证券分析师监管问题的一个系统理论思考。从2011年至2015年3月拿到结项证书，我花费了很大的力气来亲自完成该项研究。感谢刘彩霞为本研究提供的数据支撑。特别是高频数据的处理，面对 2000 G 的海量数据，首要的问题是要将其转换为 SAS 格式，问题是数据量实在是太大，几十万个个股数据集，手工转换无法完成，必须要依靠编程实现。这种按照股票代码自动读取和转换格式的小程序，我咨询过多位专家和朋友，都没法帮助实现。只有自己慢慢地探索和学习 SAS 高级编程技巧，一年以后，经过程序调试的无数次失败，终于有一天"芝麻开门"了，2000 G 的高频数据喷涌而出。还记得很多个日日夜夜守候在两台台式机前等待计算结果的那些夜晚，也记得一个程序连续运算三天三夜后，机器突然死机后自动重启时的绝望，回头整理文件夹，为完成整个研究成果我已在不知不觉中独立编写了约 100 万行 SAS 程序。

科研探索之旅是一个人的旅程，大量的时间精力投入，并不一定马上就会有预期的回报，有时会不时感觉到孤独。这时一定离不开家人的支持，师长的引导和同行的鼓励。首先要感谢我的老母亲和老父亲，对我从事本项科研工作期间的大力支持和全身心付出，没有他们的悉心照顾和默默奉献，这项研究我无法完成。特别感谢上海工程技术大学管理学院荣誉院长、宝山区委书记汪泓教授对我多年的培养和支持，开启了我对社会保障问题的研究之门和对证券分析师研究的支持，其为我写下推荐信，使我得到了去上海市政府发展研究中心挂职锻炼一年的宝贵机会。感谢上海市社联解超主席对我承办和召集养老金融论坛的支持和帮助。感谢我的国内访问学者指导教师、复旦大学会计系主任洪剑峭教授，在洪老师的精心指导下，让我对分析师的最新研究前沿和研究热点有了更深刻的理解，洪老师严谨的学风和平易近人的性格，是我终生学习的榜样。感谢中共中央党校经济学部谢鲁江教授，作为我的博士后导师，在他悉心指导下，极大地开拓了我的研究视野并提升了研究高度，也让我转向了对国家宏观层面经济问题和马克思主义政治经济学问题的探索，启发了我对治国理政问题的研究兴趣。谢老师思考问题时极强的逻辑分析能力和对我的精心培养，让我受益匪浅。在研究本书的过程中，我也在作一些养老金可持续发展问题的研究，涉及大量精算，我国养老金领域最权威专家之一郑秉文教授的鼓励和指导也给了我对于科学研究非常大的信心和动力，在此对郑教授表示感谢。感谢上海市人民政府发展研究中心的陈群民研究员，在我挂职锻炼的一年多时间里精心指导，带领我广泛调研社会问题，使我解决市决策咨询问题的研究能力得到了提升。感谢舟山新区总规划师周建军教授长期以来对我科研工作的不断鼓励和关心。感谢我的博士同学们和博士后同学们，特别是江西财经大学的肖峻教授，他对本研究成果的持续关注和支持，也为本研究的编程工作和实证研究作出了巨大贡献。感谢我的妻子郁女士及其家人对我科研工作的理解和支持。感谢我指导的研究生黄瑞宇、陈豪、杨少华、李春晓，他们对本书的研究也有贡献，在此一并感谢。

借用马云在阿里巴巴路演视频结束时讲过的一句话来总结自己的这段心路历程：

Today is difficult, tomorrow is more difficult, but the day after tomorrow is beautiful.

王宇熹

2017 年 5 月 27 日于上海

图书在版编目(CIP)数据

改善我国证券分析师监管研究/王宇熹著.—上海：
上海人民出版社，2017
ISBN 978 - 7 - 208 - 14855 - 0

Ⅰ.①改… Ⅱ.①王… Ⅲ.①证券市场-市场监管-
研究-中国 Ⅳ.①F832.51

中国版本图书馆 CIP 数据核字(2017)第 258863 号

责任编辑 秦 堃 夏红梅

改善我国证券分析师监管研究
王宇熹 著
世 纪 出 版 集 团
上海人民出版社出版
(200001 上海福建中路 193 号 www.ewen.co)
世纪出版集团发行中心发行 上海商务联西印刷有限公司印刷
开本 635×965 1/16 印张 20.5 插页 5 字数 288,000
2017 年 12 月第 1 版 2017 年 12 月第 1 次印刷
ISBN 978 - 7 - 208 - 14855 - 0/F · 2500
定价 65.00 元

马克思主义研究　哲学社会科学研究　第二十九辑　(2017年12月)

中国宗教性随葬文书研究——以买地券、镇墓文、衣物疏为主　黄景春 著
汉晋佛像综合研究　何志国 著
改善我国证券分析师监管研究　王宇熹 著
现代汉语附加问句研究　闫亚平 著
乡土关联型企业推动的乡村现代化变革　赵杰　孔曙光 著
近代报刊诗话研究(1870—1919)　李德强 著

博士文库　第十九辑　(2017年12月)

质量保障:从管治到治理——中国特色高等教育质量保障治理体系研究　李亚东 著
文化与空间:大学图书馆公共性研究　倪代川 著
清代内府曲本研究　熊静 著